口絵1　オッタヴィアーノ・ネリ『黄金伝説』を手にするウォラギネ

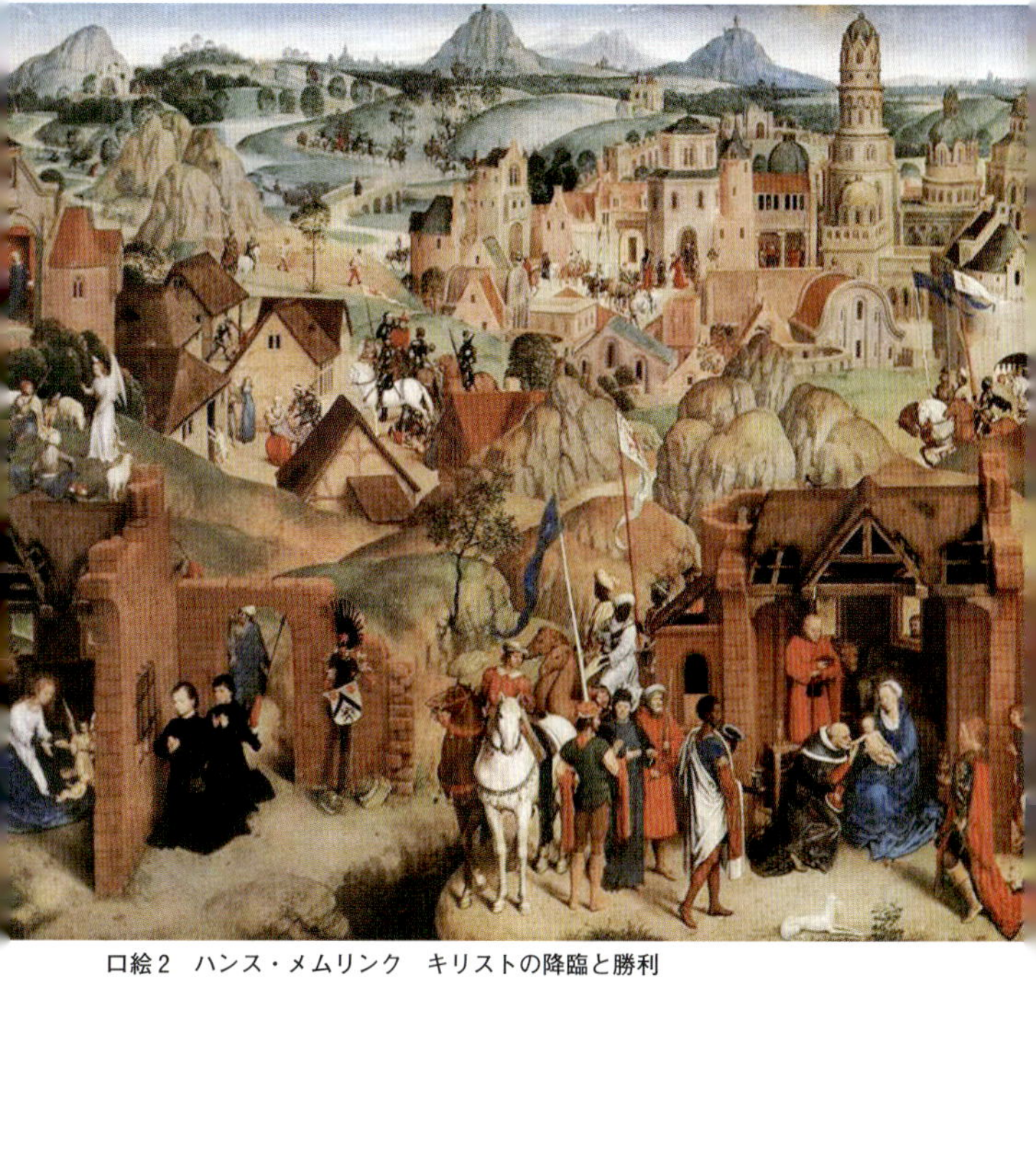

口絵２　ハンス・メムリンク　キリストの降臨と勝利

口絵3　シュテファン・ロホナー　十二使徒の殉教

ちくま学芸文庫

美術で読み解く聖人伝説

秦 剛平

筑摩書房

美術で読み解く　聖人伝説【目次】

美術で読み解く　聖人伝説

はじめに

ヤコブス・デ・ウォラギネの『黄金伝説』が一三世紀後半以降のキリスト教美術に大きな影響を与えたことはつとに指摘されてきたが、本書は個々の美術作品を取り上げながら、その具体的事実を明らかにしようとしたものである。

日本語訳の『黄金伝説』は現在平凡社ライブラリーで読むことが出来、われわれは今やその世界に遊ぶことが許されるようになったが、本書が取り上げるのはそこで語られている一七六の挿話すべてではない。『黄金伝説』それ自体があまり多くを語っていない挿話も結構あり、そのような挿話は絵になりようがなく、ウェブで検索をかける試みは最初から放棄されたし、また画像は存在するが日本の一般読者の関心のらち外にあると判断される挿話を取り上げることはしなかった。取り上げた挿話に関わる美術作品は、ひとつの挿話にたいして五点前後とした。たとえその挿話が数百、数千の美術作品を生み出していたとしてもである。

本書で使用される『黄金伝説』の日本語版テクストは平凡社版からである。その翻訳の素晴らしさとその註の出来映えにはただただ圧倒される。わたしはそこから多くのことを学んだが、読者も一度日本語訳『黄金伝説』を手にされれば、そこから多くのことを学ばれるであろう。

読者は本書を読み進めるとき、わたしが無上の喜びをもって『黄金伝説』がそのカンバスの中に描きだす中世のキリスト教世界に遊んでいることを知るであろうが、また同時にわたしが『黄金伝説』の著者ヤコブス・デ・ウォラギネに厳しい批判の目を向けていることにも気づかされるであろう。わたしが批判の目を向けるのはまず第一に彼の資料の扱いである。

たとえば一世紀のユダヤ人著作家ヨセフスである。彼は『黄金伝説』の中で繰り返しヨセフスに言及し引用し、そうすることで彼の著作に精通しているかのような印象を読む者に与えるが、実際は彼の著作を一冊も読んではおらず、すべては孫引きである。そればかりか、「ヨセフスは次のように言っている」と述べてヨセフスの言葉を引いて見せるが、それは彼が創作したとんでもないものであったりする。わたしが指摘できるこうした誤りはわたしが多少とも精通している資料に限られており、そこから類推して他の資料の扱いについてもあれこれと想像するわけであるが、これは学問的にははなはだ危険な手続きである。望ましいのはそれぞれの分野の専門家が集まって、ウォラギネが使用し言及するテクストを徹底的に分析し批判することであろう。わたしはそれが可能とされる日の到来を、たとえ幻の中であったとしても、見たいと願っている。

わたしはまた『黄金伝説』の日本語訳者の方がたが十分な注意を払っているとは到底思われないウォラギネの反ユダヤ主義の側面にも読者の注意を促すように努めたつもりである。宗教改革者ルターの反ユダヤ主義も済度しがたいものであるが、それ以上にカトリック教会の反ユダヤ主義や、その片棒を間違いなく担いだ『黄金伝説』の反ユダヤ主義は徹底したものである。キリスト教の反ユダヤ主義は福音書記者や、パウロ、アウグスティヌスをも含む最初の数世紀の教会の物書きたちが残した神学上の一大汚点に淵源するが、わたしたちにはそれを踏襲する理由はどこにもないはずである。唾棄すべきものは唾棄してかまわないし、唾棄しつづけねばならないのである、人間のモラル・オブリゲーションとして。

序章　『黄金伝説』について

著者について

『黄金伝説』の著者はヤコブス・デ・ウォラギネ（以下、ウォラギネと略記）と呼ばれる人物です。彼はイタリアのジェノヴァ市の西三〇キロにある小都市ヴァラッツェに生まれました。お見せするのはヨット・ハーバーのある現在のヴァラッツェです。なかなか素敵な海岸沿いの町であったようです（図0-1）。

ウォラギネの正確な誕生年は分かっておりません。しかし一般には一二三〇年ころと推定されます。彼は地元ヴァラッツェにある学校へ通い、一二四四年にドミニコ会の修道会に入ります。一四歳のころです。この修道会は一二〇六年に聖ドミニコ（図0-2）によって創設され、それから一〇年後の一二一六年にローマ教皇ホノリウス三世（図0-3）によって認可された修道会です。正式の名称は「説教者修道会」です。説教者修道会は修道院に籠もるのではなく、社会に出て行って、神の道について説教する修道士たちを擁す

図 0-1

図 0-3

図 0-2

る修道会のことです。この修道会はこの正式名称のほかに、清貧を重んじたために、托鉢修道会と呼ばれることもあり、さらには学識のあるドミニコ会の学者は異端審問の審問官に任命されることが多かったので、ドミニコ会士を意味するドミニカニスをもじって「主の番犬」（ドミニ・カニス）と呼ばれることもあったそうです。ノミの心臓の持ち主であるわたしなどは「主の番犬」と聞いただけで、恐怖で卒倒しそうです。

修道士になったウォラギネは早い時期からイタリアのコモとか、ボローニャ、アスティの小さな修道院の院長を務めると同時に、イタリア各地を説教者として経巡り、次第にカトリック世界の中で頭角を現します。頭角を現せば現したで、カトリックの政治に巻き込まれていきます。彼は一二九三年にジェノヴァの大司教に叙任されます。しかし彼はそれから五年後の一二九八年か翌年に亡くなり、ジェノヴァのドミニコ会の修道院に葬られます。彼は一八一六年にピウス七世により福者として列福されます。福者はその徳と聖性を認められた者に与えられる称号ですが、聖人に列せられるための、その前段階の称号です。なお、余計なことを申し上げますが、このピウス七世はナポレオンから「皇帝の前で教皇冠を取るのを忘れるな」と叱責された人物であり、ナポレオンにたいしてはしばしば傍観者的な立場しか取れなかった教皇として知られております。

ウォラギネは一二九七年に完成させたその著作『ジェノヴァ市年代記』の中で、修道院時代や大司教に任命された時代に多くの著作をなしたと言っております。わたしたちがこれから取り上げる『黄金伝説』はそのひとつなのです。一二六七年ころに完成されたと言われます。

書名について

最初に書名の『黄金伝説』についてお話ししておきます。

この書物は、一般には、ラテン語でレゲンダ・アウレアと呼ばれます。わたしたちはラテン語のレゲンダを「伝説」と機械的に訳し、レゲンダ・アウレアに「黄金伝説」の訳語を与えますが、レゲンダは「読む」という意味を内包する動詞のレゴー（lego）からつくられる分詞の中性形・複数形ですので、その本来の意味は教会暦にしたがって読むべき聖人伝を意味するのです。したがってレゲンダ・アウレアとは「黄金のように素晴らしい」内容の聖人伝という意味になりますが、その素晴らしさのたとえが現世的な「黄金」なのもおかしいといえばおかしいし、カトリック的といえばカトリック的です。わたしはこの講義ではすでに定着してしまった『黄金伝説』という書名を使用しますが、その書名は必ずしも本来の意味を内包するものでないことは覚えておいてください。

前おきについて

『黄金伝説』には短い前おきが付されております。

この前おきは全体が書かれた後、最後に付されたものと思われますが、残念ながら、それを見破ることのできる一文はそこには見当たりません。

この前おきはウォラギネの時代のカトリック教会が人類の歴史をどのように理解していたかが分かる非常に興味深いものです。

ウォラギネによれば、過去の人類史は四つの期間に区分されます。

第一期はアダムが原罪を犯したときからモーセまでの時代で、それは「迷妄の時代」だそうです。カトリック教会は一年を四等分し、七旬節から復活祭までの時期をこれにあて、この時期には「最初の人間アダムの堕落のことが書かれているモーセの第一の書」、すなわち創世記が読まれるそうです。創世記や、出エジプト記、レビ記、民数記、申命記などはすべてモーセが書いたものとされておりましたから、この順番にしたがって、モーセの第一の書、モーセの第二の書、モーセの第三の書……と呼ばれていたのです。

人類史の第二期はモーセから主の降誕に至るまでの「更生」の時代だそうです。カトリック教会は待降節《アドベント》――一一月三〇日の聖アンデレの日にもっとも近い日曜からクリスマス・イブまでの四週間を指す――をこれにあて、この時期にはイザヤ書が読まれるそうです。

人類史の第三期は「贖罪」の時代で、カトリック教会は復活祭から聖霊降誕までの期間をこれにあて、この時期にはヨハネ黙示録が読まれるそうです。

そして人類史の第四期は「巡礼」の時代だそうで、カトリック教会は聖霊降誕の八日間から待降節に至るまでの時期をこれにあて、この時期には列王史とマカベア書が読まれるそうです。ここでの列王史はサムエル記上・下、列王記上・下を包括する名称です。ここでのマカベア書はプロテスタントが排除してきたものですが、現在それは新共同訳聖書の中に「旧約聖書続編」として含まれております。しかし、実際には『黄金伝説』は、四つの時期ではなくて、五つの時期に分けられていると指摘されます。

ウォラギネはまた、この四つの時代区分は一年の四季や一日の時間区分にたとえられると言っております。すなわち、第一期は一年の冬ないしは一日の夜、第二期は一年の春ないしは一日の朝、第三期は一年の夏ないしは一日の昼、第四期は一年の秋ないしは一日の晩になぞらえるそうです。

ウォラギネはこの序章で『黄金伝説』を教会が定めた区分にしたがって、すなわち教会暦にしたがって物語ると宣言します。しかしわたしはこの『黄金伝説』に収められている話を教会暦にしたがって紹介するのではなく、世紀（時代）ごとにまとめ直して紹介しようと思います。その方がなぜこの人物やあの人物が聖人とされたのか、聖人とされるためにどのような歴史の操作や歪曲があったのかなどが、同じ時代的背景の中に置くことではるかに理解しやすいものとなるからです。もっとも時代ごとにシャフルし直したと言っても、そこで取り上げる聖人や聖女の実在が疑われる場合もあるので、このシャフルのし直しも複雑と言えば複雑、あまり意味をなさないと言われれば、それまでです。

著作目的について

『黄金伝説』の著作目的は明らかです。

それは聖人や聖女たちの信仰と生き方を詳しく語ることで、それを読む者たちの信仰心を高揚させること、それればかりか聖人や聖女たちを崇敬の対象とさせ、また彼らと関わりのある聖遺物をも崇敬の対象とさせることにあります。歴史の中に聖なるものなど何もない、というのがわたしの不動の信念ですが、それだけに「聖」人や「聖」女をつくり、彼らが残したものを「聖」遺物として崇める行為は理解しがたいものとなりますが、この理解しがたいところを突破しなければ、カトリックの世界やカトリックの信仰は見えてこないようです。

ウォラギネの生きた一三世紀にはすでにいくつかの聖人伝が書かれておりました。たとえば同じドミニコ会の年代記記者ジャン・ド・メイリィ（一一九〇―一二六〇）が一二三〇年頃に著した『諸聖人の事績及び奇蹟抄録』と題するものがあります。バルトロメオ・ダ・トレント（一二〇〇―五一）が著した『諸聖人の事績に付すべき後書』と題する著作もあります。ヨーロッパのカトリック世界では、これ以外にも多くの聖人伝が書かれていたに違いありません。ウォラギネはこれらの先行する聖人伝とその作者に敬意を払いながら、それらに優るものを生み出そうと意図したはずです。

資料について

『黄金伝説』をお読みになった方はすでにお気づきのことかと思われますが、その分量には圧倒されます。それは旧約聖書と新約聖書を合わせたものに匹敵すると指摘されております。そう指摘されれば、そうかなと思います。

旧約聖書や新約聖書がさまざまな文書資料や、伝承、言い伝えなどを編集してつくられたように、この『黄金伝説』も文書資料や伝承、言い伝えなどをまとめ上げたものです。わたしは本書の中で使用されている文書資料を数え上げたことはありませんが、ある解説書によると、それは一三〇点以上に及ぶそうです。

問題はウォラギネがその出所を明らかにしている一三〇点以上の資料を読んだ上でそれをまとめたり言及しているかどうかなのです。それらの資料すべてが彼の所属するジェノヴァの修道院の図書館にあったかどうかです。

わたしの専門領域のひとつは、紀元後一世紀のユダヤ人歴史家ヨセフスの著作です。彼の著作『ユダヤ戦記』や『ユダヤ古代誌』は『黄金伝説』の中で頻繁に言及されておりますが、ヨセフスへの言及箇所をすべて調べてみますと、ウォラギネがヨセフスの著作を直接読んでいたことは証明できず、彼への言及はすべて孫引きであったと結論付けるのが妥当となります。同じことが四世紀のパレスチナが生んだ最初の教会史家と呼ばれるエウセビオスの『教会史』についても言えます。彼はしばしばエウセビオスの名を伏せて『教会史』で言及しますが、文脈からしてそれはエウセビオスの『教会史』を指すのであって、彼以降のビザンチンの教会史家を指すのではありませんが、ウォラギネはエウセビオスの『教会史』に直接あたっている気配は一、二の箇所を除いてはありません。わたしはジェノヴァの修道院にラテン語訳のヨセフスの著作があるのかどうかを知ろうとしてそちらの図書館にパソコンからアクセスしたことがありますが、結果ははかばかしいものではありませんでした。いずれにしても、もし『黄金伝説』の資料に孫引きが多ければ、彼が実際に使用した資料の数は現在研究者が想定する数よりもはるかに少ないものになる可能性が出てくると同時に、それはウォラギネ評価にも少なからぬ影響を与えるものとなります。

『黄金伝説』と印刷術

ラテン語で著された『黄金伝説』は中世でもっともよく読まれた宗教書のひとつだったと指摘されております。多分、この指摘は正しいものだと思われます。なぜならばこのラテン語版は、印刷術が発明された一五世紀になると、少なくとも一四六九年と一四七三年に印刷されたのが知られており、この世紀の終わりまでにはこの二つ以外のラテン語訳も印刷されているからです。一四世紀になると直ちにフランス語に翻訳されております。一

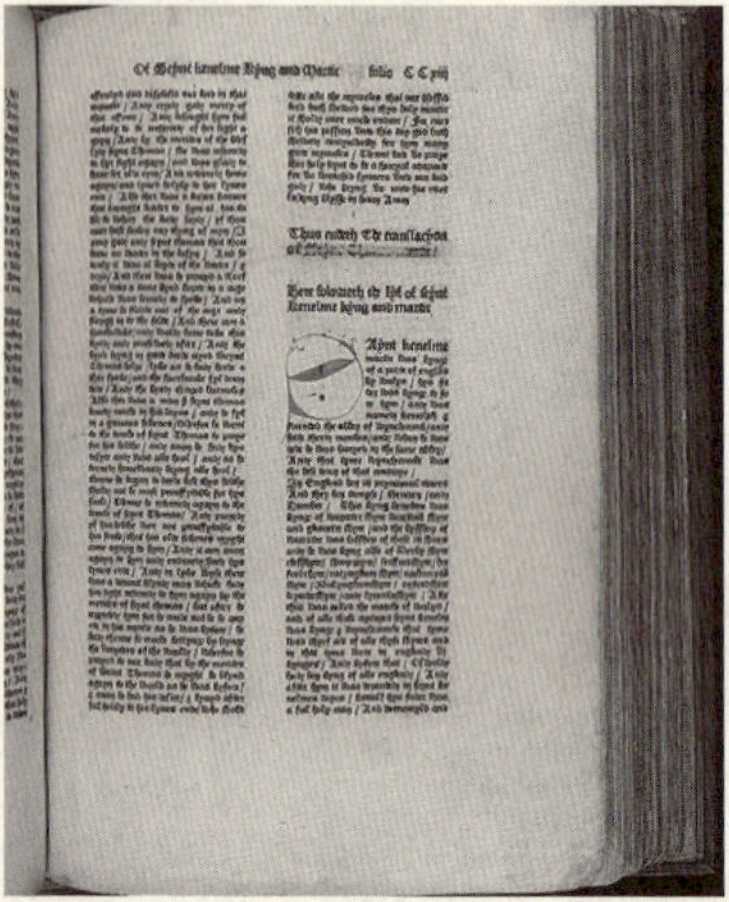

図 0-4

図 0-5

五世紀に印刷されたフランス語訳もいくつかあります。

イギリスのウィリアム・カクストン（一四二二―九一）は、自らの手でこの『黄金伝説』を英訳し、それを一四八三年に印刷出版いたします。お見せするのは、現在残されているカクストン訳の初版本のひとつです（図0-4）。このカクストンについてもう少し説明いたしますと、彼はイギリスが生んだ最初の印刷業者であり、イギリスに印刷機を持ち込んだ最初の人物です。彼はラテン語で書かれた著作を八〇点以上自ら英訳しましたが、そのひとつが『黄金伝説』だったのです。お見せする画像はアイルランドの画家ダニエル・マクリーズ（一八一一―七〇）が一八五一年に描いたカクストンが活版印刷機で印刷された刷り見本をエドワード四世とエリザベス女王に見せている場面です（図0-5）。

黒く塗りつぶされた『黄金伝説』

『黄金伝説』の内容が検閲を受けたことがあります。「ええっ」という事態ですが、お見せするのは一六八八年にマドリードで出版されたものです（図0-6）。

この黒く塗りつぶされた箇所は、一七〇七年に、カトリックの聖務省の検閲を受けて削除されたことを示します。ウォラギネは「主の誕生」物語で、ある産婆がマリアの処女出産を疑いマリアの膣の中に指を挿入したため、その瞬間指が焼け落ちそうになったと書いているのですが、マリアの処女性を守るためにその記述は削除されたのです。この記事自

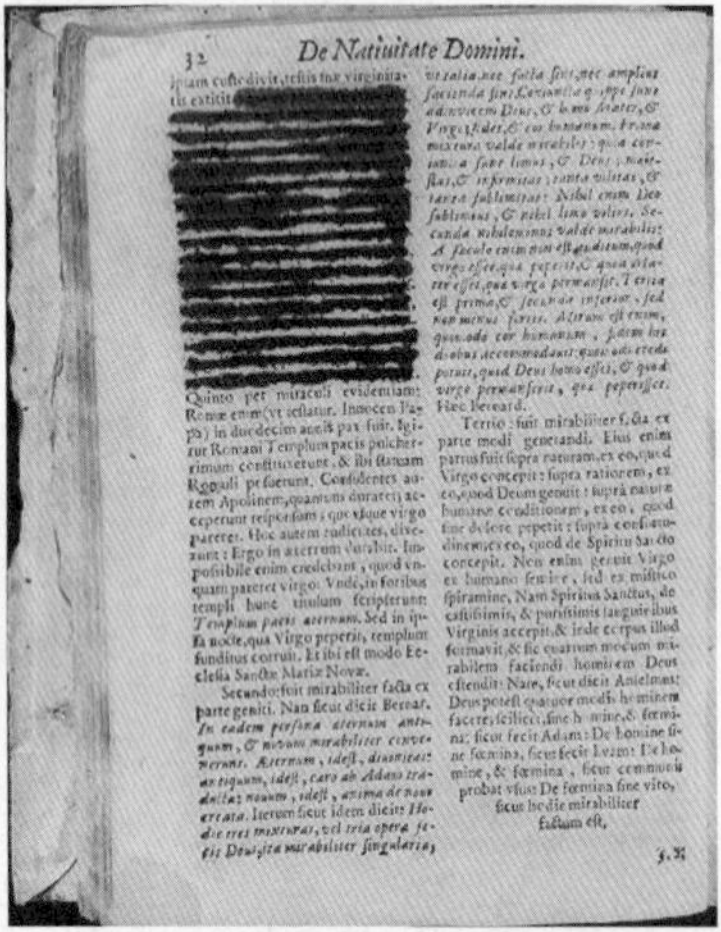
De Natiuitate Domini.

図 0-6

INDEX
LIBRORUM
PROHIBITORUM
SSmi D. N.
BENEDICTI XIV.
PONTIFICIS MAXIMI
JUSSU
Recognitus, atque editus.
ROMÆ M. DCC. LVIII.
Ex Typographia Reverendæ Cameræ Apostolicæ.
Multi eorum qui fuerant curiosa sectati, contulerunt Libros, et combusserunt coram omnibus. Act. Cap. XIX. V. 19.

図 0-7

体は先に進んでから取り上げることにします。たわいない内容のものです。なお、この削除箇所を示す『黄金伝説』を所有するのはダラスにあるメソジスト派のパーキンス神学校のブリッドウェル図書館で、この図書館は二〇一〇年の九月から一二月にかけて、「異端と謬説——教会による書物の検閲、一四〇〇—一八〇〇」と題した書物の展示会を開催しました。この『黄金伝説』はそのときに展示されたものです。ついでに一七五八年にローマで教皇ベネディクトス一四世の承認のもとに出版された禁書目録をもお見せしておきます。これがそうですが（図0-7）、カトリックによる禁書のリストづくりは一六世紀の中頃に開かれたトレントの宗教会議（一五四五—六三）で承認されたものです。それからしばらくすると、教会権力は禁書ではなくとも、その書物の記述の中で異端的な記事からの引用や言及があれば、それを削除できるようになります。お見せしたマリアに関する記事の削除はその例にあたるのです。世の中、恐ろしいことが起こるものです。

『黄金伝説』批判

『黄金伝説』は聖人や聖女を紹介するにあたり、彼らの生涯の史実に関心を払うことがありません。そこで語られている多くの奇跡物語は荒唐無稽なものばかりです。そのため松原秀一著『異教としてのキリスト教』（平凡社ライブラリー、二〇〇一年）によると、『黄金伝説』は、一六世紀以来、エラスムスをはじめとするユマニストや学者たちから厳しく批

図 0-9

図 0-8

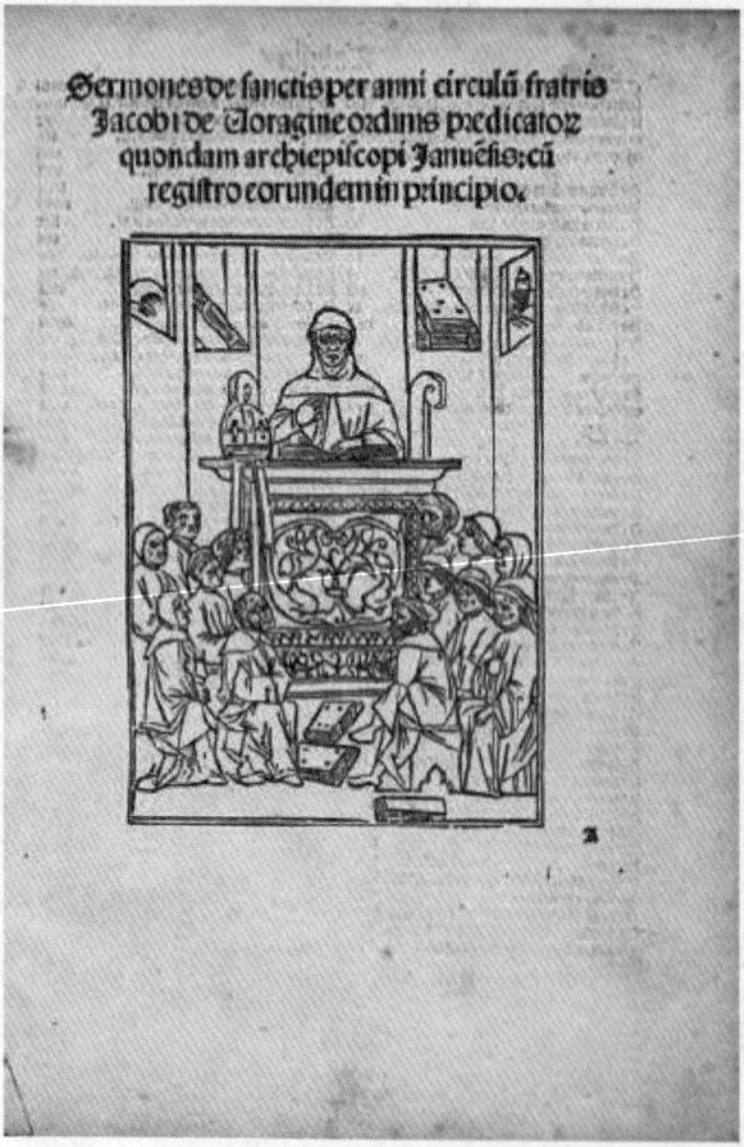

Sermones de sanctis per anni circulū fratris
Jacobi de Voragine ordinis p̄dicatoꝝ
quondam archiepiscopi Januēsis: cū
registro eorundem in principio.

図 0-10

判されたそうです。またドミニコ会のスペイン人司祭、メルチョル・カノ（一五二三―六〇）は聖人伝に見られる虚構を有害無益と断じ、ヤコブス・デ・ウォラギネを「鉄の口と鉛の心」を持つ人物、すなわち良心が鈍麻した恥知らずの嘘つきと罵倒したそうです。同じドミニコ会の司祭から批判されるとは面白いもので、それゆえ拍手喝采のひとつでもしたくなりますが、この書物が禁書になることはなかったのでしょうか？

最後に『黄金伝説』を手にするウォラギネを描いた絵を三点ばかりお見せいたします。最初のものは「十字架刑」と題する作品に登場するウォラギネです（図0-8・口絵1）。画面の左側に司教冠をかぶり、司牧杖を手にしている人物がウォラギネです。彼が左手にもっているのが『黄金伝説』であるとされます。この絵を描いたのはオッタヴィアーノ・ネリと呼ばれるイタリアの画家（一三七五―一四四四）です。格別見たいとは思われない作品でしょうが、ウォラギネが描かれているのでご紹介した次第です。次にお見せする絵でもウォラギネは『黄金伝説』を手にしております（図0-9）。最後は一四九七年に出版された『聖人たちの説教』と題する書物の扉を飾る木版画です（図0-10）。ウォラギネが見えます。ポーランドの国立図書館が所蔵するものです。

第1回講義　マリアとイエス・キリスト

はじめまして。

これからみなさん方とご一緒に美術作品を媒介にして『黄金伝説』を紹介する秦剛平です。

わたしの専門は今から二〇〇〇年前のユダヤ教やキリスト教の歴史であり、この二つの宗教に関わる文書の研究です。長らく、多摩美術大学で教鞭を取ってきましたが、退職後のわたしが本格的に打ち込もうとしているのはギリシア語訳聖書の日本語への翻訳です。多分、あと三年か四年でその仕事は終わると予想しております。わたしはギリシア語訳聖書の邦訳を日本の読者に提供することで、わたしたちの聖書理解が根本から改められることを願っており、改められるに違いないという期待こそがわたしの情熱の出所となっております。

さてわたしは、これまでも講義をもとにして西欧のキリスト教理解に関わる書物を少しばかり出版してまいりました。中世などの領域の書物はわたしの専門領域を逸脱するものですが、あえてその分野に入って行ったのは、専門の狭い領域に閉じ籠もるようなことはしたくないという思いがあったからですが、もうひとつは美術を媒体にして西欧のキリスト教を学ぶことができるかどうか、学べるとしたらどの程度学べるのか、その学びは文献資料から学ぶものとどう違うのかという関心がありました。わたしの勤務先は美大でしたから、画集などはそれこそ山のようにあります。

ある日わたしは自分がお宝の山の中にいることを知り、それを利用しないでこの大学を去るわけにはいかないと思うようになり、このお宝の山に踏み込むことにしたわけです。大学でのわたしのまわりには大勢の美術史研究家がおりましたが、わたしが心したのは彼らの導きや指導はいっさい受けない、あくまでも本来の自分の学問領域で学んだ知識をもとにして、たとえ我流であっても、西欧のキリスト教やキリスト教美術やそれを生み出したキリスト教社会を自分自身で観察していくというものでした。

これからご紹介する『黄金伝説』は美術作品そのものではなくて、一三世紀の後半につくられた文書資料ですが、わたしはこの書物にかなり早い時期から注目しておりました。俄然目の色を変えて注目しはじめたのは一五世紀につくられたカクストン訳をロンドンの古本屋で購入し、それを通読したときにはじまります。そこにはわたしが専門とするヨセフス（紀元一世紀）の著作やエウセビオス（二六三頃―三三九）の著作への頻繁な言及があったからです。そしてまたその通読から分かったのは中世のヨーロッパにおいて盛んだった聖人崇拝が、『黄金伝説』が本格的に読まれはじめた一三世紀以降に、『黄金伝説』の影響を大きく受けたことや、一四世紀以降のキリスト教美術が『黄金伝説』の影響をもろに受けたことなどです。わたしはそのとき、『黄金伝説』を知らなければ、ヨーロッパにおける一三世紀以降のカトリックの聖遺物崇拝やキリスト教美術は語れないという思いをもつに至りました。そしてまた、この書物の内容をしっかりと頭に叩き込んでおけば、ヨーロッパやイギリスの美術館や聖堂めぐりでさまざまな美術作品に接した場合、結構それらの由来を理解できるようになるのではないかと想像するにいたりました。もしそうであれば、お節介なわたしは、その理解をみなさん方と共有したいという思いをいつしか抱くようになり、本書の主題を『黄金伝説』にしたわけです。

この『黄金伝説』の日本語訳は、現在、全四巻で平凡社ライブラリーに入っておりますので、この講義でも必要とあれば参照していただきたく思います。そしてこれを機会に、これも何かの縁だとお考えになって是非ご購入されることを強くおすすめいたします。この本をお手元に置き、ときどきぱらぱらとめくってくだされば、たとえ美術作品がお手元になくとも、中世のキリスト教世界、中世以前のキリスト教世界、紀元後最初の数世紀のキリスト教世界、さらにそれ以前の新約聖書の世界に遊ぶことができます。

それでは、早速、今回の講義に入りたいと思います。今回取り上げるのは聖母マリアとイエス・キリストです。

『黄金伝説』は、第一二五話で「マリアの誕生」を、第五〇話で「受胎告知（主のお告げ、マリアのお告げ）」を、第三七話で「マリアの潔め」を、そして第一一三話で「マリアの昇天」を語ります。この講義で最初に取り上げるのは「マリアの誕生」と「受胎告知」です。次回の講義で「マリアの昇天」を取り上げます。

†マリア

1　マリアの誕生

(1) **語られている場所**――『黄金伝説3』の第一二五話
(2) **祝日**――九月八日
(3) **資料として言及・引用する聖書箇所**――マタイ福音書
(4) **その他の資料**――エウセビオスの『教会史』、ベーダの著作、『マリア誕生の物語』、ヒエロニュムスの著作、ヨハネス・ベレトの著作、シャルトルの司教フルベルトゥスの著作
(5) **マリアの誕生を描いた画家たち**――ジョット・ディ・ボンドーネ（一三〇四－〇六年作のフレスコ画の連作「ヨアキムの生涯」の中の黄金門での再会**図1-2**はパドヴァのスクロヴェーニ礼拝堂）、バルトロ・ディ・フレーディ（一三八三年頃作のテンペラ画「ヨアキムへの受胎告知」**図1-1**はフィレンツェのヴァチカン宮美術館）、パオロ・ウッチェロ（一四三五年頃作のフレスコ画「聖母の誕生」はプラト大聖堂）、フラ・カルネヴァレ（一四六七年作のテンペラ画「聖母の誕生」はニューヨークのメトロポリタン美術館）、ドメニコ・

ギルランダイオ（一四八六―九〇年作のフレスコ画「マリアの誕生」はフィレンツェのサンタ・マリア・ノッヴェラ聖堂）、ヴィットレ・カルパッチオ（一五〇四―〇八年作のテンペラ画「聖母の誕生」はベルガモのアカデミア・カッラーラ美術館）、アンドレア・デル・サルト（一五一四年作のフレスコ画「聖母の誕生」はフィレンツェのサンティッシマ・アヌンツィアータ美術館）、ボッカチオ・ボッカチーノ（一五一四―一五年作のフレスコ画「黄金門での再会」はクレモナの大聖堂／同「マリアの誕生」図1-3は同じ大聖堂）、ファン・デ・ビア（一五二〇年頃作の油彩「聖母の誕生」はマドリードのティッセン＝ボルネミサ美術館）、ドメニコ・ベッカフーミ（一五四三年頃作の「聖母の誕生」図1-4はシエナのアカデミア）、カルロ・サラチェーニ（一六一六―一九年作の油彩「聖母の誕生」はルーブル美術館）、オルソラ・マダレナ・カッチア（一六三五年作の油彩「聖母の誕生」図1-5はパヴィアのマラスピナ美術館）、ル・ナン兄弟（一六四五年頃作の油彩「聖母の誕生」はパリのノートルダム大聖堂）

テオトコスについて

ギリシア語にテオトコスという言葉があります。「神の子を生んだ」母マリアを指す特殊な言葉ですが、このギリシア語の解釈は、その語源からして難しいものです。マリアは「神の子を生んだ」から、他の女性とは根本的に異なる女性になるのか、それとも神ではないが神に近い存在の女性になるのか、それとも彼女自身も神になるのか……。

マルコ福音書六・三によれば、マリアの連れ合いは大工のヨセフで、二人の間には「ヤコブ、ヨセ（ヨセフ）、ユダ、シモン」と、少なくとも二人以上の、複数形で表される「姉妹たち」がおりました。マリアは最低でも七人、もしくはそれ以上の子を儲けたのです。この記事に注目すれば、マリアは子沢山の、そして彼らを育て上げた以上、立派な働き者の母となります。しかし、カトリック信仰では「働き者の母」の側面に注意が払われることはなく、この母マリアが結婚前も結婚後も「処女であった」と申し立てるのです。

マリアの母アンナは石女

マリアの母は誰なのでしょうか？

その連れ合いは誰なのでしょうか？

福音書はマリアの母や父について何も記しておりません。しかし、福音書に取り込まれなかった二世紀以降の文書はマリアの母や父のことを書いているのです。すぐに思いつくのは二世紀の中頃に書かれた『ヤコブ原福音書』や五世紀に成立した『マリア誕生物語』ですが、これら二書以外にもマリアの両親についてはいくつも書かれ、教会の内外で読まれたかもしれません。これらの書物はいずれもトンデモ本と分類できる奇っ怪なものですが、教会はこれらの本によりマリアの生涯を語り、マリアをテオトコスだとする聖母信仰を護持していったわけです。

外典文書によれば、マリアの母はアンナで、父はヨアキムです。アンナは長い間石女《うまずめ》でした。聖書によれば、創世記に登場するサラやラケルが石女でした。サムソンやサムエルの母親も石女でした。ですから、ユダヤ民族の女性たちは、たとえ今不妊であっても、自分たちがこういう女性たちに連なっていると確信できれば、やがては「胎が開かれる」と希望をもつことができたわけです。

み使いのガブリエル、ヨアキムとアンナへ受胎告知をする

ある日のことです。

アンナの連れ合いヨアキムはアンナに行き先を告げずに荒れ野に出かけると、アンナに子が授かるよう四〇日四〇夜祈ります。アンナはヨアキムの不在を心配します。もしかしたら良人が痴呆症にでもなって荒れ野の中を徘徊しているのではないか、もしそうならば早晩野獣の餌食《えじき》にでもなるのではないかと心配したにちがいありませんが、そこはわたしたち凡人には想像しがたい宗教の世界です。み使いのガブリエルが荒れ野のヨアキムと自宅待機のアンナのもとに現れるのです。み使いはアンナが身ごもることをヨアキムに告げます。これはみ使いによる「ヨアキムへの受胎告知」ですが、わたしの平易な言葉で言えば「懐妊約束」です。二人はエルサレムの「黄金門」で再会します。ヨアキムが自宅にす

っとんで帰ってもよさそうなものの、なぜか黄金門での再会です。二人の気分は最高です。やがてアンナは身ごもり、女子が誕生いたします。二人はその子にマリアと名付けます。

マリアはありきたりの名前

マリアはヘブライ語でミリアム、ギリシア語ではマリアンメーです。モーセの姉の名がミリアムでした。ヘロデ大王の愛人の名がマリアンメーでした。福音書にはマリアが何人も登場してわたしたちを混乱させますが、マリアはごく平凡な名前だったのです。もう少し素敵な、他にはない名前をヨアキムやアンナは考えてもよかったと思われますが、そうはできなかったようです。

ヨアキムはマリアが二歳になると、彼女を神殿に捧げることをアンナに提案し、彼女をうろたえさせます。「ちょっと待ってよ、いくら何でも早すぎるわ」というわけですが、ここで読者はマリアが、神殿に預けられたサムエルの別ヴァージョンであることに気づくはずです。それはともかく、当時のユダヤ教に、神殿に女の子を預託する慣習などあったのでしょうか？　外典文書の作者の知識の限界が露呈されます。

受胎告知と黄金門での再会の画像

最初にお見せするのはバルトロ・ディ・フレーディ（一三三〇頃―一四一〇頃）が描いた

作品で、み使いが荒れ野で祈っているヨアキムに現れて、アンナが身ごもることを告げている場面です（図1-1）。荒れ野ではなくて山岳地帯ではないかと訝《いぶか》る読者がおられるかもしれませんが、当時の画家たちにとって、荒れ野のイメージをもつことは至難のことでした。荒れ野の正確なイメージは一九世紀後半からのものなのです。次はエルサレムの黄金門でアンナとヨアキムが再会する場面で、これを描いたのはジョット・ディ・ボンドーネ（一二六七―一三三七）です（図1-2）。ヨアキムの左には彼に同行して荒れ野の中に入って行った若者の羊飼いが描かれております。アンナは女性の一群を従えておりますが、それは彼女が裕福であることを示すものとなっております。他の女性たちは一様に、彼女が身ごもることを女性の本能で察知したかのように、喜ばしげな表情を浮かべております。彼女たちとアンナの間で描かれている修道女の服をまとっている女性ですが、彼女は誰なのでしょうか？『黄金伝説』を読み直してみましたが、その正体は分かりませんでした。この絵の寄進者か、この絵の制作を依頼した女子修道院の院長であるのかもしれません。

ヨアキムとアンナの二人の頭には光輪が描かれ、他の者たちとの差別化、ないしは区別化がはかられております。「黄金門」での再会の場面は他の画家たちによっても描かれております。今すぐに思いつくのは、フラ・フィリッポ・リッピ（一四四五頃）や、ベノッツォ・ゴッツォリ（一四九一）、アルブレヒト・デューラー（一五〇四）、ボッカチオ・ボッカチーノ（一五一四―一五）らですが、いずれも『黄金伝説』にもとづくよい作品を残しております。

マリア誕生の画像

次にお見せするのは、クレモナの大聖堂に行けば見られるボッカチオ・ボッカチーノ（一四六〇頃―一五二五）作の「マリアとキリスト」と題する連作画の中の一場面です（図1-3）。

アンナは高齢出産のためでしょうか、疲労が激しいようでぐったりしています。ご近所の女性たちが総出で、出産後の彼女の面倒をみております。そのため非常に賑やかな光景となっております。この賑やかさが洗礼者ヨハネやキリストの誕生風景と異なるところです。誕生した子に光輪が描かれておりませんから、この子がヨハネでもキリストでもないことも分かります。消去法でいくと「この子は多分マリアだろう」となります。

次はファン・デ・ビア（一四七五頃―一五二八）の作品です（図1-4）。こちらも随分と賑やかです。中央の女性がアンナの体の一部から流れ出す羊水か何かを深皿で受け止めようとしておりますが、奇妙な光景です。こちらのアンナも疲れ切っております。ぐったり感はそれなりに表現されております。画面の中央左には長い蠟燭《ろうそく》を手にしている女性が描かれております。この蠟燭はカトリック的な世界を象徴するものです。生まれて来たマリアはこの蠟燭を死ぬまで持ち続け、人生の節目節目でそれに火をともすことになります。

図 1-1

図 1-3

図 1-2

図 1-4

図 1-5

次はオルソラ・マダレナ・カッチア（一五九六―一六七六）の作品です（図1-5）。こちらも賑やかで、近所の女性たちがマリアを産湯に入れたり、食事や飲み物をアンナのために用意しております。アンナの表情には出産後の疲労が色濃く出ております。お見せした三枚の絵ではいずれも賑やかな光景が描かれておりましたが、もうひとつ共通する要素がありま す。それはどこにもヨアキムの姿が認められないことです。ヨハネやキリストの誕生の場面でも同じです。連れ合いは描かれるとしても画面の片隅で、大概の場合はかやの外なのです。マリアの成長の過程のさまざまな場面は、主題から大きく逸脱しますのでふれませんが、興味のあるお方は『黄金伝説』をお読み下さい。

2 ガブリエルによる受胎告知

(1) 語られている場所――『黄金伝説1』の第五〇話
(2) 祝日――三月二五日
(3) 資料として言及・引用する聖書箇所――ルカ福音書、創世記、ヨハネ福音書
(4) その他の資料――『ヤコブ原福音書』、『マリア誕生の物語』、ベルナルドゥスの著作、

ラヴェンナのペトルスの著作、サン＝ヴィクトルのフーゴーの著作、『義人の書』

(5) 受胎告知を描いた画家たち――ドゥッチオ・ディ・ブオニンセーニャ（一三〇八―〇九年作のテンペラ画「受胎告知」はロンドンのナショナル・ギャラリー）、ベルナルド・ダッディ（一三三五年頃作の「受胎告知」はルーブル美術館）、メルヒオール・ブルーデルラム（一三九三―九九年作のテンペラ画「受胎告知」はディジョンのディジョン美術館）、アンドレーイ・ルブリョーフ（一四〇五年作のテンペラ画「受胎告知」はクレムリンの受胎告知聖堂）、フラ・アンジェリコ（一四三〇―三二年作のテンペラ画「受胎告知」はプラド美術館、一四三三年作のテンペラ画「受胎告知」図1-6、1-10はコルトーナの司教区美術館／一四四〇―四二年作のフレスコ画「受胎告知」図1-11はフィレンツェのサン・マルコ修道院）、ヤン・ファン・エイク（一四三五年作の「受胎告知」はワシントンのナショナル・ギャラリー）、ロヒール・ファン・デル・ウェイデン（一四四〇年頃作の油彩「受胎告知」はルーブル美術館）、ディーリック・バウツ（一四四五年作の「受胎告知」はプラド美術館）、ペトルス・クリストゥス（一四五二年作の板絵「受胎告知」はブリュージュのグルーニング美術館）、ピエロ・デラ・フランチェスカ（一四五二―六六年作のフレスコ画「受胎告知」はアレッツォのサン・フランチェスコ教会）、レオナルド・ダ・ヴィンチ（一四七二―七五年作のテンペラ画「受胎告知」はフィレンツェのウフィツィ美術館／一四七八―八二年作の油彩「受胎告知」はルーブル美術館）、アントニアッツォ・ロマーノ（一四八五年作のフレスコ画「受胎告知」図1-12はローマのサンタ・マリア・ソプラ・ミネルヴァ教会）、ドメニ

コ・ギルランダイオ（一四八六―九〇年作のフレスコ画「受胎告知」はフィレンツェのサンタ・マリア・ノベッラのトルナブオーニ礼拝堂）、ハンス・メムリンク（一四八九年頃作の油彩「受胎告知」はニューヨークのメトロポリタン美術館）、サンドロ・ボッティチェリ（一四九〇―九二年作のテンペラ画「受胎告知」と一四八九―九〇年作のテンペラ画「受胎告知」はフィレンツェのウフィツィ美術館）、チーマ・ダ・コネリアーノ（一四九五年作の「受胎告知」はエルミタージュ美術館）、フラ・バルトロメオ（一四九七年作のパネル画「受胎告知」はヴォルテルラのドゥオモ）、ジョヴァンニ・ベリーニ（一五〇〇年頃作の油彩「受胎告知」はヴェネツィアのアカデミア美術館）、マリオット・アルベルティネリ（一五〇三年作の油彩「受胎告知」はフィレンツェのウフィッツィ美術館）、作者不詳（一五〇〇年代初めの油彩「受胎告知」図1-13はケンブリッジ大学のフィッツウィリアム美術館）、アンドレア・デル・サルト（一五一二―一三年作の油彩「受胎告知」と一五二八年頃作の油彩「受胎告知」図1-7はフィレンツェのピッティ美術館）、マティアス・グリューネヴァルト（一五一五年頃作の油彩「受胎告知」はフランスのコルマールのウンターリンデン美術館）、ヨース・ヴァン・クレーヴ（一五二五年頃作の油彩「受胎告知」はニューヨークのメトロポリタン美術館）、エル・グレコ（一五七〇年頃作、一五九六―一六〇〇年作、一六〇〇年代作のテンペラ画／油彩の「受胎告知」はプラド美術館）、カラヴァッジオ（一六〇八―〇九年作の油彩「受胎告知」はナンシーのナンシー美術館）、アレッサンドロ・アローリ（一六〇三年作の油彩「受胎告知」図1-8はフィレンツェのアカデミア美術館）、ジョヴァンニ・

ランフランコ（一六一〇—三〇年作の油彩「受胎告知」はエルミタージュ美術館）、バルトロメ・エステバン・ムリーリョ（一六六〇—六五年作の油彩「受胎告知」はプラド美術館）、ホセ・アントリネッツ（一六六五—七五年作の油彩「受胎告知」はエルミタージュ美術館）、ダンテ・ゲイブリエル・ロセッティ（一八四九年作の油彩「聖母マリアの少女時代」図1-9はロンドンのテート・ギャラリー）

大天使ガブリエル、マリアに受胎告知をする

ルカ福音書によると、あるとき大天使のガブリエルがガリラヤの町にいるマリアに現れます。大天使は彼女に向かって、「あなたは身ごもって男子を産むが、その子をイエスと名付けなさい。その子は偉大な人になり、いと高き方の子と言われる」と告げます。これが有名な「受胎告知」の場面です。見てきたように、マリアの母アンナも受胎告知を受けました。今度はマリアが受胎告知を受けたのです。そのときマリアが大天使に返した言葉は平俗ですが、よく考えるとなかなか卑俗です。彼女は「どうして、そのようなことがありえましょうか。わたしは男の人を知りませんのに」と答えるからです。

この場合の「男を知る」とか「男を知らない」とはどういうことなのでしょうか？

ここでの男には定冠詞は付せられておりませんから、特定の男を指すのでないことは明らかですが、「知る」とは何でしょうか？　ヘブライ語のヤダーは「知る」を意味しますが、それは同時に男女関係を示す言葉です。それを背景にここで使用されているギリシア語ギノースコーの意味を問えば、マリアの言葉には「わたしはまだ男とヤッタことがありません」の告白が前提として存在し、その上で「わたしは男を知識として知りません……」となります。平俗どころか、結構、卑俗な返答となります。

ガブリエルはそれにたいして「聖なる霊があなたの上に降り、いと高き方の力があなたを包む」（新共同訳）と応じます。わたしがこの一文の後半を訳せば、「……もっとも高き（所の）力があなたの上に影を落とすでしょう」となり、新共同訳の一文からイメージされるものと異なるイメージが生まれてしまいますが、いずれにしても大天使ガブリエルのマリアへの「受胎告知」とマリアの戸惑いの箇所はこのルカの福音書にしか認められないものです。しかし、ここから新約の外典文書である『ヤコブ原福音書』が生まれ、そこから『マリア誕生物語』その他が生まれ、そしてこれらからウォラギネの語る『黄金伝説』の第五〇話が生まれたというわけです。これらのマリア物語で強調されるのはマリアの処女性です。

受胎告知の画像

「受胎告知」の絵は、それこそ掃いて捨てるほどあります。

ウェブ・ギャラリー・オブ・アートからは七〇〇点以上の受胎告知の作品やその関係の作品を簡単に引き出せるのではないでしょうか？　このギャラリーの使用方法は、たとえば拙著『美術で読み解く 新約聖書の真実』（ちくま学芸文庫）を参考にしてください。

次にお見せするのはフランスのディジョンの町の美術館で展示されているメルヒオール・ブルーデルラム（一三八一―一四〇九に活躍）が描いた「受胎告知」です（図1-6）。画面の左下にマリアを訪れた大天使ガブリエルが描かれております。このみ使いは圧倒的に女性として描かれますが、まれに男性として描かれることがあります。たとえば、アンドレア・デル・サルト（一四八六―一五三一）が一五二八年に描いた受胎告知（図1-7）や、アレッサンドロ・アローリ（一五三五―一六〇七）が一六〇三年に描いた受胎告知（図1-8）がそうです。ダニエル書に登場するみ使いのガブリエルは男です。両性具有的な描き方をされる場合もあります。

ここで脱線して、みなさん方にお伺いいたします。

新共同訳聖書の訳文の背後にある大天使ガブリエルは女性なのでしょうか、それとも男性なのでしょうか、それとも両性具有なのでしょうか？　訳文の調子からして、わたしにはどうもそれは男性であるような気がいたしますが、どんなもんでしょう。

マリアの前に置かれた机には書物が置かれております。ルカ福音書はマリアが書物に慣れ親しんでいたとか、大変な読書家であったとは書いておりませんが、非常に多くの場合、マリアの膝の上かその近くに書物が置かれます。そこにすでに述べた『黄金伝説』（その資料は外典文書の『ヤコブ原福音書』や『マリア誕生物語』）の影響を読み取ることは容易です。それによれば、マリアは神殿に奉献される前に、母親のアンナから読み書きや針仕事を習っていたからです。ダンテ・ゲイブリエル・ロセッティ（一八二八―八二）の描く「聖母マリアの少女時代」が『黄金伝説』にもとづくその情景をよく表現しております（図1-9）。み使いの少女の前に置かれている分厚い本の山はマリアが受けた教育を示します。その本の上に白百合の入った水瓶が置かれております。ブルーデルラムの絵では、天使とマリアの間には花瓶に入った白百合が描かれております。白百合は大天使ガブリエルが手にする場合が多いのですが、このように床に置かれることもあります。白百合以外の花はだめなのか？　これは非常にスルドイご質問ですが、赤い薔薇ですと、マリアは情熱の火となってしまいます。彼女はヴィーナスやアフロディテではないのです。スミレやパンジーでもいけません。彼女は野草ではないのです。あくまでも白百合なのです。

このブルーデルラムの絵（図1-6）では聖霊を示す鳩は描かれていませんが、画面の左上に描かれた神の口から強烈な霊波のようなものがマリアに向けて飛ばされております（部分＝図1-10）。ここでの神は三重冠をかぶっていますから、教皇です。わたしはすでに、天地創造のときの神も教皇であったりする画像をいくつか紹介しました（『旧約聖書を美術で読む』（青土社刊）参照）。ブルーデルラムの「教皇＝神」はジョットの「聖フランチェスコ」の絵などに見られる上級天使のセラフィムによってその周りをガードされております。画面の右下にはエリザベトを訪問するマリアが見られます。ルカ福音書に「そのころ、マリアは出かけて、急いで山里に向かい」とあるので、このような風景になるのですが、もし作者の手元に福音書がなければ、山里の風景は『黄金伝説』からでしょう。

次は誰もが一度は目にしているフラ・アンジェリコ（一四〇〇頃―五五）作の「受胎告知」です（図1-11）。プラド美術館で展示されているもので「プラド祭壇画」と呼ばれたりするそうです。画面の左上の片隅に描かれた金色の円形部分には神の右手首が認められます。そこから神の霊波がマリアに向かっております。彼女の膝の上には本が置かれております。画面の左部分には楽園を追われたアダムとエバが描かれております。

次はローマのサンタ・マリア・ソプラ・ミネルヴァ教会の受胎告知礼拝堂のために描かれたアントニアッツォ・ロマーノ（一四三〇頃―一五〇八）の作品です（図1-12）。ここでのガブリエルは男性のように見えますが、この天使の髪の部分に剥落が認められますので、髪型から男女の別を言うのは困難です。ガブリエルは左手に白百合を一本手にして、右手は天上を指さしております。左上には雲の上から顔を出した神がマリアに向かって、紙飛行機を飛ばすように、聖霊である鳩を飛ばしております。神はちぎれ雲の上に乗っておりますが、鳩もまた同じです。ガブリエルの下にはこの絵を描かせた司教が描かれておりますが、その右には三人の少女が見られます。『黄金伝説』によれば、彼女たちはマリアが昇天する前に彼女の遺体を清める役割を担います。三人の少女たちは白い着衣をまとい、処女であることが示されます。

次はケンブリッジ大学が誇るフィッツウィリアム美術館で見ることができる一六世紀の初頭に描かれた作者不詳の「受胎告知」です(図1-13)。白百合、本、鳩。マリアのアトリビュートの三点セットが認められます。

図 1-6

図 1-7

図 1-8

図 1-9

図 1-10

図 1-11

図 1-12

図 1-13

†イエス・キリスト

1 キリストの降臨

(1) 語られている場所――『黄金伝説1』の第一話
(2) 祝日――三月二五日
(3) 資料として言及・引用する聖書箇所――ガラテヤ書、ルカ福音書
(4) その他の資料――アウグスティヌスの著作、グレゴリウスの著作、ベルナルドゥスらの著作
(5) 主の降臨を描いた画家――ハンス・メムリンク(一四八〇年作の油彩「キリストの降臨と勝利」図1-14・口絵2はミュンヘンのアルテ・ピナコテーク絵画館)

降臨の七つの功徳

ウォラギネは『黄金伝説』の第一話を「主の降臨と再臨」を語ることではじめます。彼

図1-14

はそこで主の降臨と最後の審判と主の再臨は切り離しては論じ得ないと申し立てますが、それは神学上か解釈上の問題にすぎないので、ここでは切り離します。

ウォラギネは第一話の冒頭で、待降節の意義が何であるかを語ります。待降節（英語ではアドベント）とは主の降誕を待望する四週間の時期を指すもので、教会暦によれば、それは一一月三〇日の使徒聖アンデレの祝日にもっとも近い日曜にはじまります。その時期は主の降臨を期待する歓喜の日々ですが、同時に最後の審判と再臨にも思いを馳せ、喜んでばかりいてもいけないらしいのです。恐れと悲嘆の表情もしなければなりません。

ウォラギネはルカ福音書や、アウグスティヌス、グレゴリウス、ベルナルドゥスの著作が降臨の「功徳」に触れているとして、それを紹介します。たとえばルカは降臨の功徳を七つあげているとされ、キリストは(1)貧しい人を慰め、(2)悲しめる人びとを癒し、(3)囚われている人びとを解放し、(4)地の暗い人びとを照らし、(5)罪人を清め、(6)

全人類を救済するためにこの世に来たとされます。ここでは七つではなく、六つの功徳しか挙げられておりませんが、そんなことでつまらぬ揚げ足取りをしてはなりません。「主の降臨と再臨」という方向性のまったく異なる場面を絵にするのは難しいことだと思われます。実際、絵では、わたしの知る限りハンス・メムリンク（一四三〇頃―九四）が一四八〇年に描いた「キリストの降臨と勝利」がある位です（図1-14）。しかし、この絵とてキリストの生涯のいくつかの場面を描いたものであり、ここでの降臨は降誕であるように思われます。降臨の雰囲気だけを可視化するのはそう簡単なことではないはずです。

2 キリストの誕生

(1) 語られている場所――『黄金伝説1』の第六話
(2) 祝日――一二月二五日
(3) 資料として言及・引用する聖書箇所――イザヤ書、シビュラの託宣
(4) その他の資料――エウセビオスの『年代記』、ペトルス・コメストルの『聖書物語』、バルトロマエウスの『コンピラティオ』、教皇インノケンティウス三世の著作、エウトロピ

ウスの『ローマ史略』、聖ベルナルドウスの著作、オロシウスの著作、ヒエロニュムスの著作、アウグスティヌスの著作、アンセルムスの著作、ダマスコスのヨハネの著作

(5) **キリストの降誕を描いた画家たち**――ドゥッチオ・ディ・ブオニンセーニャ(一三〇八―一一年作のテンペラ画「キリストの降誕」**図1-16**はワシントンのナショナル・ギャラリー)、ジョット・ディ・ボンドーネ(一三〇四―〇六年作のフレスコ画「キリストの降誕」はパドゥアのスクロヴェーニ礼拝堂/一三一〇年代のフレスコ画「キリストの降誕」**図1-15**はアッシジのサン・フランチェスコの下位教会)、バルトロ・ディ・フレーディ(一三八三年頃作のテンペラ画「キリストの降誕」**図1-17**はヴァチカン宮美術館)、フラ・アンジェリコ(一四四〇―四一年作のフレスコ画「キリストの降誕」**図1-18**はフィレンツェのサンマルコ修道院)、フラ・フィリッポ・リッピ(一四六七―六九年作のフレスコ画「キリストの降誕」**図1-19**はスポレトの大聖堂)、ピエロ・デルラ・フランチェスカ(一四七〇―七五年作の油彩「キリストの降誕」はロンドンのナショナル・ギャラリー)、ドメニコ・ギルランダイオ(一四九二年頃作のテンペラ画「キリストの降誕」**図1-20**はケンブリッジ大学フィッツウィリアム美術館)、ピエトロ・ペルジーノ(一五〇四年頃作の油彩「キリストの降誕」はベルガモのアカデミア・カルラーラ美術館/一五〇六―一〇年作の油彩「キリストの降誕」はペルージアのウンブリア国立美術館)、マッティアス・グリューネヴァルト(一五一五年頃作の油彩「キリストの降誕」はコルマールのウンターリンデン美術館)

キリストの誕生はアダムの誕生から数えて何年目の出来事か

ウォラギネは『黄金伝説』の第六話の冒頭で、「主の受肉」、すなわちキリストの誕生の出来事はオクタウィアヌス（＝アウグストゥス）の時代（前二七―後一四）に起こった出来事であると述べ、さらにそれがアダムの誕生のときから何年目の出来事だったかに関して教会の物書きや、エウセビオスの挙げる年数に言及します。ある物書きによれば、それはアダムの誕生から数えて五二二八年後の出来事で、またある物書きによれば六〇〇〇年目の出来事で、エウセビオスは五一九九年目の出来事であったとしていると言います。ヨセフスは『ユダヤ古代誌』の中で天地創造から彼の時代までの年数を口にしておりますが、ウォラギネがそれに言及することはありません。

キリスト誕生時のクレニオの人口調査

ウォラギネはついでキリストが降誕したときクレニオによる人口調査があったと語り、そのためヨセフがマリアを連れてナザレからベツレヘムに向かった話を語ります。二人は貧しかったために安宿にさえ泊まることができず、二軒の家に挟まれた通り抜けの道を宿代りにしてそこに泊まったそうです。二人の婚姻後の人生は文字通りホームレスの境遇からの出発であったようですが、二人はそのとき通り抜けの道で「雄牛と驢馬のために飼い葉桶」をつくったそうです。マリアはこの飼い葉桶に残されているわずかの秣《まぐさ》の上に神の子を産み落としたとされるのです。
本当でしょうか?

秣は立派な聖遺物

コンスタンティヌスは四世紀の最初の四半世紀に登場したローマ皇帝(正帝としての在位三一〇―三三七)ですが、彼の母ヘレナは非常に熱心なキリスト教徒で、お付きの者を大勢したがえてコンスタンティノポリスからパレスチナに巡礼でやって来ます。そのとき彼女はイエスが架けられた十字架を発見したとされますが――もちろん、これは本当の話だとは思われないものですが――、さらに後の時代になりますと、ヘレナはイエスがその上に産み落とされた「秣」を(ローマに)持ち帰ったとされます。

ウォラギネはこのお持ち帰りの話を第六話で伝えるのですが、これは本当の話でしょうか? ヘレナがパレスチナにやって来たのは死の少し前の三二九年ですから、イエスがその上に寝かされた秣はアンタッチャブルの状態で三二〇年以上はどこか秘密の場所にでも保存されていたと想像しなければなりませんが、ウォラギネは「牛と驢馬も、この聖なる秣を食べることをはばかったということである」と述べて、秣が四世紀まで残っていたとしてもおかしくない状況の第一段階とでもいうべきものをつくりだします。

ヘレナの十字架発見について語るのはビザンチンの教会の物書きたちが著した『教会

史』ですが、そのどこにも彼女が秣をローマ（コンスタンティノポリスではなくて！）へ持ち帰った話は見出されませんから、この話は、後になって、ヘレナはエルサレムの近辺からキリストに関わるすべてのものを発見し、持ち帰ったとする話へと展開したものから取られたと見るのが適当なのでしょうが、それよりもわたしたちはここで、マリアやキリストに関係するものであればありがたい聖遺物として教会に高値で引き取らせた聖遺物商の跋扈《ばっこ》を読み取るべきでしょう。ただの秣も「キリストさまの秣」ですと高値で売りつけることができ、変色した秣であれば「キリストさまのオシッコのかかったありがたい秣です」とさらに高値で売りつけることができたのです。「これがキリストさまの秣だ。ヘレナさまがお持ち帰りになったものだ」としたり顔でまくし立てた聖遺物商は多数いたでしょうが、そのようにして売られた聖遺物のコレクターが出現してまいります。

その一人は後になってルターをその居城にかくまってやったザクセン侯のフリードリッヒです。今この人物について調べてみますと、彼はイエスの生まれた飼い葉桶の秣ばかりか、聖母マリアの母乳が入っていたビン、ヘロデ王が殺した幼子たちの遺骨など、実に五〇〇〇点以上を集めていたというのです。これらの秘宝は年に一度公開され、多くの人びとを集めていたとされます。なにしろ聖遺物をありがたく拝めば、死後行く煉獄《れんごく》での留め置き期間が短縮されると信じられたからです。

脱線いたしました。ウォラギネはマリアが「出産の前も、出産のときも、出産のあとも処女であった」証拠を五つ挙げます。

マリアの膣に指を挿入したサロメ

ここで大まじめで挙げられている「第四の証拠」が傑作です。ウォラギネが引く資料によると、マリアが産気づいたとき、ヨセフは二人の産婆ゼベルとサロメを呼びます。ゼベルは、マリアが処女であることに気づくと、「まあ、この娘《こ》は生娘《きむすめ》だわ」と叫ぶのですが、サロメはそれを信じようとはしません。彼女は自分で確かめようと畏れ多くも自分のひとさし指をマリアの膣に挿入してしまいます。途端に天罰が下ります。彼女の手はしびれてかさかさにしなびてしまいます。そのときみ使いが現れて、生まれてきたばかりの嬰児《えいじ》に触るようサロメに命じます。そこで彼女が触ると「あーら不思議現象」が起こります。彼女の手は元通りに戻ったというのです。

この話にはいろいろなヴァージョンがあります。それはこの下ネタ的な話が面白おかしく語り伝えられた証拠になるのですが、こんな話もマリアが処女であった証拠のひとつになるのですから、面白いと言えば面白いし、愚劣といえば愚劣です。なお本書の序章で、検閲を受けて黒く塗りつぶされた箇所のある『黄金伝説』を紹介しましたが、あの黒く塗りつぶされた箇所はこの出産に言及する記事だったのです。

『黄金伝説』に頼らずして描けたキリスト降誕の図

画家たちはキリスト降誕の絵をウォラギネの『黄金伝説』に頼らずに描くことができました。しかし、もしその絵の中に「牛と驢馬」が対で描かれていたら、その画家はウォラギネの『黄金伝説』を参考にした可能性が高いと想像してみてください。たとえば、ジョット・ディ・ボンドーネ（一二六七―一三三七）（図1-15）や、ドゥッチオ・ディ・ブオニンセーニャ（一二七八―一三一九頃活躍）（図1-16）、バルトロ・ディ・フレーディ（一三五三―一四一〇ころ活躍）（図1-17）、フラ・アンジェリコ（図1-18）、そしてフラ・フィリッポ・リッピ（一四〇六―六九）（図1-19）の絵ですが、そこにはそろいもそろって牛と驢馬が描かれております。

なお、最後のリッピの絵やドメニコ・ギルランダイオ（一四四八頃―九四）の絵（図1-20）に登場するヨセフがかなり歳を食っていて、しかも杖を手にしていることに注意してください。『ヤコブ原福音書』（ウォラギネはこれから派生した文書を使用しているのですが）によれば、マリアの夫となる者は、彼女の処女性を守るために、元気溌剌たる肉食系の若者から選ばれたのではなくて、年老いた者たちを公募で集め、各自が手にする杖のどれか一本から花の芽を吹くと、その杖の所有者がマリアの連れ合いとなるとされました。リッピやギルランダイオが描くヨセフが杖を手にしているのは、この物語の影響です。

図 1-15

図 1-16

図 1-17

図 1-18

図 1-19

図 1-20

3 キリストの割礼

(1) **語られている場所――**『黄金伝説1』の第一三話
(2) **祝日――**一月一日
(3) **資料として言及・引用する聖書箇所――**ルカ福音書、コロサイの信徒への手紙、ローマの信徒への手紙、詩編、ヨブ記
(4) **その他の資料――**プラエポシティウスの『聖務大全』、ベルナルドゥスの著作、ヒラリウスの『三位一体論』、サン＝ヴィクトルのリカルドゥスの著作
(5) **キリストの割礼を描いた画家たち――**フラ・アンジェリコ（一四五一―五二年作のテンペラ画「キリストの割礼」**図1-21**はフィレンツェのサンマルコ美術館）、アンドレア・マンテーニャ（一四六〇―六四年作のテンペラ画「キリストの割礼」はフィレンツェのウフィツィ美術館）、フラ・フィリッポ・リッピ（一四六〇―六五年作のパネル画「キリストの割礼」**図1-24**はプラト［トスカナ］のサント・スピリト教会）、ミヒャエル・パッヒャー（一四七九―八一年作の板絵「キリストの割礼」はオーストリアのザンクト・ウォルフガンクの教区教会）、マリオット・アルベルティネリ（一五〇三年作の油彩「キリストの割礼」**図1-**

25はフィレンツェのウフィツィ美術館）、ガローファロ（一五一九年作の油彩「キリストの割礼」図1-22はルーブル美術館）、ジュリオ・ロマーノ（制作年不詳の油彩「キリストの割礼」図1-26はルーブル美術館）、ルイ・デ・カルバジャル（一五八〇年代作の油彩「キリストの割礼」図1-23はエルミタージュ美術館）、フェデリコ・バロッチ（一五九〇年作の油彩「キリストの割礼」はルーブル美術館）、ティントレット（一五八七年頃作の油彩「キリストの割礼」はヴェニスのスクオーラ・グランデ・ディ・サンロッコ［サンロッコ大信徒会］）、ピーテル・パウエル・ルーベンス（一六〇五年作の油彩「キリストの割礼」はウィーン美術アカデミー）、グイド・レーニ（一六三五―四〇年作の油彩「キリストの割礼」はサンマルティノ美術館）

ユダヤ人にとっての割礼の意味は

ユダヤ人は、古代においても現代においても、男子が誕生すれば生後八日目に割礼を施します。割礼とはオチンチンの包皮を少しばかり切ることですが、彼らはそうすることで生まれて来た子が神との特別な契約関係に入ると説明します。その説明はわたしたちには分かりにくいものです。いやわたしたちだけではなく、古代の他民族の者たちにも分からないものでした。実際、紀元後一世紀の歴史家ヨセフスは、実現されなかったものの、『ユダヤ古代誌』全二〇巻の中で、この書物の執筆が終わったら、割礼についての本を著作すると読者に向かって何度か約束しているほどです。ヨセフスはユダヤ民族が独特の意味づけをするこの割礼の習慣が異教徒たちには理解されず、ユダヤ民族誤解の種になっていることを知っていたのです。

もしイエスが神の子であったなら、彼は神との特別な関係に入る必要はなかったはずです。しかし彼は割礼を受けました。割礼を受けたことで、彼がユダヤ民族に属する者のひとりであったことが明らかにされますが、民族を越える存在であるはずの「神の子」との整合性はどうなるのかと心配になります。しかし、神学は神の子の「人性」を持ち出すことで、すなわち神の子が割礼を受けたのは、神の子に人性があったからだと屁理屈を申し立てて逃げ切りをはかります。

イエスの割礼について語るのはルカ二・二一だけですが、そこには「(生まれてから)八日たって割礼の日を迎えたとき、幼子はイエスと名付けられた。これは、胎内に宿る前に天使から示された名である」とあるだけです。どこで割礼を受けたのか、だれが割礼を施したのか、割礼の立会人はだれとだれであったのかなどの詳細は何も書かれていないのです。そもそもルカがこの一文で強調するのは割礼ではなくて、嬰児の名がイエスと名付けられたことなのです。ですから、イエスは割礼を受けていなかった可能性も否定はできないのです。しかし、それを疑ってみせる人はほとんどなく、この一文からイエスが割礼を受けたとされます。もちろん、ウォラギネもそれを疑う人ではありません。

なぜ割礼の祝日は一月一日なのか

キリストの割礼の祝日は一月一日です。

ウォラギネは第一三話の冒頭で、なぜ一月一日が祝日とされるのか、その意義を四つの異なる視点から説明いたします。すなわちそこではその祝日が誕生から数えて八日目にあたるということ、「救済をもたらす新しい聖名がこの日キリストに与えられたこと」、この日割礼でもってキリストの血が流されたこと、そしてその日はキリストの割礼そのものの記念日であることなどが説明されるのです。

この四つの説明の中で紙幅が一番割かれているのは、救済をもたらす新しい「聖」名が与えられたということにたいしてです。ここでの聖名は、ルカ二・二一から明らかなように、キリストではなくて、イエスです。ヨシュアです。ヨシュアは当時のユダヤ人の間では掃いて捨てるほどあった名前ですが、敬虔なウォラギネにかかれば、それは「天のしたに比類なきものである」となり、聖ベルナルドゥスの言葉を引いて、彼は「口の中では蜜、耳の中では甘美なひびき、こころのなかでは歓喜である」と申し立てるのです。ウォラギネはさらに、「神の子」「キリスト」「イエス」に見られる名前の三重性について説明します。

割礼で切り取られたイエスのオチンチンの肉片と聖遺物崇拝

この第一三話で興味深いのは、割礼によって切り取られたイエスのオチンチンの肉片の行方が記されていることです。もちろんこの物語の背後にあるのは聖遺物崇拝です。ウォラギネは次のように書き記します。

「(割礼の肉片については)つぎのように書かれている。天使は、それをカール大帝のところにはこんで行った。大帝は、それをアーヘンの聖母教会にうやうやしく葬らせた。しかし、その後、彼は、それをアーヘンからさらにシャルトルに移した。いまは、ローマの至聖所小聖堂《サンクタ・サンクトリウム》にあるということである。だから、この小聖堂には、『ここにキリストの御割礼の聖肉片　聖へその緒および聖靴を安置す』と書かれている。……こうした話が真実であるならば、奇跡とよぶに足ることである。」

ここに登場するカール大帝は八〇〇年以降にキリスト教的世界をヨーロッパに創出しようとした人物で、一般にはシャルルマーニュの名で知られている人物です。彼は聖遺物の熱狂的な収集家でしたが、割礼のときのイエスのオチンチンの肉片が、八〇〇年の時空を超えて、皇帝の手に入ったというのです。驚きを超えて絶句です。

すでに述べたように、もしかりにイエスが割礼を施されていたとしても、割礼を受けた場所や割礼を施した人物は分からないのです。この第一三話の註によれば、この「聖なる」肉片はある時期に行方不明となりますが、そのとき「各地の教会や修道院などが再発見の名のりをあげ、すさまじい真贋争いがまき起こった」そうです。どの聖堂も「うちのものこそ本物だ」と声高に言い張ったのです。

聖遺物崇拝はいつから

みなさん方にお伺いいたします。

キリスト教における聖遺物崇拝はいつごろはじまったのでしょうか?

マルコ福音書や、ルカ福音書、それにヨハネ福音書は、ローマ兵たちが十字架に磔《はりつけ》にしたイエスの服を籤《くじ》で分け合ったと書いております。ヨハネ福音書だけはそれは預言の成就だとしておりますが、ここに見られるイエスの着衣の分捕り合戦の背後にあるのは、キリスト教側の聖遺物崇拝の萌芽的なものではないでしょうか? ヨハネ福音書が書かれた一世紀の終わりころには、イエスをキリストとする者たちを相手に聖遺物を売り歩く者たちがパレスチナやローマに存在していたように思われます

キリストが割礼を受ける場面の画像は?

割礼を受ける場面を描いた画像をいくつかお見せいたします。

最初にお見せするのはフラ・アンジェリコの作品です(図1-21)。割礼を施している人物はキリスト教化されております。彼はユダヤ教の祭司ではなくて、司教冠をかぶるキリスト教の司教なのです。しかしフラ・アンジェリコはこの割礼がユダヤ教独自のものであることを強調しようとして、イエスの包皮を切る道具をナイフではなくて三角の形状をした石刀にしております。出エジプト記四・二四によれば、この石刀はツィッポラがモーセに割礼を施すときに用いたものです。

次はルーブル美術館で鑑賞することができるガローファロ(一四八一―一五五九)の作品です(図1-22)。ここでの割礼を施す人物はキリスト教化されてはおりません。次はルイ・デ・カルバジャルの作品です(図1-23)。ここでもキリスト教化は認められません。すでに述べたように、この燭台の存在は、絵をカトリック的なものにします。

しかしこれはどうでしょうか?

フラ・フィリッポ・リッピが描く割礼の場面です(図1-24)。ここでイエスを抱くのは三重冠をかぶった教皇です。もしかしたらリッピは、教皇が割礼を施した人物であると想像したのかもしれません。マリアはイエスの右側に、ヨセフは左側に描かれております。光輪はイエスの頭に描かれておりません。ヨセフは手に「山鳩のひとつがいか、家鳩の雛二羽」をしっかりと握りしめております。ルカによれば、これらの鳥は、割礼の儀式が終了次第、神殿に奉納されるものです。左右の大きな窓枠の外からは司教杖を手にし、司教冠をかぶった司教が二人と聖人とされた教会の物書きが儀式の進行を見守ろうとしております。画面の手前の手をあわせている二人の男は、この絵を描かせた修道院の院長と寄進者でしょう。

次のマリオット・アルベルティネリ（一四七四―一五一五）の絵でも（図1-25）、イエスを抱くのはローマ教皇です。割礼はすでに終わって、教皇が嬰児イエスをマリアに引き渡そうとしております。いや、これから割礼を施すために、教皇はイエスをマリアの手から受け取ろうとしているのかもしれません。マリアの右隣には二羽の鳩を手にしている女性が描かれております。

極めつきはジュリオ・ロマーノの絵です（図1-26）。なんとここでは教皇冠をかぶった教皇が自ら嬰児イエスに割礼を施しているのです。キリストを両手で支えているマリアの右隣には、二羽の鳩をのせたトレイを手にする若い女性が描かれております。中央にユダヤ教を象徴するメノラー（七つの枝の燭台）が描かれているのがご愛敬ですが、この場所がヴァチカンであることは両サイドに描かれたくねくねと曲がった柱が示しております。サンピエトロ大聖堂で見ることのできるものです。

図 1-21

CIRCVCIDIMINI DOMINO VIRI IVDA 7 AVFERTE PPVTIA CORDIVM VESTRVM . IER . IIII. C.
POSTQVA CONSVMATI SVNT DIES OCTO VT CIRCVCIDERET PVER VOCATV E NOM EI IHES. LVCE II. C.

図 1-22

図 1-23

図 1-24

図 1-25

図 1-26

4　キリストの顕現した日――東方からの三博士の訪問

(1)　**語られている場所**――『黄金伝説1』の第一四話
(2)　**祝日**――一月六日
(3)　**資料として言及・引用する聖書箇所**――ヨハネ福音書、民数記、マタイ福音書、創世記、集会の書、バルク書、黙示録、詩篇
(4)　**その他の資料**――ベーダの著作、クリュソストモスの著作、アウグスティヌスの著作、ヒラリウスの『三位一体論』、ヒエロニュムスの著作、レミギウスの著作、ペトルス・コメストルの著作、ベルナルドゥスの著作
(5)　**公現を描いた画家たち**――ドゥッチオ・ディ・ブオニンセーニャ（一三〇八―一一年作のテンペラ画「公現」はシエナの大聖堂美術館）、アルティキエーロ（一三八〇年代作のフレスコ画「公現」はパドゥアのサン・ジョルジオ教会）、バルトロ・ディ・フレーディ（一三八五―八八年作のテンペラ画「公現」はシエナの国立美術館）、フラ・アンジェリコ（一四三三年作のテンペラ画「公現」**図1-27**はフィレンツェのサンマルコ美術館／一四三三―三四年作のテンペラ画「公現」はワシントンのナショナル・ギャラリー）、サセッタ（一

四三五年頃作のテンペラ画「公現」はニューヨークのメトロポリタン・ミュージアム・オブ・アート）、アンドレア・マンテーニャ（一四六〇―六四年作のテンペラ画「公現」図1-28はウフィツィ美術館）、サンドロ・ボッティチェリ（一四六五―六七年作のテンペラ画「公現」図1-29はロンドンのナショナル・ギャラリー／一四七〇―七五年作の同じテンペラ画「公現」は同じくナショナル・ギャラリー／一四七五年頃作のテンペラ画「公現」と一五〇〇年頃作のテンペラ画「公現」はフィレンツェのウフィツィ美術館）、ラファエロ・サンツィオ（一五〇二―〇三年作の油彩「公現」はヴァチカン宮美術館）、アルブレヒト・デューラー（一五〇四年作の油彩「公現」はフィレンツェのウフィツィ美術館）、ヒエロニュムス・ボッシュ（一五一〇年頃作の油彩「公現」図1-30はプラド美術館／一四七五―八〇年作の油彩「公現」はフィラデルフィア美術館）、フランチェスコ・バッサーノ（一五六七―六九年作の油彩「公現」はエルミタージュ美術館）、ピーテル・ブリューゲル（一六〇〇年頃作の油彩「公現」はエルミタージュ美術館）、ピーテル・パウエル・ルーベンス（一六二六―二九年作の油彩「公現」はルーブル美術館）、ヤン・デ・ブレイ（一六七四年作の油彩「公現」はバンベルクの歴史美術館）

東方教会にとっての一月六日は？

『黄金伝説』の平凡社ライブラリー版訳注によると、東方教会は一月六日をイエスの洗礼ないしは降誕を祝った日としたそうですが、四世紀に入ると公現の性格が強くなり、東方の三博士の来拝物語と結びつけられるようになります。なるほど、それで第一四話の「公現」の話は、東方の三博士の崇敬の話に集中するわけです。

ウォラギネは第一四話の冒頭で、東方の三博士はイエスの誕生後一三日目にベツレヘムにやって来たと述べますが、彼はその「公現」を語源的な説明からはじめ、次のように申します。「イエスのご誕生後十三日目に、東方の三人の博士たちは、星にみちびかれて、主を訪ねてきた。だから、この日は、〈上に〉を意味するepiと〈出現〉を意味するパノスとからなるEpiphania《エピパニア》（公現祭、顕現日）という名称をもつのである。なぜなら、上から星が出現したからである、あるいは、上に出現した星によってキリストそのものが真の神であることが東方の三博士に啓示されたからである」と。

次回の講義から繰り返し見るように、ウォラギネは聖人たちの生涯を語るとき、その冒頭で彼らの名前の由来を語源的に説明いたしますが、それが早くもここでなされているのです。ここでの二つのギリシア語、すなわち前置詞のエピや名詞となったエピパニアの意味論的な説明はそれなりに正しいのですが、「公現」のギリシア語の意味を星の出現と結びつけるのは牽強付会もいいところです。もっとも、聖人のたちの名前でもほとんどの場合は牽強付会のもので笑ってしまいます。

東方の三博士はキリスト教に改宗した聖人

この第一四話は、東方からやって来た三博士の「遺骸は、現在ドミニコ会に所属するミラノの教会にあったが、いまはケルンに休らっている」で終わっております。「エエッ」と断の驚きの展開で、慌ててそこでの訳註に目をやりますと、そこでは「伝説によると」と断った上で、東方からの三博士は「その後聖トマスから受洗してキリスト教徒になり、司教職に任ぜられ、五四年の降誕祭をいっしょに祝って、翌年に没した」と書かれております。そこでの長い訳註をさらに読み進めていきますと、三博士の遺骸はコンスタンティヌスの母ヘレナによって発見されてコンスタンティノポリスに運ばれ、さらにそこからミラノに運ばれそこの教会に安置されたそうですが、後にはケルンに移され、今はケルンの大聖堂の宝物庫に安置されているというのです。

ご存知だったでしょうか、東方からの三博士はキリスト教に改宗した聖人だったのです。わたしはまったく知りませんでした。

わたしは最初「エエッ」と反応してしまいましたが、先に進んでから見るように、イエスと一緒に十字架に架けられた強盗でさえ、後になってキリスト教に改宗して聖人にされたりするのですから、驚いてはいけないのです。『黄金伝説』にはこの手の仰天物の話が満載なのですが、それが中世なのです。それが中世のカトリック世界のアトリビュート(属性)なのです。

三博士崇敬の画像

東方の三博士の崇敬の図は好んで描かれたようです。

一番古いものはラヴェンナで見ることのできるモザイク画でしょうが、ここではウォラギネ以降のものをお見せいたします。最初はフラ・アンジェリコの作品です（図1-27）。画面の右上には三博士をベツレヘムにまで導いてきた星が描かれております。聖母の膝の上に置かれた嬰児キリストは右手を上げて、接見のポーズを取っております。次はアンドレア・マンテーニャ（一四三一―一五〇六）の作品です（図1-28）。この絵には注目すべき点が三つあります。ひとつは東方の三博士が洞窟の中のマリアを訪ね、彼女の膝の上に座る主に拝礼しようとしていることです。すでに見たように、洞窟の中でのマリアの出産を告げるのは『ヤコブ原福音書』であり、そこから派生した話をウォラギネの『黄金伝説』は第六話で紹介しておりましたが、ここで描かれている洞窟は『黄金伝説』の第六話で言及されている洞窟なのです。次の注目すべき個所は、東方からの三博士の一行に肌の黒い者たちを入れていることです。東方の者たちの肌は黒いとする知識は、たとえばピロストラトスが著した『テュアナのアポロニオス伝』などから得ていたように思われます。三番目の注目すべき箇所は、マンテーニャがこの場面にラクダを描いていることです。当時の画家たちにとっては砂漠や荒れ野の横断に必要なのはラクダであるという認識はなかった

図 1-27

図 1-28

図 1-29

図 1-30

からです。創世記のアブラハムがハランの地を離れてパレスチナに向かう絵や、モーセが荒れ野を彷徨する絵ではつねに馬が描かれているのであり、ラクダが馬にとって代わるのは実に一九世紀の後半、オリエントの知識が考古学的な発掘調査の結果とともにヨーロッパに入り込んだとき以降のことなのです。それだけにマンテーニャが馬ではなくてラクダを描いているのは驚きとなります。

次にサンドロ・ボッティチェリ（一四四四頃―一五一〇）の絵をご覧ください（図1-29）。馬が描かれております。三博士に敬意を表してか、彼らの乗ってきた馬は白馬です。荒れ野で白馬にまたがるモーセを描いたバッサーノらの絵が思い起こされます。次はボッシュの絵です（図1-30）。ここでは贈り物を手にした肌の黒い人物が画面の左側に描かれておりますが、その後ろには背丈の異常に低い女性が描かれております。ここではピロストラトスの著作などから知られるオリエントの「小人族」の知識が反映されているように思われますが、彼女は贈り物として連れて来られたのです。なお、この小人族はギリシア語ではピュグマイオイと申しますが・詳しくお知りになりたい方はピロストラトス『テュアナのアポロニオス伝』（拙訳、京都大学学術出版会）四・七、六・二五などを参照してみてください。

5　キリストの受難

(1) **語られている場所**――『黄金伝説1』の第五一話

(2) **受難節**――本文参照

(3) **資料として言及・引用する聖書箇所**――ニコデモによる福音書、詩篇、ヨブ記、列王史第二、サムエル記下、ヨハネ福音書、ルカ福音書、マタイ福音書、レビ記、エペソ人への手紙、ヨシュア記、ピリピ人への手紙

(4) **その他の資料**――アウグスティヌスの著作、アンブロシウスの著作、ベルナルドゥスの著作、ヒエロニュムスの著作、ペトルス・コメストルの『聖書物語』、アンセルムス『なぜ神は人となられたのか』、グレゴリウスの著作、エウセビオスの著作、ベーダの著作

(5) **キリストの受難を描いた画家たち**――アンドレア・デル・カスターニョ（一四四七年作のフレスコ画「最後の晩餐とキリストの受難」はフィレンツェのサンタポロニア）、ジョヴァンニ・ベルニーニ（一四五五年作のテンペラ画「聖母と聖ヨハネに支えられる死せるキリスト」はベルガモのアカデミア・カルラーラ）、ヴィットーレ・カルパッチオ（一五二〇年頃作の「死せるキリスト」はベルリンの国立美術館）、アルブレヒト・デューラー（一五

一一年作の木版の連作画「キリストの受難」はロンドンの大英博物館）、マッティアス・グリューネヴァルト（一五一五年頃作の油彩「キリストの磔」はコルマールのウンターリンデン美術館）、ルーカス・クラーナハ（一五二一年作の木版画「受難のキリストと反キリスト」はロンドンの大英博物館）、ヴィンチェンツォ・カテーナ（一五二〇年代作の「十字架を担ぐキリスト」はウィーンのリヒテンシュタイン美術館）、ティツィアーノ・ヴェチェリオ（一五七〇―七五年作の油彩「十字架を担ぐキリスト」はプラド美術館）その他多数。

受難節とは

『黄金伝説』の平凡社版訳注によると、受難の主日とは四旬節の第五の日で、受難節とはその日から数えて復活の徹夜までの二週間を指すとのことですが、みなさん方はこの説明でお分かりになるでしょうか？　わたしは教会暦に疎いのでよく分かりません。

まず、情けないことに、冒頭にある「四旬節」で躓いてしまいます。そこで四旬節について の説明を第三四話の訳注で調べて見ますと、それは「荒野におけるイエスの四十日間の断食を想起するためと…教会が定めた悔悛の時期」だそうです。それは「灰の水曜日」にはじまり、復活祭の前日までの六週間半で、主日（日曜日）を除くと、四〇日の週日となるそうです。少しずつ分かってきますが、それでも時間がかかります。イエスの荒れ野での四〇日間の断食を想起すると言われても、パレスチナの荒れ野で四〇日にわたり断食などできるものなのか、二、三日で荒れ野を徘徊する獣の餌食になりはしないのかとか、この期間中の最低限の食糧や水の補給はどうやってなされたのか心配になります。キリスト教の歴史をひもとくと、二世紀にはすでに荒れ野で単独で暮らす修道士たちが登場しますが、彼らがまったくの単独で暮らすことはなく、近くに建てられた修道院の修道士たちがパンや水などを補給していたのです。ですから、このような後方からのサポート体制がなければ、イエスの荒れ野での四〇日は「無理、むり、ムリ」となります。キリストだからできたはずだとする議論はまともに相手にはできません。

十字架刑の意味は？

さて第五一話です。

ウォラギネは冒頭で、イエス・キリストの「ご受難は、受けられた苦痛の苦さと言い、嘲笑の屈辱的なことと言い、なみたいていのものでなかったが、世にもたらした救済と功徳との点ではあふれるばかりに豊饒であった。しかし、そのご苦痛がいかに苦いものであったかは、ご受難の五つの出来ごとに見ることができる」と述べた後で、その五つについて順次説明していきます。

第一の出来事はイエスが架けられた十字架はどういうものであったかを説明いたします。

ウォラギネはアウグスティヌスの影響を受けたためでしょうか、十字架は極悪人である強盗や人殺しにたいする刑であったとし、イエス・キリストは極悪人として不名誉な死に与《あずか》ったとします。これはまあ、ウォラギネの時代の一般的な理解であり、現代でもこうした理解をする人はいるかもしれません。

しかし現代の歴史家は、十字架刑は基本的にはローマ帝国に反旗を翻した者たちへの見せしめのためのもので、政治的な意味合いをもつ処刑法であるといたします。対ローマのユダヤ戦争を体験したユダヤ側の指揮官のひとりであったヨセフスが、敗北に終わった七〇年の秋にテコアの村からエルサレムに戻る途次で目にしたのは、十字架に架けられて処刑された多数の叛徒たちであり、その中に彼の知り合いが三人もいたそうです(『自伝』四二〇)。彼らは東方の属州におけるローマ支配に反旗を翻したのです。

イエスと一緒に十字架に架けられた者はだれ?

『黄金伝説』の著者ウォラギネはさらに、イエスの右側の十字架に架けられた男の名前がディスマスで、彼はそのとき改心してキリストによって救済されたが、左側の十字架に架けられたゲスマスという男は地獄に落とされたと申します。これはすでにその名を挙げた新約聖書の外典文書のひとつ『ニコデモによる福音書』に書かれているもので、『黄金伝説』はそこでの話をここで展開させているのです。ウェブ上で検索できる「カトリック・

オン・ライン」によると、中世になるとイエスの左右の十字架に架けられた二人の強盗は聖家族のエジプトへの逃避行のとき彼らを縛り上げた者とされますが、ディスマスは聖人扱いされ、祝日が三月二五日とされます。「エエッ」の事態ですが、これがすでに指摘しているように中世のカトリック世界であり、それ以降の東方正教会の世界なのです。次にお見せするのはディスマスの画像です（図1-31）。もうひとつ一七世紀にロシアでつくられたイコンです（図1-32）。ディスマスが左端に描かれております。どちらの画像の十字架も「東方十字」とか、「ロシア十字」と呼ばれるものであることは、もうご承知のことと思います。

ウォラギネが挙げる第二の受難はキリストが正義に反して死刑を宣告されたことであり、キリストの第三の苦渋は主が友人たちから苦しみを受けたことであり、キリストの苦痛の第四は身体が弱かったことであり、第五はその苦しみがキリストの全身と全感覚に及んだことだそうです。ウォラギネはこれら五つの苦難をさらに詳しく説明していくのですが、その過程で「ある外典的な文書」を手がかりにピラトの生涯について語っております。

受難の出来事は一連の出来事

『黄金伝説』の訳者の解説を待つまでもなく、受難の出来事とはイエスのエルサレム入城から埋葬までの一連の出来事を指すものです。具体的に言えば、それらはエルサレム入城、最後の晩餐（食事）、洗足、ゲッセマネの園での祈り、ユダの裏切り、大祭司カヤパの審問、ペトロの否認、ピラトの裁き、鞭打ち、ローマ兵たちの嘲笑、ゴルゴタの丘への道、磔刑、十字架降下とピエタ、そして埋葬とつづくものですから、キリスト教美術の大半はこの受難の出来事に集中しているといっても過言ではないでしょうが、わたし自身はエルサレム入城の話はともかく、ゲッセマネの園での祈りを含むそれ以後の話は、復活と昇天にいたるまで歴史性はほとんどないものと見なしておりますが、みなさん方の大半はおそらくそうではないでしょう。

図 1-31

図 1-32

6 キリストの復活

(1) **語られている場所**――『黄金伝説2』の第五二話
(2) **祝日**――十字架降下から三日目
(3) **資料として言及・引用する聖書箇所**――ルカ福音書、ヨハネ福音書、コリント人への第一の手紙、マタイ福音書、エレミア書、ローマ人への手紙、詩篇、ペトロの第一の手紙、ニコデモによる福音書、イザヤ書
(4) **その他の資料**――アウグスティヌスの著作、グレゴリウスの著作、教皇レオの書、ペトルス・コメストルの著作、アンブロシウスの著作、ニュッサのグレゴリウスの著作
(5) **復活を描いた画家たち**――ハンス・ムルチャー（一四三七年作のパネル画「キリストの復活」はベルリンの国立美術館）、フラ・アンジェリコ（一四四〇―四二年作のフレスコ画「キリストの復活」はフィレンツェのサンマルコ修道院）、ピエロ・デルラ・フランチェスカ（一四六三―六五年作の壁画「キリストの復活」はサンセポルクロ市立美術館）、ジョバンニ・ベルリーニ（一四七五―七九年作の油彩「キリストの復活」はベルリンの国立美術館）、マッティアス・グリューネヴァルト（一五一五年頃作の油彩「キリストの復活」はコ

ルマールのウンターリンデン美術館)、アルトドルファー(一五一六年頃作の油彩「キリストの復活」図1-33はウィーン美術史美術館)、ミケランジェロ・ブオナローティ(一五三〇年作の赤色チョーク画「キリストの復活」はルーブル美術館/一五三一―三二年作の黒色チョーク画「キリストの復活」はウィンザーの王室コレクション)、ティントレット(一五六五年作の油彩「キリストの復活」はヴェネツィアのサン・カシアーノ教会/一五七九―八一年作の油彩「キリストの復活」はスクオーラ・グランデ・ディ・サンロッコ(サンロッコ大信徒会))、パオロ・ヴェロネーゼ(一五七〇年頃作の油彩「キリストの復活」はドレスデン国立絵画館)、フランチェスコ・バッサーノ(一五八四―八八年作の油彩「キリストの復活」はヴェネツィアのサンティッシモ・レデントーレ聖堂)、エル・グレコ(一五九六―一六〇〇年作の油彩「キリストの復活」はプラド美術館)、ピーテル・パウエル・ルーベンス(一六一一―一二年作の油彩「キリストの復活」はアントワープ大聖堂)、ヘラルト・セーヘルス(一六二〇年頃作の油彩「キリストの復活」図1-34はルーブル美術館)

三日目の復活の問題点は?

キリストは受難後の三日目に復活したそうです。

ウォラギネは、キリストの復活については七つの問題点があると言います。第一の問題点は、キリストは三日三晩墓の中に葬られていたのに、三日目によみがえったとされますが、それはいかにして可能だったかということです。第二は、キリストは亡くなった後、なぜ直ちに復活しなかったのかということです。第三は、キリストはどのようにして復活したのか、第四は、キリストはなぜ全人類の復活のときまで待たなくて、早々と自分だけ復活したのか、第五は、キリストはなぜ復活したのか、第六は、キリストは復活後何度姿を現したのか、第七は、キリストはリンボに留め置かれていた旧約の族長（義人）たちをどのようにして連れ出したのか、またリンボで何をしたのかということです。

ウォラギネはこれらの問題点を次々に答えていきます。

たとえば、第一の問題点に関しては、端数を切り上げて計算したとするアウグスティヌス（三五四－四三〇）の見解を紹介し、さらにキリストの受難以降は昼と夜の順序が逆転して夜を昼の前において数えるようになったとする尊師ベーダ（六七三？－七三五）の見解を紹介しますが、ウォラギネは自分自身の見解を持ち出すことはそこではしておりません。第二から第六は省略いたしますが、第七の問題点として指摘するキリストがリンボで留め置かれていた者たちに施した功徳に関するウォラギネの議論は、カトリックの歴史に関心をお持ちの方であれば、一読に値するものかもしれません。ご承知のように、リンボの存在は福音書の中ではただの一度も言及されておりませんが、そこは旧約の族長たちやキリスト登場以前の義人とされた者たちが留め置かれている地底の場所なのです。復活したキリストは勇躍そこに降りて行くと、そこに留め置かれている父祖たちを解放し、天国に連れて行くのです。この話のネタもとは『ニコデモによる福音書』ですので、そちらを読まれることをお勧めいたします。

復活の画像

復活の画像も随分とあります。そのうちのいくつかをお見せいたします。最初はドイツの画家アルトドルファー（一四八〇頃―一五三八）の絵です（図1-33）。キリストは自分が安置された石棺の上に立っております。彼が左手で支えているのは「復活の旗」と呼ばれるものです。風もないのに翩翻《へんぽん》とたなびいているこの旗は復活のイエスを描くときに必ず描かれるものです。この旗のない復活の絵を見たことはありません。画面の下段には眠りこけている見張りの兵士たちが描かれております。彼らが眠りこけていたとすることで、福音書の記者は復活の詳細を書かないですんだわけです。うまい手があるものだと感心いたします。石棺の向こう側には天から降りて来たみ使いが描かれております。次はアントワープ生まれのフランドルの画家ヘラルト・セーヘルス（一五九一―一六五一）が描いたものです（図1-34）。

リンボを描いた画家たち

リンボへのキリストを描いた画家は結構おります。

最初にお見せするのはドゥッチオ・ディ・ブオニンセーニャ（一二七八―一三一九活躍）の作品です（図1-35）。キリストが「復活の旗」を手にしてリンボを訪れ、まずリンボの門番である悪魔を踏み付けて門扉を開けると、そこに閉じ込められていた旧約の義人たちに向かって「お待たせしました」とか何とか言いながら右手を差し出しております。最初に握手している相手はアダムであり、その後ろにはエバが控えております。右端で書物を抱えて立っている冠姿の男はダビデではないでしょうか？

次はフリードリッヒ・バッヒャーが描くリンボです（図1-36）。一番前に立っているのがアダムとエバですが、二人とも長期間――いや六〇〇〇年近くも――リンボに閉じ込められていたため、髪の毛も伸び放題となっております。閉じ込められていた者たちはみなスッポンポンなので、暗闇の中で何かおかしなことが起こったりはしなかったのでしょうか？ 起こらなかったと想像したいものです。なにしろ彼らは義人なのです。

こちらはマンテーニャの描くリンボですが（図1-37）、わたしがこの絵をみなさん方にお見せする理由がお分かりになるでしょうか？ 実はリンボに入って行こうとしているキリストの左側に立っていて十字架を支えている男が、先ほどその名前を挙げたディスマスだからです。キリストと一緒に十字架に架けられた男でしたが、もう立派に悔い改めて、キリストの手足となって働いているのです。イヤハヤ、じゃなかった、喜ばしい限りです。

図 1-33

図 1-34

図 1-35

図 1-37

図 1-36

7　キリストの昇天

(1) **語られている場所**——『黄金伝説2』第六七話

(2) **祝日**——イエス復活後の四〇日目

(3) **資料として言及・引用する聖書箇所**——イザヤ書、使徒行伝、ヨハネ福音書、詩篇、知恵の書、集会の書、マルコ福音書、エペソ人への手紙、ピリピ人への手紙、ヨハネの第一の手紙、ヨハネの黙示録、ヘブル人への手紙、ヨハネ福音書

(4) **その他の資料**——シンプリキオスの著作、レオ教皇の説教、エウセビオスの『教会史』、アウグスティヌスの著作（『告白録』）、ラビのモーセースの著作、アンブロシウスの著作、ディオニュシウスの『神名論』、ダマスコのヨハネの『認識の泉』、ベーダの著作、ヒエロニュムスの著作、

(5) **キリストの昇天を描いた画家たち**——ジョット・ディ・ボンドーネ（一三〇〇年頃作のフレスコ画「キリストの昇天」はアッシジのサン・フランチェスコの上位教会／一三〇四—〇六年作のフレスコ画「キリストの昇天」はパドゥヴァのスクロヴェーニ礼拝堂）、グァリエント・ダポロ（一三四四年頃作のパネル画「キリストの昇天」はヴェネツィアのコレッ

ツィオーネ・ヴィットリオ美術館)、アンドレア・ディヴァンニ・ダンドレア(一三五五―六〇年作のテンペラ画はエルミタージュ美術館)、ドナテロ(一四二八―四三年作のポリクローム画「キリストの昇天」はフィレンツェのサン・ロレンツォ教会)、アンドレア・マンテーニャ(一四六〇―六四年作のテンペラ画「キリストの昇天」はフィレンツェのウフィツィ美術館)、ピエトロ・ペルジーノ(一四九六―九八年作の油彩「キリストの昇天」はリヨンの市立美術館)、ガローファロ(一五一〇―二〇年作の油彩はローマ国立美術館)、ラタンツィオ・ガンバラ(一五七一―七三年作のフレスコ画「キリストの昇天」はパルマの大聖堂)。ティントレット(一五七九―八一年作の油彩はヴェネツィアのスクオーラ・グランデ・ディ・サン・ロッコ教会)、レンブラント(一六三六年作の油彩「キリストの昇天」はミュンヘンのアルテ・ピナコテーク)

キリストの昇天

キリストの昇天を祝うのは使徒言行録一・三にもとづいて、復活後四〇日目とされます。ウォラギネは第六七話の冒頭で、主の昇天の理解にあたっては七つの点に留意しなければならないと申します。彼によれば、第一はどこから天に昇って行ったのかであり、第二はキリストが復活後直ちに天には昇らず、四〇日も地上で待ったのはなぜか、第三はどのようにしてキリストは天に昇って行ったのか、第四はだれと一緒に天にキリストは昇って行ったのか、第五はどういう名分あるいは功徳のためにキリストは天に昇って行ったのか、第六はキリストは天のどこへ昇って行ったのか、そして第七はなぜキリストは天に昇って行くことになったのかです。

いやあ、難しい問いです。

無学のわたしはこのどれひとつにも答えられませんが、ウォラギネは自分自身が立てた問いに答えていきます。たとえば、第三の問いでは、キリストは自分自身の力で天に昇って行ったとされ、天に移されたエノクや、天に運び上げられたエリアとの違いが説明されます。そしてウォラギネによると、主は楽しげに天に昇って行ったそうですが、その根拠は詩篇四七・五に「神は、よろこび叫ぶ声とともに昇り、主は、ラッパの声とともにのぼられた」とあるからだそうです。ウォラギネの旧約聖書の理解には、そこに予型論的にキリストの到来（受肉）を予示したものがあるとする理解があります。そのため、自分の論旨に都合のいい一文が旧約聖書からふんだんに引用されるのです。聖書以外の書物からの引用では、ウォラギネは自分が資料を批判的に検証した上で使用しているのだとするポーズを取ることがありますが、聖書の内容を疑うことはただの一度もありません。それは絶対のもので、それはしばしば時満ちて受肉することになるキリストを指しているものとします。現代でも聖書の内容を疑わないキリスト教徒は多いのではないでしょうか？　信仰をもつ者のメンタリティはなかなか変わらないようです。

第四の問いも面白そうな答えが期待できます。

ウォラギネによると、キリストは「リンボからつれて帰られた大勢の人びとおよび天使たちの大群」と一緒に天に昇って行ったとされます。すでに見てきたように、復活を果したしたキリストは、復活の旗を手にしながら、旧約聖書の義人たちが留め置かれているリンボに降りて行き、彼らを解放しますが、その者たちや天使の大群たちと天に昇って行ったとされるのです。その根拠は詩篇六八・一八に「あなたは、とりこをひきい、高みにのぼられた」とあるからです。天使たちの同伴の根拠はイザヤ書にもとめられております。いずれにしても、天にはアダムやエバ、ユダヤ民族の父祖たち、モーセや、ダビデらもおり、そこは賑やかな場所であると想像しなければなりません。

第2回講義

十二使徒たち

わたしは大学を退職しましたが、それでも完全に「あとは野となれ山となれ」と突き放して大学と縁を切ることなどできなくて、先日は大学の生涯教育で一七世紀をテーマにした一連の講演会のひとつに招かれて話をしてきました。わたしに与えられたテーマは「一七世紀のカトリシズムとプロテスタンティズム」でした。これは非常に難しいテーマで、聴衆の方々に理解してもらうためには宗教改革の一六世紀にまで遡って話をしなければと考え、その準備のためにルターの宗教改革について勉強しました。ルターの神学そのものよりもわたしはルター登場以前のカトリックの教皇について日本語で書かれた、あるいは日本語に翻訳された書物を片っ端から読み漁りました。ルター登場以前の一〇〇年ばかりを俯瞰しただけでも、教皇を頂点とするカトリックの組織の腐敗堕落はすさまじいものでした。言葉を失いました。

教皇の歴史やそれに付随するローマカトリックの歴史を学ぶ過程で気づかされたのは、カトリックと聖遺物崇敬です。前回の第1回の講義で少しばかり触れましたが、聖遺物崇敬とは聖人たちが残したものを「ありがたや、ありがたや」と言って崇敬することですが、この崇敬のために各地の教会や聖堂は聖遺物と称されるものの蒐集に躍起になります。ルター出現当時のドイツの諸侯の中には五〇〇〇点以上の聖遺物を収集して、信者たちに公開していた者がいたそうです。「五〇〇〇点以上」ですよ。

もちろん、聖遺物の中でもっとも価値あるものは、キリストが残したされる物や聖母が残したとされる物であることに間違いなく、ここに聖遺物商が跳梁跋扈《ちょうりょうばっこ》する下地が生まれます。聖遺物商とはキリストや聖母に関わるニセ物を本物だと偽って売り、濡れ手にあわのボロ儲けをする商人たちです。「こんちわー。キリストさまが架けられた十字架の断片をコンスタンティノポリスから持ってまいりました。特別にお安くしておきます」とか何とか言って、彼らは売り歩いたのです。「こんちわー。これは聖母さまがキリストさまに授乳するときに使用した哺乳ビンです。コンスタンティヌス帝のご母堂ヘレナさまがエルサレムから持ち帰られたもので、十字架が見つかった近辺の土地から出てきたものです」と嘘八百を口にしながら様々な聖遺物を顧客の前に並べ立ててみせたのです。まあ、これは現代であれば、詐欺罪が成立するとして立件される悪徳ビジネス商法でしょうが、「いっぱい食わされた」と後で気づいて訴えたりする司教たちや教会人はどこにもおらず、だれもがただただ「ああ、ありがたや」と感涙にむせび泣きながら競って購入したのですから、詐欺罪での立件の余地などは最初から皆無なのです。この聖遺物崇敬は現代でも見られますから、つくづく「キリスト教信仰の世界は不可解な世界」だと思わざるを得ません。

わたしは大学の宗教学ではキリスト教信仰のカラクリを学生たちに教えましたが、生涯学習でも一七〇名の受講生たちのみなさんに向かってキリスト教についての疑問を率直に投げかけました。自分で言うのもなんですが、講演は非常に好評で、準備のしがいがありました。

十二使徒はだれ？

福音書によれば、イエスはガリラヤで伝道するにあたり十二使徒と称する使徒軍団をつくりました。この軍団の使徒たちはイエスが生きているときはたいした働きを見せず、その死後はじめて、本来のミッションに目覚め、それぞれがなにがしかの仕事をしたようです。「なにがしか」です。

「使徒」とはギリシア語でアポストロスと申しますが、その意味は「遣わされた者」です。十二使徒の「十二」はイスラエルの十二部族を指し示す「聖なる数」です。聖なる数となると、その史実性や確実性を疑ってみたくなるのはわたしの悪い性癖ですが、福音書は「十二使徒」の名前を具体的に挙げております。それは、(1)シモン・ペトロと(2)その兄弟アンデレ、(3)ゼベダイの子ヤコブ（大）と(4)その兄弟ヨハネ、(5)ピリポと(6)バルトロマイ、(7)トマスと(8)マタイ、(9)アルパヨの子ヤコブ（小）と(10)タダイ（ユダ）、(11)シモン、そして(12)イスカリオテのユダです。

マタイ一〇・四は(11)のシモンを「熱心党のシモン」としておりますが、この呼称に何の説明も施されておりませんから、この呼称は、マタイ福音書がこの呼称が説明なしで通用する時代に書かれたことを示すように思われます。マタイ福音書は、通常、七〇年代の後半あたりに書かれたとされる文書ですから、対ローマのユダヤ戦争のいっぽうの主役であった「熱心党」は七〇年代の後半になってもまだ忘れられていなかった存在ということになります。

しかしイエスが活躍した三〇年前後の人物シモンにこの呼称が適用されるのかどうかは疑問です。もし適用されるのであれば、この「熱心党」は必ずしも呼称ではなくて、律法の遵守に非常に熱心で口やかましかった者たちを指して使用された呼び名であったとするのが妥当です。

マタイの前掲箇所はまた、イスカリオテのユダに「イエスを裏切った」の説明句を施しております、気の毒に。マルコ福音書三・一七は(3)と(4)に註を施して「この二人はボアネルゲス、すなわち雷の子らという渾名が付けられた」と言い、同書三・一九は(12)のイスカリオテのユダを説明して「このユダがイエスを裏切ったのである」と述べております。ルカ福音書もリストは同じですが、同書六・一六は、(12)のユダは「後に裏切り者となったイスカリオテのユダである」として、イエスは、彼を使徒に任命したときには彼が裏切り者になることを見抜いていなかったことを暗に強調します。裏切り者を強調するのであれば、(1)のシモン・ペトロは鶏が鳴く前に三度イエスを知らないと言ったのですから、この使徒の説明に、たとえば、「シモン・ペトロ。この男は鶏が二度鳴く前に、呪いの言葉さえ口にしながら三度もイエスを知らないと言って師を裏切った男である」と但し書きがあってもよかったのではないかと思われますが、みなさん方はいかがお考えになるでしょうか？

『黄金伝説』での十二使徒の扱いは

『黄金伝説』は十二使徒全員を取り上げておりますが、それは第一巻に集中するのではなくて、第四巻にまでわたるものです。たとえばアンデレは第二話で、トマスは第五話で、ヨハネは第九話で、ピリポは第六二話で、アルパヨの子ヤコブは第六三話で、ペトロは第八四話で、ゼベダイの子ヤコブは第九四話で、バルトロマイは第一一七話で、マタイは第一三四話で、熱心党のシモンとタダイとも呼ばれたユダは第一五二話で、それぞれ互いに関係づけることはされずに、個別に扱われております。

裏切り者のユダは扱われておりませんが、ユダ脱落後の穴埋めをしたマッテヤは第四五話で扱われ、また「十二使徒」にはその名を連ねてはおりませんが、バルナバは第七六話で使徒として扱われ、このバルナバと一緒にアンティオケイアの教会を確立したパウロは使徒として第八五話で扱われております。

この使徒たちの中で別格の扱いを受けるのがペトロで、「聖ペトロの教座制定」が第四四話で、「聖ペトロ鎖の記念」が第一〇四話でも扱われております。『黄金伝説』でペトロについで別格の扱いを受けるのはコンスタンティヌスの母ヘレナです。

なぜヘレナなのか。

それは彼女がエルサレムへ巡礼し、その地からキリストに関わるとされた聖遺物をコンスタンティノポリスに持ち帰ったとされる話が彼女の死後創作され、やがてそれが伝説化して語り継がれたからだと思われます。

西欧のカトリック世界は聖遺物崇拝の世界で「あった」こと、現在もそうで「ある」こと、そして将来もそう「ありつづける」ことを忘れてはなりません。そのことを教え、その実例を次から次に挙げてくれるのが『黄金伝説』ですから、この書を抜きにして西欧のカトリック世界を垣間見ることなどできなくなるのです。

今回の講義では 今回の講義ではすべての使徒を取り上げるわけにはいきません。第四五話のマッテヤは取り上げません。ウォラギネ自身、資料が十分揃っていなかったせいでしょうか、この人物については十分な扱いをしておりません。第六二話のピリポも取り上げません。彼は二〇年間スキティアの土地で伝道したとされますが、ウォラギネはこの人物についてはほとんど何も書いてはおりません。第七六話のバルナバも取り上げません。この人物はパウロと一緒に伝道したようですが（使徒言行録一四・一以下参照）、十二使徒のリストに入っていないからです。

†アンデレ——X字形の十字架に架けられて

(1) **語られている場所**——『黄金伝説1』の第二話
(2) **祝日**——一一月三〇日
(3) **守護聖人**——ロシア
(4) **聖遺物の保管場所**——コンスタンティノポリス→ローマ→パトラス
(5) **資料として言及・引用する聖書箇所**——ヨハネ福音書、ルカ福音書、マタイ福音書、マルコ福音書
(6) **その他の資料**——アウグスティヌス『贖罪論』
(7) **アンデレを描いた画家たち**——ドゥッチオ・ディ・ブオニンセーニャ（一三〇八－一一年作のテンペラ画「ペトロとアンデレの召命」**図2-1**はワシントンのナショナル・ギャラリー）、シモネ・マルティーニ（一三二六年頃作のテンペラ画「聖アンデレ」はニューヨークのメトロポリタン美術館）、ジャン・フーケ（一四五五年作の時禱書の挿絵「聖アンデレの殉教」はシャンティイのコンテ美術館）、カルロ・ブラッチェスコ（一四九五年作のパネル画「聖アンデレの十字架刑」**図2-2**はヴェネツィアのフランケッティ美術館）、コルネ

リス・ファン・オーストサーネン（一五一五年頃作の油彩「寄進者たちと聖人たちの描かれた磔刑図」の中の聖アンデレはアムステルダムのアムステルクリング博物館［屋根裏教会］）、ティントレット（一五五二年頃作の油彩「聖ヒエロニュムスと聖アンデレ」はヴェネツィアのアカデミア美術館）、エル・グレコ（一五九五年作の油彩「聖アンドレと聖フランシス」はプラド美術館／一六一〇―一四年作の油彩「使徒聖アンデレ」はトレドのエル・グレコ美術館）、カラヴァッジオ（一六〇七年頃作の油彩「聖アンデレの磔刑」図2-3はクリーブランド美術館）、ホセ・デ・リベーラ（一六一二年頃作の油彩「聖アンデレ」はセビーリャ美術館）、デュケノワ・フランシス（一六二九―三三年作の大理石像「聖アンデレ」はヴァチカンの聖ピエトロ大聖堂）、フランシスコ・スルバラン（一六三一年作の油彩「使徒聖アンデレ」はブダペスト国立美術館）、カルロ・ドルチ（一六三一年頃作の「十字架の前の聖アンデレ」はフィレンツェのピッティ美術館）、バルトロメ・エステバン・ムリーリョ（一六七五―八二年作の油彩「聖アンデレの殉教」図2-4はプラド美術館）

アンデレはガリラヤの漁師

アンデレ（アンドレ、アンドレアス、アンドレイア）はペトロの兄弟でガリラヤの漁師でしたが、イエスにより、彼の弟子になるようにとペトロと一緒にリクルートされた弟子です。

ウォラギネは『黄金伝説1』の第二話でこのアンデレを取り上げます。「主の降臨と再臨」を語った第一話の次に置かれただけに、アンデレには他の使徒たちとは異なる何らかの重要性があるのかも知れませんが、わたしにはそれを見破る眼力は皆無です。

ウォラギネによると、キリストが昇天した後、アンデレは最初ウクライナ地方のスキティアに出かけて宣教したそうです。ついで小アジアの北西部にあるニカイアに行き、さらにはアカイアの土地で宣教したそうです。もちろん各地で奇跡を行い、それによって多くの者をキリスト教に帰依させ、そればかりか行った先々でつぎつぎに教会を建てたそうです。

これなら聖人になる資格が取れそうですが、十二使徒たちはすべて、キリストの使徒たちであったという単純な理由で、聖人にされております。教会堂建設の実績や奇跡のパフォーマンスの難度などは問われてはいないのですが、それにもかかわらず、『黄金伝説』においては、これらのことが重要視されて語られるのです。

アンデレとアカイアの総督アイゲアテス

ウォラギネが語るアンデレの奇跡物語の中で一番紙幅が割かれるのはアカイアの総督アイゲアテスとの遣り取りです。総督はキリスト教など受け入れる人物ではありませんが、アンデレは彼女の妻をキリスト教へ改宗させ洗礼を施すのです。

高位高官の夫がダメならば、その連れ合いにターゲットを絞り、彼女を改宗させ、夫を慌てさせるというのは『黄金伝説』の改宗物語に見られるひとつの文学的パターンないしは様式的パターンですが、総督はそれなりの権力と権威をもつと同時にローマ皇帝の意向に敏感でなければなりません。彼はアンデレに神々に供物を捧げるよう要求すると同時にアンデレが説く十字架の話を「たわけた話」と切り捨てて一蹴いたします。総督がアンデレの話に納得することはありません。アンデレは拷問を加えられ、次に十字架に架けられます。彼は十字架の上で二日間生き、その上から彼を取り巻く「二万」の群衆に説教をしたとされます。

十字架の上からも最後の説教をする、これも『黄金伝説』に見られる文学的パターンです。アンデレが最後の祈りを十字架上から発すると、彼の霊は天に昇り、その遺体は総督の妻に引き取られて懇ろに葬られます。他方、総督は「悪霊にとりつかれて、路上の人だかりのなかで死んだ」そうです。この結末部分での描写は、キリスト教の殉教文学に固有の「迫害する者の死」の文学的パターンにならったものです。この文学的パターンは前二世紀のユダヤ教のマカベア第二書やマカベア第四書に遡るものですが、わたしはすでにこれについて論じておりますので、興味のある方は拙著『旧約聖書続編講義』（リトン社刊）を参照してください。

アンデレを描いた画像

お見せする最初の画像は、ドゥッチオ・ディ・ブオニンセーニャ（一二五五頃―一三一九頃）が一三〇八―一一年に描いたものです（図2-1）。キリスト教美術の書物でよく取り上げられる絵ですので、ご覧になっている方も多いのではないかと思われます。ペトロも一緒に描かれておりますが、どちらがペトロでどちらがアンデレなのかよく分かりません。ヒントは着衣の色か、顎髭でしょうが、先に進んでからこれらについて触れることもあるかもしれません。

十字架に架けられたアンデレをご覧に入れます。

お見せするのはカルロ・ブラッチェスコ（一四七八―一五〇一）が一四九五年頃に制作したパネル画です（図2-2）。一本の樹木を十字架に見立てているところに斬新さが認められ、十字架をつくるために樹木を切り倒さないところに、現代のはやりの言葉で言えば、環境に優しい絵になっておりますが――紀元一世紀の対ローマのユダヤ戦争が敗北に終わったとき、何百というユダヤ人たちが叛徒として十字架に架けられましたが、そのためエルサレム近辺の樹木は大量に伐採され環境悪化を引き起こしたことをここで想起したいと思います――、この絵を見ていて何かお気づきになることがあるでしょうか？

アンデレが木（十字架）に釘打ちされているのではなくて「縛られて」いるのです。

『黄金伝説』に「アイゲアテスは、二十一人がかりで聖人を打ちのめし、そのあと拷問を長くつづけられるように手足を十字架にしばりつけよと命じた」とあります。アンデレはそのため木に縛り付けられたのです。

この絵にはもうひとつみなさん方に気づいてほしい箇所があります。お分かりですか？この絵にはアンデレが異教の地に宣教したことを示すために、異教徒には独特の服装をさせたり、独特の帽子をかぶらせたりしております。彼らへの宣教が成功したことは、彼らをぬかずかせ、アンデレに向かって手を合わさせていることにみとめられます。左側で王冠をかぶって立っているのは、キリスト教への改宗を頑なに拒んだ総督アイゲアテスではないでしょうか？

次にお見せするのはカラヴァッジオ（一五七一頃―一六一〇頃）の作品です（図2-3）。彼もまた『黄金伝説』の記述に忠実です。画面の手前で黒の甲冑に身を固めているのが総督アイゲアテスです。ここでのアンデレはカラヴァッジオに見えるのですが、いかがでしょうか？

X字形の十字架

X字形の十字架に架けられたアンデレが描かれることもあります。三世紀に書かれた『アンデレ行伝』によれば、彼は自分がキリストと同じ仕方で十字架に架けられるのはかたじけないと言ってX字形の十字架に架けてくれるよう要求したそうですが、十字架に架けられる者が十字架の形状について、あれはダメでこれがイイなどと注文を付けることができるのでしょうか？　いやそもそも、後になって「アンデレ十字」などと呼ばれるこの形状の十字架は歴史上存在したのでしょうか？　文献上実証できるのでしょうか？

スペインの画家バルトロ・エステバン・ムリーリョ（一六一七―八二）が描く十字架はX字形です（図2-4）。アンデレの両手と両足は十字架に縛られております。白馬にまたがっているのが総督アイゲアテスです。天空から一条の光がさし込んでおります。『黄金伝説』には、アンデレが十字架に架けられたとき、「天から一条の光がさし、その輝きが半時間ほど聖人をつつんでいたので……」とあります。ムリーリョはここでも『黄金伝説』の記述に忠実なのです。

マタイ福音書二七・四五ほかによれば、イエスが十字架に架けられたとき、全地は暗くなり、その状態が昼の一二時から三時まで続いたそうですが、義人（聖人）が十字架に架けられるときには天界に異変が起こる……、とするのはこれまたひとつの文学的パターンです。

図 2-1

図 2-2

図 2-3

図 2-4

†トマス――疑ってみることの大切さを教えた人

(1) **語られている場所**――『黄金伝説1』の第五話

(2) **祝日**――一二月二一日

(3) **守護聖人**――大工や石工、測量技師ら、建設に携わる者

(4) **遺骨の保管場所**――エデッサ→オルトナ（イタリア中部の町）

(5) **資料として言及・引用する聖書箇所**――ヨハネ福音書、出エジプト記

(6) **その他の資料**――プロスペルの『観想的生活について』、アウグスティヌスの著作、イシドルスの『諸聖人の出自と生涯と死』

(7) **トマスを描いた画家たち**――ドゥッチオ・ディ・ブオニンセーニャ（一三〇八―一一年作のテンペラ画マエスタの中の「使徒聖トマス」はシエナのドゥオモ付属美術館）、ルカ・シニョレリ（一四七七―八二年作のフレスコ画「キリストと不信のトマス」はロレトの聖なる家の聖堂）、チーマ・ダ・コネリアーノ（一五〇五年頃作のテンペラ画「聖トマスの不信」はヴェネツィアのアカデミア美術館）、ルドヴィコ・マッツォリーノ（一五二二年頃作の油彩「不信のトマス」はローマのボルゲーゼ美術館）、カラヴァッジオ（一六〇一―〇二年作

の油彩「聖トマスの不信」図2-8はポッダムのサンスーシ宮殿)、ヘンドリック・テルブリュッヘン(一六〇四年頃作の油彩「聖トマスの不信」図2-5はアムステルダム国立美術館)、エル・グレコ(一六一〇―一四年作の油彩「使徒聖トマス」はトレドのエル・グレコ美術館)ピーテル・パウエル・ルーベンス(一六一三―一五年作の油彩「聖トマスの不信」図2-6はアントワープ王立美術館)、マルティネス・ジュセッペ(一六三〇年頃作の油彩「使徒聖トマス」はブダペストの国立美術館)、マース・ニコラース(一六五六年作の油彩はカッセルの国立美術館)、グエルチーノ(制作年不詳の油彩「使徒聖トマス」図2-7はザルツブルクのレジデンツ・ギャラリー)

簡単には相槌をうたないトマス

ヨハネ福音書一四・六によれば、イエスはあるとき「わたしは道であり、真理であり、命である。わたしを通らなければ、だれも父のもとへ行くことができない」と言ったそうです。

これはたいそうな大口ですが、この言葉をイエスの口から引き出したのは、トマスのすっとぼけた問い「主よ。どこに行かれるのか、わたしたちには分かりません」でした。同じヨハネ福音書二〇・二四以下によれば、復活したイエスについて、それを見たと申したてる仲間の者たちに向かってトマスは「あの方の手に釘の跡を見、この指を釘跡に入れて見なければ、また、この手をその脇腹に入れてみなければ、わたしは決して信じない」と言ったそうです。文字通りこう言ったのかは保証のかぎりではありませんが――わたしは福音書記者の創作であると疑っておりますが――、もしこのようなことを口にしたのなら、トマスはなかなかの魅力ある人物となります。彼は「不信のトマス」のレッテルを貼られてきました。疑うことや不信であることが悪徳であるかのようですが、キリスト教世界が何ごとをも正邪の二分法にしたがい、自分と少しでも見解や立場のことなる者にある種のレッテルを貼り断罪する習慣は異端審問の時代の危険なレッテル貼りに遡るというのがわたしの持論ですが、それについてはいつか別の書物で大まじめに論じる予定ですから、楽しみにしておいてください。

前回の講義でベツレヘムの洞窟で処女出産したマリアを取り上げ、そのときそんな出産などあり得ないとしたサロメが自分のひとさし指をマリアの膣に入れた話を紹介しましたが、彼女はトマスの女性版です。あちらの物語はこちらの「不信のトマス」の物語を下敷きにしてつくられた下ネタ版なのです。「不信」の活用法もエロエロ、いや、いろいろあるのです。

イエスの死後のトマスは？

新約聖書の外典文書の一つに『トマス行伝』と呼ばれる文書があります（教文館『聖書外典偽典7』所収）。ウォラギネはこの外典文書から展開したと思われる話を下敷きにしてイエス死後のトマスを書きます。

ある日のことです。

トマスがパレスチナのカイサリアの町に滞在していますと、そこにキリストが現れて彼に、インド王グンドフォルスのもとに行くよう指示いたします。王が宮殿を建てる棟梁を捜していたと言うのです。主の指示であれば断れません。トマスは王のもとへ船で出かけます。王は彼に神殿建設に必要な資金を与えると二年ほど外遊します。この間のトマスですが、彼は連日人びとに説教し、多くの者をキリスト教に改宗させますが、帰国した王は宮殿が建っていないのを知ってかんかんです。トマスは投獄されますが、死んだ王の弟を獄中から（念力で？）よみがえらせたりします。トマスは獄から出されるといろいろな奇跡を行いながら、多くの者を改宗させます。『トマス行伝』の作者はトマスの説教がどんなものであったのかとか、彼がどのようにしてイエスの言葉を伝えたのかを語りません。それだけにこの『行伝』は面白みのまったくないものとなっております。

トマスの最後は

『黄金伝説』は、トマスの最期は剣で刺し殺されたとします。

彼の遺体は最初インドの地に葬られたそうですが、後になってそれはエデッサの町に移され、さらに後になってはイタリアのオルトナの町の教会に移されたそうです。ウォラギネはこの第五話をイシドルスの『諸聖人の出自と生涯と死』やクリュソストモスの著作から、トマスがインド以外の地でも伝道したとする話を紹介しますが、前者はトマスを異教徒たちの奥地で伝道しているときに満身に槍を受けて死んだとします。クリュソストモスによれば、トマスは東方の三博士のもとへ出かけ、彼らに洗脳、じゃなかった洗礼を施したそうです。東方の三博士とは、キリストがベツレヘムで誕生したとき、星に導かれてお祝いの品々を携えてやって来たとされる例の三人の男たちですが、これは「ええっ」のエンディングです。しかしわたしたちはすでに第1回の講義で、東方の三博士のキリスト教への改宗について学んでおります。

不信のトマスを描いた画家たち

「不信のトマス」を描いた画家は少なからずおります。

オランダの画家テルブリュッヘン（一五八八―一六二九）が不信のトマスを描いております（図2-5）。トマスは復活したイエスが本物のイエスであるかどうかを確かめるために、イエスの脇腹にできた傷口に指先を入れようとしております。

ルーベンス（一五七七―一六四〇）はアントワープで宮廷画家になって間もなくして三連祭壇画に挑戦し、その中央部分にトマスを描いております（図2-6）。トマスはキリストの左手にできた傷口を食い入るようにして見ております。キリストの脇腹の傷口は、語学的に言えば、左でも右でも構わないものですが、通常は右の脇腹に傷口が描かれます。

この絵ではそれが描かれておりません。聖痕と呼ばれるこの「傷口」はキリスト復活のアイデンティティになるものだけに、それが描かれていないのは不思議です。何か理由がありそうです。研究に値するかもしれません。左のパネルにはアントワープの市長が、そして右のパネルにはその連れ合いの女性が描かれております。市長夫人はロザリオと呼ばれる数珠を手にしております。この数珠は聖母マリアに祈りを捧げるときに用いるものですが、彼女に数珠をもたせることで、市長夫妻が敬虔なカトリック信者であることが示されます。選挙対策のための絵だったりして。次はグエルチーノの作品です（図2-7）。トマスは人差し指と中指をイエスの傷口に入れようとしております。イエスの肉体の白さと比較すると、トマスの指の汚れが際立ちますが、画家は意図的に「浄」「不浄」を対照させようとしております。

これらの画家たちの中で一頭地を抜くのが、そしてテルブリュッヘンが大きな影響を受けたとされるカラヴァッジオです（図2-8）。わたしはすでに別の書物でこの絵について少しばかり説明をしておりますが、ここでのトマスは「わたしは自分の目で見るまで信じない」と言い放っているだけに、イエスの脇腹のぽっかりと空いた傷口に指先を差し込んでそれを見る目つきは真剣そのものです。その真剣さはトマスの額につけられた何本かの皺で分かります。トマスは傷口の深さを知ろうとしてその指を奥まで入れようとしておりますが、イエスが左手でそれを押さえております。トマスの着衣の左肩部分にも傷口と同じ形状の破れ目があります。明らかにこのほころびは傷口と対照されるべき対のものです。こちらはたんなるほころびで、傷口とは異なり奥行きのないものだけに、カラヴァッジオはそれでもって何を訴えようとしているのでしょうか？　気になるところです。

図 2-5

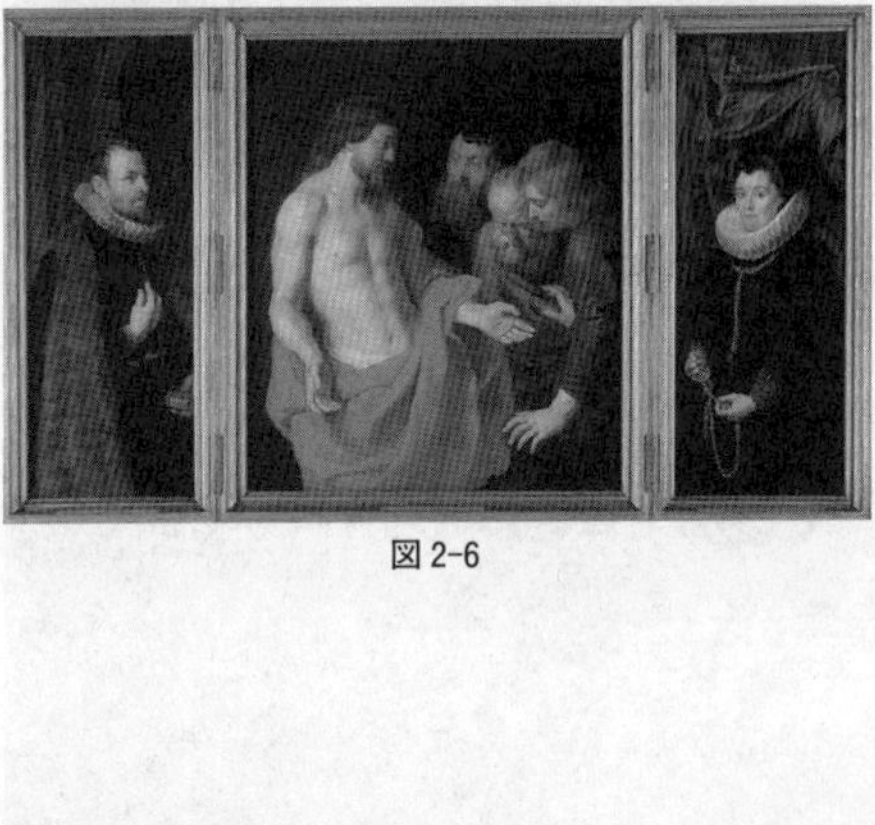

図 2-6

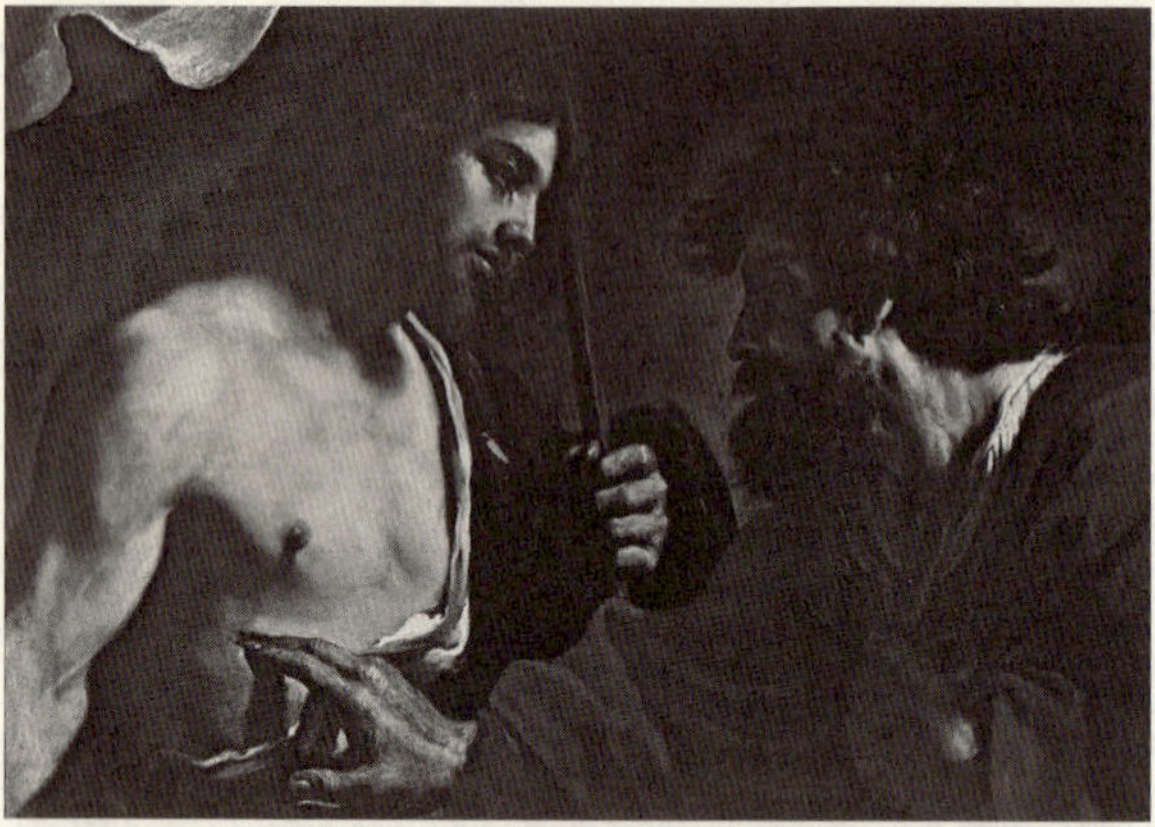

図 2-7

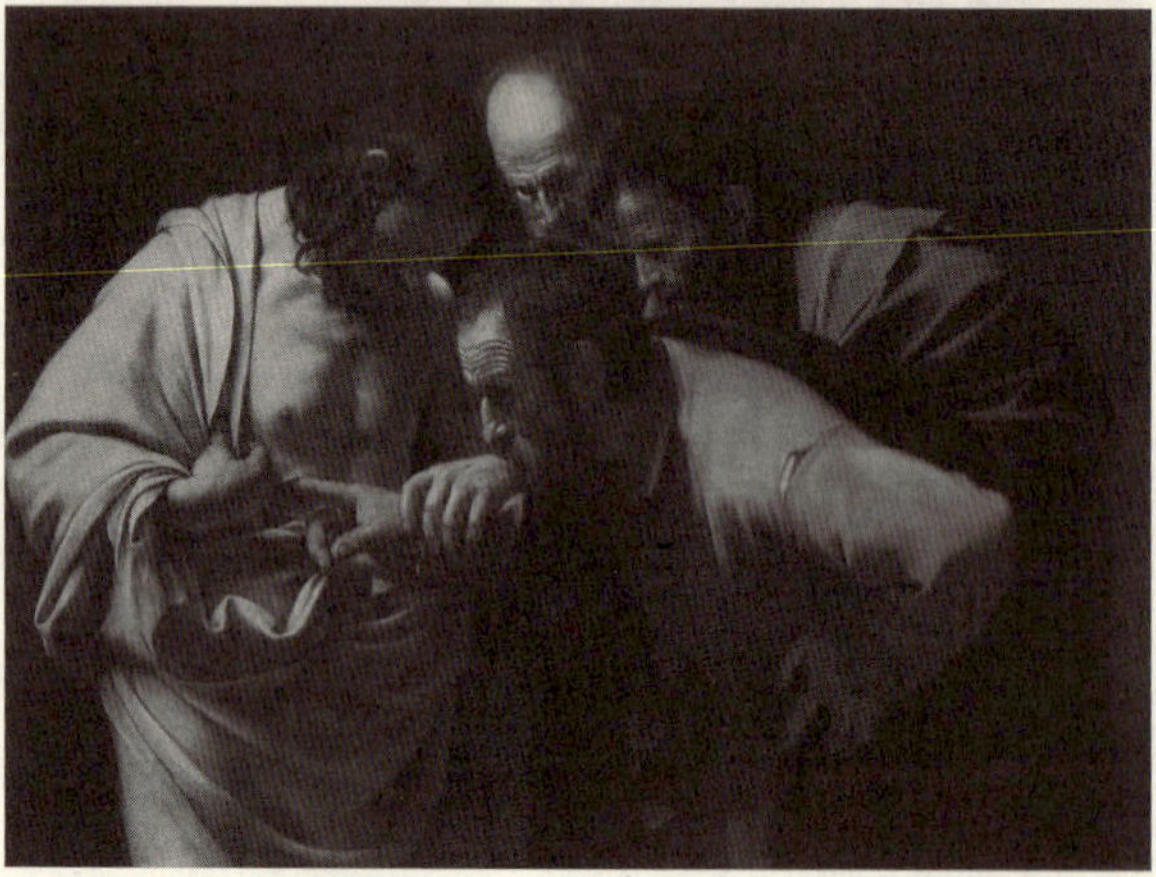

図 2-8

†ヤコブ（小）

(1) **語られている場所**――『黄金伝説2』の第六三話
(2) **祝日**――カトリック教会では五月一一日、ギリシア正教会では一〇月九日
(3) **守護聖人**――呉服屋組合
(4) **聖遺物の保管場所**――イタリア中部の町アンコーナのサン・チリーアコ聖堂
(5) **資料として言及・引用する聖書箇所**――使徒言行録、ルカ福音書
(6) **その他の資料**――ニュッサのグレゴリウス、イグナティウスの書簡、ヨハネス・ベレトの著作、ヘゲシッポスの著作、ヒエロニュムスの『ヨウィニアヌス反駁二書』、エウセビオスの『ギリシア人と異邦人の年代記』、ヨセフスの著作、エウセビオスの『教会史』、『ニコデモによる福音書』、ミレトスの『年代記』
(7) **ヤコブ（小）を描いた画家たち**――エル・グレコ（一六一〇―一四年作の油彩「使徒聖ヤコブ（小）」**図2-9**はトレドのエル・グレコ美術館）

混乱させられるその名前

小ヤコブは、マルコ一五・四〇で、マリアの子として言及されております。もちろんこのマリアはイエスの母ではありません。こちらのマリアはそこでは「小ヤコブとヨセ」の母とされているからです。しかし、このヤコブがイエスの兄弟「義人ヤコブ」と同定されることがあります。すると彼はイエスと母を同じくすることになります。そして困ったことにガラテヤの信徒への手紙一・一九でパウロがエルサレムで「主の兄弟ヤコブ」と会ったと言っていることです。

ヤコブという名の使徒が二人いるため区別をつけねばなりません。そのため「小ヤコブ」と「大ヤコブ」と呼ばれたりするのですが、「小ヤコブ」は「アルパヨの子ヤコブ」と呼ばれ、後で取り上げるヤコブは「大ヤコブ」とか「ゼベダイの子ヤコブ」と呼ばれたりします。マリアの場合と同じく、ややこしいのです。このややこしさはイエスの母マリア、小ヤコブとヨセの母マリア、ラザロの姉妹でイエスの愛人であったと思われるマリアにも認められます。

ヤコブは主と顔かたちがそっくり

ウォラギネが紹介する伝承は、このヤコブを主の兄弟といたします。冒頭いきなり「えぇっ」と驚く展開となりますが、『黄金伝説』によると、このヤコブは主と顔かたちが瓜二つのソックリさんで、そのためイエスの捕縛時に、誤認逮捕がないように、ユダがイエスに接吻して合図を送ったというのです。

ユダの接吻《ベーゼ》

ユダの接吻《ブチュ》はわたしの長年の疑問でした。ウォラギネが回答を与えてくれたようですが、それでも疑いぶかいわたしには「本当かいな」の思いが残ります。

ウォラギネはこの第六三話で取り上げるヤコブの死を裏付けるためにヨセフスの著作を数回にわたって長々と引きます。もちろんその引用はエウセビオスの『教会史』（拙訳、講談社学術文庫）からの引用ですから、それはヨセフスの孫引きとなります。彼はそこで次のように述べます。「ヨセフスによると、イェルサレムの破壊とユダヤ人の離散は、ヤコブを殺害した罪が原因で起こったことだという。しかし、原因は、これひとつだけではない。イェルサレムが破壊されたほんとうの理由は、なによりもまず、ユダヤ教徒たちが主を十字架にかけたことにある」と。ヨセフスの名誉のために申し上げますと、彼はいかなる場所においても、エルサレムの破壊とユダ人の離散がヤコブの殺害に起因するとは言っておりません。

このヤコブだけの絵の点数はあまり多くはないようです。しかしエル・グレコ（一五四一―一六一四）は何点かを描いております。その一点がこれですが（図2-9）、この絵にはこのアトリビュートがあるから小ヤコブを描いていると指摘できるものは何もありません。

図2-9

†ペトロ

(1) **語られている場所**——『黄金伝説2』の第八四話

(2) **祝日**——六月二九日(パウロと共通の祝日)

(3) **守護聖人**——漁師、船乗り、錠前づくり、鍛冶屋、食肉処理業者

(4) **聖遺物の保管場所**——聖ペトロ教会(サン・ピエトロ大聖堂)

(5) **資料として言及・引用する聖書箇所**——マタイ福音書、マルコ福音書、ヨハネ福音書、使徒言行録

(6) **その他の資料**——マルケルスの著作、教皇リヌスの著作、ヘゲシッポスの著作、教皇レオの著作、クリュソストモスの著作、『クレメンスの旅行記録』、エウセビオスの『教会史』、ヨハネス・ベレトの著作、ディオニュシウスの手紙、イシドルスの『諸聖人の出自と生涯と死』、タキトゥスの『年代記』、グレゴリウスの記録簿、グレゴリウスの『対話』

(7) **ペトロを描いた画家たち**——アルノルフォ・ディ・カンビオ(一三〇〇年頃作のブロンズ像「聖ペトロ像」はヴァチカンのサン・ピエトロ大聖堂)、フラ・カルネヴァーレ(一四五〇年代作のテンペラ画「聖ペトロ」**図2-12**はミラノのブレア美術館)、ミケランジェ

ロ・ブオナローティ（一五四六―五〇年作のフレスコ画「聖ペトロの殉教」図2-14はヴァチカンの教皇宮殿のパウロの間）、サンツィオ・ラファエロ（一五一四年作のフレスコ画「聖ペトロの釈放」はヴァチカンの教皇宮殿のヘリオドロスの間）、エル・グレコ（一五九二年頃作の油彩「使徒ペトロとパウロ」はエルミタージュ美術館／一六〇〇年頃作の油彩「悔い改めるペトロ」はワシントンのフィリップス・コレクション／一六一〇―一三年作の油彩「聖ペトロ」はスペインのエル・エスコリアルのサン・ロレンツォ修道院）、カラヴァッジオ（一六〇〇―〇一年作の油彩「聖ペトロの十字架刑」はヴァチカンの教皇宮殿のパウロの間）、レンブラント（一六三一年作の油彩「獄中の使徒ペトロ」図2-13はエルサレムのイスラエル美術館）、ジョルジュ・ドゥ・ラ・トゥール（一六四五年作の「悔い改めるペトロ」図2-10はクリーブランド美術館）、グエルチーノ（一六四七年作の「聖母の前で泣いてみせる聖ペトロ」図2-11はルーブル美術館）、フランシスコ・ホセ・デ・ゴヤ・イ・ルシエンテス（一八二三―二五年作の油彩「悔い改める聖ペトロ」はワシントンのフィリップス・コレクション）

ペトロはごますりで裏切り者

福音書によれば、ペトロはイエスに向かって「あなたこそは生ける神の子キリストです」（マタイ一六・一六）と信仰告白をした最初の人物のようです。福音書によれば、イエスはペトロに向かって「わたしはこの岩（ペトロ）の上にわたしの教会を建てる。わたしはおまえに天国の鍵を授ける」（マタイ一六・一八―一九）と言ったそうですが、このペトロはイエスがゲッセマネの園で祈っていたときもぐーすかと舟をこいでいる始末で（マタイ二六・三六以下）、それぱかりか、イエスが十字架に架けられる直前には「わたしゃイエスなんぞという人物を知りません」（マタイ二六・六九以下）とイエスを否認して平然としていた人物です。まあ、このような裏切り行為を働く者は人間社会にごまんといるのでしょうが、ここではこのペトロの否認でここまでの福音書の物語がめちゃくちゃにされます。ペトロの信仰告白はイエスにごまをするためのものだったと疑ってしかるべきものとなります。イエスが天国の鍵を渡したのは、いやそもそもイエスがペトロを弟子のひとりにしたのはイエスに人を見る目がなくて、完全な失敗だったと疑ってかかれるものとなります。そして「裏切り者」のレッテルを不幸にして貼られたユダの裏切りは、ペトロの裏切りと比較するとかわいいものだと思われてきます。わたしなどは反ユダヤ主義の歴史の背景の中で、「裏切り者」ユダの名誉をとっくに回復させているつもりですが、みなさん方はいかがでしょうか？

ペトロと伝道

ご覧のように、ペトロはどこまでも胡散臭《うさんくさ》い人物ですが、使徒言行録によれば、イエスの死後、ペトロを中心とするエルサレムの教会が宣教につとめたとされるのですから、そしてまたペトロはローマの司教座の長とされるのですから驚きです。人間が解釈する歴史はつねに当事者にとって都合のいい歴史に改変され、それが後世に伝えられていくようです。ペトロはヘロデ・アグリッパの迫害でエルサレムを去り、異邦人伝道に力を注ぐようになったとされます。彼はローマに渡り、そこで宣教し、六四年頃にネロ帝の迫害により殉教したとされます。この時期はヨセフス（三七／三八―一〇〇頃）が知り合いの祭司の釈放のためにエルサレムからやって来た時期と重なるもので、ヨセフスはペトロの殉教の場面を目撃したと『黄金伝説』的に無責任な想像の翼を広げることは可能です。

『黄金伝説』が伝えるローマでのペトロ

ウォラギネによれば、ペトロがローマに入ったのは皇帝クラウディウス（在位四一―五四）の治世の第四年目で、ローマ滞在は二五年に及んだとされますが、これはあくまでも後の時代の伝承にもとづくものですから、彼がローマに行ったのは事実であったとしも、わたしたちはその時期を知らないのです。ローマ滞在の年数「二五年」からペトロの死が六四年のネロ帝の迫害時とされるのですが、それも「ホント?」となります。ウォラギネによると、パウロもローマにやって来ると、ペトロと一緒にキリストの教えを説きはじめたそうですが、これも「ホント?」となります。すべてが「ホント?」となります。

さまざまな画像

画像の上でのペトロはいろいろな所にチョコマカと顔を出す人物で、ウェブ上で検索すると、描かれた彼の画像は他の使徒たちのそれを圧倒します。ガリラヤの漁師としてのペトロ、天国の鍵をもつペトロ、ゲッセマネの園で寝込んでいるペトロ、湖上を歩くペトロ、獄中から解放されるペトロ、十字架に磔にされるペトロなどなどです。

最初にお見せするのは、フランスの画家ジョルジュ・ドゥ・ラ・トゥール（一五九三―一六五二）が一六四五年に描いた「悔い改めるペトロ」と題する作品で、アメリカのクリーブランド美術館で見ることのできる逸品です（図2-10）。卓上には鶏が描かれております。これがペトロの属性（アトリビュート）のひとつになるのですから、情けない話です。彼の膝の上には天国の鍵が置かれているように見えますが、画像を拡大しても確認はできません。おかげで、クリーブランド美術館を訪れるときの楽しみが増えました。わたしはどういうわけかこの絵が好きですね。この絵はクリーブランド美術館ではなくてヴァチカンの教皇の間の片隅にでも飾る方が所を得たものになるのではないでしょうか？　何しろそこは、わたしが愛読する英字紙「ヘラルド・トリビューン」紙の最近の報道によれば、金と権力にまつわるスキャンダルの巣窟だからです。

次はグエルチーノ（一五九一―一六六六）が一六四七年に描いた「聖母の前で泣く聖ペトロ」です（図2-11）。この絵はときに「聖ペトロの涙」と呼ばれることもありますが、その場合の涙は「うそ涙」とか「そら涙」という場合のあの涙です。英語ではクロコダイル・ティアーズ(鰐の涙)です。グエルチーノはペトロの悔い改めを鋭くも偽善と見抜いておりますが、フランスの文人ラブレーも確かその著作のひとつでペトロのうそ涙を問題にしております。ペトロのうそ涙にたいして聖母の涙は本物ですが、すでにそれは涸れております。その証拠は彼女が手ぬぐいを膝の上にのせていることであり、彼女の鼻先が赤くなっていることです。それにしてもここでの聖母はペトロにたいして何と詰問しているのでしょうか?「ねえ、しっかりしてよ。なぜあのときわが子を知らないなんてウソ言ったのよ」とか何とか。いずれにしてもグエルチーノがここで天国の鍵をペトロに持たせなかったのは正しい判断ですし、彼の頭に光輪を描かなかったのも立派な判断です。また両者の目線が合わないように描いたのも正しい描き方です。この絵はルーブル美術館に置かれておりますが、ラ・トゥールの作品同様に、ヴァチカンの教皇の間の一点とするのが相応しいのではないでしょうか?

次はフラ・カルネヴァーレ(一四二五-八四)が描いたペトロです(図2-12)。本来これは十連祭壇画のひとつでしたが、洗礼者ヨハネや、キリストの礫、聖フランシスなどを描いた他のパネルはばらばらにされて現在いくつかの美術館に所蔵されているそうです。ペトロはしっかりと天国の鍵を二本握っておりますが、目はうつろです。何を見ようとしているのでしょうか?

この画面には天国の鍵が二本はっきりと描かれているので、みなさん方に質問いたします。なぜ二本の鍵なのでしょうか？　天国の表門と裏門の鍵なのでしょうか？　二本のうち一本は紛失した場合の予備なのでしょうか？　キリストはペトロより先に天に昇っていったはずですが、彼はどのようにして天国に入ったのでしょうか？　天国の鍵はなぜ一本は金製で、一本は銀製で描かれることが多いのでしょうか？　キリストは復活後地底のリンボに降りて行き、そこに閉じ込められていた旧約の父祖たちを解放しましたが、そのとき彼は扉を開ける鍵を携帯したのでしょうか？　鍵ひとつとっても、分からないことだらけです。

こちらはレンブラント（一六〇六―六九）が使徒言行録にもとづいて一六三一年に描いた「獄中の使徒ペトロ」と題する作品です（図2-13）。ここでも天国の鍵が二本描かれておりますが、これは獄中でも天国の鍵は手放さなかったことを示すのではなく、この人物がペトロであることを示すためのアトリビュートとして利用されております。ここでは金製や銀製の鍵ではなく、銅製の小さな二本の鍵です。鍵の近くには秣《まぐさ》が描かれております。この秣はキリストがその上に誕生したときの秣と称されるもので、レンブラントが出入りする教会の聖遺物として飾られていたものかもしれません。いずれにせよこの秣はキリストの臨在を暗示するものとなり、いかにもレンブラントらしい手の込んだ作品となります。ペトロが十字架に逆さに吊られている図はミケランジェロの作品（図2-14）などでおなじみのことと思われます。この絵については第3回の講義でもう一度触れます。

図 2-10

図 2-11

図 2-12

図 2-13

図 2-14

†ヤコブ（大）

(1) **語られている場所**――『黄金伝説2』の第九四話

(2) **祝日**――カトリック教会では七月二五日、ギリシア正教会では四月三〇日、コプト教会では四月一二日、アルメニア教会では一二月二八日

(3) **守護聖人**――スペイン、ポルトガル、巡礼者

(4) **聖遺物の保管場所**――エルサレム↓サンティアゴ大聖堂

(5) **資料として言及・引用する聖書箇所**――ルカ福音書、マルコ福音書

(6) **その他の資料**――ベーダの著作、ヨハネス・ベレトの著作、ブザンソンのフベルトゥスの著作、教皇カリストゥスの話、サン＝ヴィクトールのフーゴーの話、クリュニーの大修道院長フーゴーの話

(7) **ヤコブ（大）を描いた画家たち**――フラ・アンジェリコ（一四三四―三五年作の油彩「魔術師ヘルモゲネスから悪霊を取り除く使徒聖大ヤコブ」**図2-15**はフォートワースのキンベル美術館）、アルブレヒト・デューラー（一五二一年作のペン画「二人のみ使いと四人の聖人と一緒の聖母」はシャンティイのコンテ美術館）、エル・グレコ（一六一〇―一四年作

の油彩「使徒聖大ヤコブ」はトレドのエル・グレコ美術館）、ジョヴァンニ・ランフランコ（一六二二—二三年作の油彩「使徒聖大ヤコブ」**図2-16**はウィーンの美術史美術館）、カレーニョ・デ・ミランダ（一六六〇年作の油彩「クラビホの戦いでの聖大ヤコブ」はブダペスト国立美術館）、ジョヴァンニ・バティスタ・ティエポロ（一七四九—五〇年作の油彩「ムーア人を征服する聖大ヤコブ」はブダペスト国立美術館）

こちらのヤコブは「ゼベダイの子ヤコブ」とか「雷の子」ヤコブとも呼ばれたということで（ルカ三・一七）、ウォラギネは物語の冒頭でその由緒を語り、次に「大」ヤコブと「小」ヤコブの区別の違いについて説明いたします。

「大」「小」の違い

大ヤコブの伝道について

ウォラギネの『黄金伝説』によると、大ヤコブはキリストの昇天後、ユダヤの地とサマリアで伝道し、ついでスペインに赴いたそうです。しかしそこでの伝道は成功いたしません。彼は早々とユダヤの地に舞い戻ります。彼はそこでイエスの教えを説いて魔術師ヘルモゲネスをキリスト教へ改宗させたそうですが、これはもちろん魔術師シモンの話の焼き直しバージョンです。大ヤコブはヘロデ・アグリッパ一世により首をはねられます（使徒言行録一二・二）。四四年の過ぎ越しの祭のころです。その遺体はなんとスペインのコンポステラに移され、そちらで埋葬されたそうです。そのためその場所には大聖堂が建てられサンティアゴ・デ・コンポステラと呼ばれる巡礼の地になるのですが――サンティアゴはヤコブのスペイン名――、ウォラギネが語る第九四話の後半はだれそれがその墓を詣でたとかいう挿話で埋められております。

大ヤコブの画像

最初にお見せするのは、魔術師ヘルモゲネスに取り憑いている悪霊を取り除く大ヤコブを描いたテンペラ画です（図2-15）。作者はフラ・アンジェリコで、制作年は一四三四年かその翌年です。この絵は本来四連祭壇画の裾絵（プレデルラ）のひとつとして描かれたものです。中央がヤコブでその左側に描かれているのが魔術師です。魔術師は紐でぐるぐる巻きにされておりますが、それは悪霊に縛られていることを象徴的に示しております。魔術師の背後には取り除かれた悪霊たちが見られます。大ヤコブの右側にはキリストが控えております。ここでのキリストは裸足ですが、それはキリストを示すアトリビュートのひとつです。

次にスペイン（ヒスパニア）にまつわる絵画をお見せいたします。
最初はカレーニョ・デ・ミランダが一六六〇年に制作した油彩です（図2-16）。墓から蘇った大ヤコブが白馬にまたがって不信仰なサラセン人（イスラム教徒）を相手に戦っております。晩年をスペインで過ごし、マドリードで亡くなったジョヴァンニ・バティスタ・ティエポロ（一六九六―一七七〇）もムーア人を成敗する大ヤコブを描いております。大ヤコブは「ムーア殺し」（マタモロス）と呼ばれて恐れられ、敬意を払われているのです。一介の使徒にすぎないと侮ってはなりません。キリスト教の使徒は世界制覇や神の栄光のためであれば、戦闘的になり、異教徒を「殺せや殺せ」となるのですが、この殺戮を正当化する思想は旧約聖書のヨシュア記に遡るものです。

大ヤコブは巡礼の守護者

スペインのコンポステラが最大の巡礼地になりましたから、大ヤコブは巡礼者の守護聖人となります。お見せするのはレンブラントが描いた巡礼者姿の大ヤコブです（図2-17）。この絵はあまり知られていないのではないでしょうか？　レンブラントで検索してもヒットすることはありません。この絵をご紹介するのは当時の人たちの巡礼の姿がよく分かるからです。両手を合わせて祈る大ヤコブの右側には巡礼者がかぶる帽子と巡礼杖が描かれております。巡礼者が一日の旅を終えて、その無事を感謝する祈りを捧げております。巡礼者の達成感や感謝の気持ちが画面一杯に広がる静謐さの中に感じられます。ヤコブの着衣の肩の所にスカラップと呼ばれるホタテ貝の貝殻が認められます。ウォラギネの『黄金伝説』にはこの貝は登場いたしません。わたしはそれが何を意味するのか承知しておりませんが、大ヤコブの殉教姿を描くときにはよくそれが描かれます。手にしている場合もありますし、手にしている本の上に置かれたりする場合もあります。

図 2-15

†バルトロマイ

(1) 語られている場所――『黄金伝説3』の第一一七話

(2) 祝日――カトリック教会では八月二四日、ギリシア正教会では六月一一日、アルメニ

図2-16

図2-17

ア教会では一二月八日と二月二五日、コプト教会とエチオピア教会では六月一八日と一一月二〇日

(3) **守護聖人**――葡萄栽培者、羊飼い、皮なめし工、皮革加工業者、製本業者

(4) **聖遺物の保管場所**――メソポタミアのダラス→リパリ島→ティベリーナの聖バルトロメオ教会、頭蓋骨はフランクフルト市の大聖堂

(5) **資料として言及・引用する聖書箇所**――なし

(6) **その他の資料**――ディオニュシウスの『神秘神学』、アンブロシウスの著作、テオドロスの著作、

(7) **バルトロマイを描いた画家たち**――ドゥッチオ・ディ・ブオニンセーニャ(一三〇八―一一年作のテンペラ画「聖バルトロマイ」はシエナのドゥオモ付属美術館)、作者不詳(一四七〇―一五一〇年頃作の「聖バルトロマイの祭壇画」はミュンヘンのアルテ・ピナコテーク)、マッテオ・ディジョヴァンニ(一四八〇年頃作のテンペラ画「使徒聖バルトロマイ」**図2-18**はブダペスト国立美術館)、作者不詳(一五〇〇―〇五年頃作の板絵「聖バルトロマイ」はミュンヘンのアルテ・ピナコテーク)、ドッソ・ドッシ(一五二七年作の油彩はローマ国立美術館)、ミケランジェロ・ブオナローティ(一五三七―四一年作のフレスコ画「最後の審判」**図2-19**の中のバルトロマイはヴァチカン、システィーナ礼拝堂)、エル・グレコ(一六一〇―一四年作の油彩「使徒聖バルトロマイ」はトレドのエル・グレコ美術館)

バルトロマイ

福音書はバルトロマイを十二使徒のひとりに数えておりますが、彼の活動について教えてくれる記事は何もありません。この人物の祝日では何を根拠に説教がなされるのか心配になりますが、ウォラギネの『黄金伝説』によると、バルトロマイは、イエスの死後、最初インドに行ったそうです。すでに見たトマスもインドに行っております。インドでかちあうことはなかったのでしょうか？　インドは広大な土地ですから、そういうことはまず起こりえないでしょうが、それにしてもなぜインドなのでしょうか？

当時の「世界（オイクメーネー）」の人びとの世界認識ではインドは「東の地の果て」ですから、キリスト教が地の果てにまで伝道されたことにするにはインドが必要だったのです。同じような理由で、「西の地の果て」であるスペインも必要だったのであり、使徒聖大ヤコブの遺骨をあちらに移してみせる小細工も必要だったのです。それにまたマルコ福音書の結びの言葉「その後、イエスご自身も、東から西まで、彼らを通して、永遠の救いに関する聖なる朽ちることのない福音を広められた」が実現されるためにも、東の最果ての国と西の最果ての国が必要だったのです。

わたしの知る限り、東と西の最果ての地に出かけた人物はただひとり、テュアナのアポロニオスしかおりません（拙訳、ピロストラトス『テュアナのアポロニオス伝』［京都大学学術出版会〕)。こちらのアポロニオスは言葉の真の意味で「聖人」と見なされ得る人物ですが、キリスト教世界における「聖人」と異教世界における「聖人」の違いを知るには、この書物は必読・必携のものとなります。

バルトロマイの最期とその図像

ウォラギネは、バルトロマイがインドで宣教中に、土地の偶像に跪拝するのを拒否したため王の怒りを買い、そのため棍棒で打ちのめされ、その生皮を剝がされた話を伝えると同時に、彼の最期に関してはいろいろな意見があると断った上で、十字架に架けられたという説、十字架に逆さ吊りにされたという説、単独で首をはねられたという説などを紹介し、「そこで、はじめに十字架につけられ、ついでまだ生きているうちに十字架から降ろされて、苦痛をさらに大きくするために生皮を剝がされ、最後に首を刎ねられたと理解すれば、これらの不一致を解消することができよう」と述べます。意見の不一致の見事な解決法です。

図像を二点ばかりお見せいたします。

最初はイタリアの画家マッテオ・ディ・ジョヴァンニ(一四三〇頃―九五)が描いたものです(図2-18)。バルトロマイは剝がされた生皮をショールか何かのように肩から垂らしております。右の足先が見えます。手先が見えます。右手は皮剝ぎ用のナイフを置かれております。カラーでお見せできないのが残念ですが、生皮を剝いだために、体は全身をめぐる血で染まり赤一色です。バルトロマイが生皮を肩にかけて説教する壮絶で滑稽な絵もあるそうですが、この種の絵はいずれも『黄金伝説』の話を読んだ上で描かれたものと思われます。

次はだれでも知っているミケランジェロ・ブオナローティ（一四七五―一五六四）が描く「最後の審判」に登場するバルトロマイです（図2-19）。バルトロマイは右手に皮剝ぎ用のナイフを、そして左手はナイフで剝いだ自分の生皮を握っておりますが、その生皮に描かれている顔はご存知ミケランジェロの顔ですから、複雑です。

図2-18

図2-19

†マタイ

(1) **語られている場所**――『黄金伝説3』の第一三四話
(2) **祝日**――カトリック教会では九月二一日、ギリシア正教会では一一月一六日、コプト教会では一〇月九日
(3) **守護聖人**――サレルノの町、徴税人、両替商、アル中患者、病院
(4) **聖遺物の保管場所**――パエストゥム（イタリア南部）↓サレルノの大聖堂
(5) **資料として言及・引用する聖書箇所**――マタイ福音書、ヤコブの手紙、ルカ福音書
(6) **その他の資料**――ヒエロニュムスの著作、イシドルスの著作、ベーダの著作、アンブロシウスの著作
(7) **マタイを描いた画家たち**――ヴィットーレ・カルパッチオ（一五〇二年作のテンペラ画はヴェネツィアのスクオーラ・ディ・サン・ジョルジョ・デッリ・スキアボーニ信徒会）、ミケランジェロ・ブオナローティ（一五〇三年作の大理石像「聖マタイ」はフィレンツェのアカデミア美術館）、カラヴァッジオ（一五九九―一六〇〇年作の油彩「聖マタイの召命」―**図2-20**はローマのサン・ルイジ・ディ・フランチェージ聖堂／同じ時期の油彩「マタイの

殉教」も同聖堂)、エル・グレコ(一六一〇―一四年作の油彩「使徒聖マタイ」はトレドのエル・グレコ美術館)

イエスにリクルートされたマタイ

マタイ福音書九・九―一三にイエスがマタイを弟子にリクルートした話が見られます。その冒頭に「イエスはそこをたち、通りがかりに、マタイという人が収税所に座っているのを見かけて、『わたしに従いなさい』と言われた。彼は立ち上がってイエスにしたがった」とあります。「通りがかりに……見かけて……」声をかけて、マタイを弟子に一本釣りしたというのです。随分と安直なリクルート法があったものだとわたしたちを驚かせますが、面白いことに福音書は「その後のマタイ」については何も記しておりません。一本釣りしても、芽が出なかったのでしょうか?

ウォラギネはこの「芽の出なかった」マタイをマタイ福音書のマタイと同人物と見なし、彼をエチオピアで宣教した人物とします。またしても「地の最果ての国」での宣教活動です。インド、スペイン、そして今度はエチオピアです。当時の人の感覚ではエチオピアも立派な地の果ての国のひとつだったのです。

『黄金伝説』はマタイの最期については記しておりませんが、他の伝承や言い伝えから、マタイはエチオピアで殉教したとされます。ウォラギネは第一三四話を締めくくるにあたり、次のような仰天ものの発言をいたします。「ところで、聖マタイが書いた自筆の福音書は、主の紀元五〇〇年に聖バルナバの聖遺骨のかたわらに発見された。というのは、聖バルナバは、いつもこの福音書をたずさえていたからである」。ほ、ホッ、本当でしょうか？

カラヴァッジオが描いた有名な作品「マタイの召命」をひとつだけお見せいたします（図2-20）。イエスが収税所の入り口から入ってきて、マタイを指さしております。最初は多分指さしをしたのではなくて、声をかけたのだと思われます。それにたいして机の中央に座っている男が左側の若者を指さして「こいつかい」と聞いております。それにたいしてイエスが「そいつだ」と指さしているのです。

マタイは何をしているのでしょうか？

わたしは長い間マタイが取り立てた税金の計算でもしているのだと想像しておりましたが、最近友人から「これは賭け事をしている場面だ」と指摘されました。これは、多分、取り立ての繁忙期が終わった後の税務署の光景なのでしょうが、マタイがイエスにしたがったとすると、彼は一瞬にしてその人生をイエスに賭けたことになります。

図 2-20

†シモンとユダ

(1) **語られている場所**――『黄金伝説4』の第一五三話

(2) **祝日**――熱心党のシモンの祝日とユダの祝日は同日で、カトリック教会では一〇月二八日、ギリシア正教会では五月一〇日

(3) **守護聖人**――シモンの場合は木こり

(4) **聖遺物の保管場所**――シモンの聖遺物はローマのサンペトロ大聖堂ほか

(5) **資料として言及・引用する聖書箇所**――なし

(6) **その他の資料**――エウセビオスの『教会史』、イシドルスの『諸聖人の出自と生涯と死』、ベーダの著作、ヨハネス・ベレトの『教会聖務大全』、エウセビオスの『ギリシア人と異邦人の年代記』、ベーダの著作、ウスアルドゥスの『殉教者祝日表』

(7) **シモンとユダを描いた画家たち**――ドゥッチオ・ディ・ブオニンセーニャ（一三〇八―一一年作の「マエスタ」の中のシモンはシエナのドゥオモ付属美術館）、ルーカス・クラーナハ（一五一二年頃作の木版画「十二使徒の殉教」**図2-21**の中の使徒シモンの殉教は各地のコレクター）、E・ファン・ローデン（一五二〇年頃作の木彫「熱心党のシモン」はシ

トー会のマリエンフェルト修道院)、アルブレヒト・デューラー(一五二三年作の木版画「聖シモン」図2-22はニューヨークのメトロポリタン・ミュージアム)、ピーテル・パウル・ルーベンス(一六一一年頃作の油彩「十二使徒」シリーズ中の「熱心党のシモン」はプラド美術館)、エル・グレコ(一六一〇—一一年作の油彩「使徒聖タダイオス(=ユダ)」はトレドのエル・グレコ美術館)

シモンは木こりの守護聖人

ウォラギネは第一五二話で使徒の聖シモンと聖ユダをまとめて扱います。

熱心党のシモンの名前は福音書や使徒言行録が挙げる十二使徒のリストに見られますが、その事績は何も語られておりません。ウォラギネはそれを承知でシモンの最期についてのいくつかの説を紹介すると同時に、それらの説が間違いであることを、エウセビオスの『教会史』を典拠に説明しております。一般にはシモンが木こりの守護聖人にされていることから、その最期はノコギリで真っ二つにされたとされますが、これはウォラギネが紹介しない伝説のひとつです。しかし、面白いですね、ノコギリで真っ二つにされたから木こりの守護聖人にされるのは。このあたりの理屈ないしは屁理屈がわたしには分からないのですが、みなさん方はどうでしょう。

ユダはエデッサの王アブガロスのもとへ

ウォラギネはまた、同じ『教会史』を典拠にしてユダが、キリストの昇天後に、聖トマスによってエデッサの王アブガロスのもとへ派遣された話を語っておりますが、そこでは王がイエス宛に送った書簡とイエスが王にしたためた返書が見られます。もちろんこの往復書簡はエウセビオス以前の教会の物書きが創作したもので、それを見破ることは簡単なのですが、福音書の中にイエスが書簡を書いたという記事がないだけに、アブガロスの手紙に返書をしたためたとする発想は人の意表をつく斬新なものです。この書簡と返書はわたしが翻訳した『教会史』(講談社学術文庫所収)の第一巻で読むことができますので、ウォラギネが紹介する二つの書簡をエウセビオスのそれと比較してみてください。ウォラギネは間違いなくエウセビオスの『教会史』を前において物語を書き進めておりますが、その『教会史』にも転写の過程でいろいろな夾雑物《きょうざつぶつ》が入ってきているのが分かります。

たとえば本来のエウセビオスのテクストでは、アブガロスが送ったイエス宛の書簡は「トパルケスのアブガル・ウカマから、エルサレムの土地に姿を現された立派な救い主であるイエスに挨拶いたします」です。ここでのトパルケスは「地方知事」くらいの意味です。またここでのウカマは意味の取りにくいものですが、「肌の色が黒い」の意味を内包するものです。ウォラギネが紹介する書簡の冒頭は「エウカニアスの子である国王アブガロスは、イェルサレムの地にあらわれたもうた救世主イエスさまに挨拶をお送りいたします」です。いろいろなことが想像されるではありませんか。いずれにしてもこの第一五二話は、エウセビオスの『教会史』抜きでは何も語ることができません。

ノコギリの話をしましたので、二点だけノコギリが描かれている作品をお見せいたします。最初はルーカス・クラーナハが一五一二年頃に制作した「使徒シモンの殉教」と題する木版画です（図2-21）。次はアルブレヒト・デューラーが一五二三年に制作した「聖シモン」です（図2-22）。

図2-21

図2-22

十二使徒殉教図

最後にここまでの物語の全体を締めくくるものとして、十二使徒の殉教すべてを描いた作品を二点お見せいたします。

最初にお見せするのは一四三五年頃にケルンの聖キャサリン教会の兄弟団が教会の祭壇画としてドイツの画家シュテファン・ロホナー（一四三五―五一活躍）に依頼して制作したものです（図2-23・口絵3）。縦八〇センチ、横一二〇センチの油彩です。現在はフランクフルトのシュテーデル美術研究所で見ることができるそうです。次はモスクワのクレムリン宮殿が所蔵するロシア正教会のイコンです（図2-24）。中央にキリストの受難が描かれていてその周りに十二使徒の受難が描かれております。殉教オールスター総覧図です。みなさん方はここまでの学びをもとに、どの殉教図がだれのものかと、どれぐらい言い当てることができるでしょうか？

この画像が強調することは何でしょうか？

それはただひとつ、キリストの十二使徒は全員殉教したということなのです。殉教した十二使徒たちこそは神の栄光を表したとされるのです。殉教した十二使徒たちこそはキリストを証ししたとされるのです。彼らはすでに天国で神と神の子キリストとともにいるとされたのです。

図 2-23

図 2-24

第3回講義

1世紀の聖人・聖女たち

洗礼者ヨハネ
マグダラのマリア（マリア・マグダレナ）
ステファノ
昇天したマリア
パウロ

この講義はカルチャー教室で行われたものですが、カルチャー教室は大学とは異なります。大学の学生は二〇〇人、三〇〇人ですので、名前はもちろんのこと、顔を覚えることも困難です。わたしの講義内容に反発を覚える学生は、さっさと脱落してくれることを願うばかりですが、わたしに反抗的な態度を取る学生さんはそこに可愛らしさを認め、親しくなれば、名前を覚え、顔を覚えていきます。いや顔を覚え、名前を覚えていきます。大学院の学生諸君の名前はすべて自然に覚え、名前と顔がつねに一致いたします。

わたしは大学で週二回ギリシア語を教えておりました。このクラスは学部の一年生から大学院の学生諸君を対象にしたもので、毎年一四、五人は聴講します。秋からは脱落していく学生が少々出てくるのですが、それでも残った学生の名前は覚え、脱落していった学生の将来を少しばかり心配します。彼らには少なくとも最初は言葉にたいする好奇心があったはずで、その好奇心の行方を心配だからです。しかし、わたしは二〇一二年の三月をもって大学から身を引きましたので、これからは名前を覚えたり、顔を覚えたりはしなくなるのではないでしょうか。もっともカルチャー教室の聴講者の名前は別です。

それでは今回の講義を始めたいと思います。

†洗礼者ヨハネ

(1) **語られている場所**――「洗礼者聖ヨハネの誕生」は『黄金伝説2』の第八一話、「洗礼者ヨハネの刎首」は『黄金伝説3』の第一一九話
(2) **祝日**――六月二四日（誕生を祝する日）、八月二九日（刎首を記念する日）
(3) **守護聖人**――洗礼堂、フリーメイソン、仕立て屋、皮なめし屋、毛皮職人
(4) **聖遺物の保管場所**――？
(5) **資料として言及・引用する聖書箇所**――（洗礼者ヨハネの誕生）ルカ福音書、創世記、士師記、ヨハネ福音書、マラキ書、ベン・シラの知恵、ヨブ記、マルコ福音書、マタイ福音書、エレミア書、イザヤ書
(6) **その他の資料**――（洗礼者ヨハネの誕生）ペトルス・コメストルの『聖書物語』、ベーダの著作、アンブロシウスの注解書、クリュソストモスの著作、ペトルス・ダミアニの著作、聖ベルナルドウスの著作、パウルス・ディアコヌス（『ランゴバルド人の歴史』）、ヨハネス・ベレトの著作、アウグスティヌスの著作
(7) **洗礼者ヨハネの誕生ほかを描いた画家たち**――フラ・アンジェリコ（一四三三年頃作

のパネル画「洗礼者聖ヨハネ」はフィレンツェのサン・マルコの美術館)、アンドレア・エル・カスターニョ(一四四二年作のフレスコ画「洗礼者聖ヨハネ」図3-6はヴェネツィアのサン・ザカリア教会)、ディーリック・バウツ(一四七〇年作の油彩「洗礼者聖ヨハネ」はミュンヘンのアルテ・ピナコテーク)、サンドロ・ボッティチェリ(一四七〇—七五年作の板絵「聖母とキリストと洗礼者聖ヨハネ」図3-3はルーブル美術館/一四八〇年代作のペン画「洗礼者聖ヨハネ」はウフィッツィ美術館)、ドメニコ・ギルランダイオ(一四八六—九〇年作の「洗礼者聖ヨハネの誕生」図3-1、2はフィレンツェのサンタ・マリア・ノヴェッラ聖堂の主礼拝堂)、ジョヴァンニ・アントニオ・ボルトラッフィオ(一五〇〇年作の油彩「聖母とキリストと洗礼者聖ヨハネ」はルーブル美術館)、ヒエロニュムス・ボッシュ(制作年不詳の油彩「荒れ野の洗礼者聖ヨハネ」はマドリードのラサロ・ガルディアーノ美術館)、フラ・バルトロメオ(一五〇六—〇七年作の油彩「聖家族と洗礼者聖ヨハネ」はマドリードのティッセン=ボルネミサ美術館)、レオナルド・ダ・ヴィンチ(一五一〇—一五年作の油彩「荒れ野の洗礼者聖ヨハネ」はルーブル美術館/一五一三—一六年作の油彩「洗礼者聖ヨハネ」は同じくルーブル美術館)、アルブレヒト・デューラー(一五一二年作の「リンボのキリスト」図3-5の中の洗礼者聖ヨハネはニューヨークのメトロポリタン美術館)、アンドレア・デル・サルト(一五二三年頃作の油彩「洗礼者聖ヨハネ」はフィレンツェのピッティ美術館)、ヤコポ・バッサーノ(一五七〇年作の油彩「聖母とキリストと洗礼者聖ヨハネ」はフィレンツェのウフィッツィ美術館)、エル・グレコ(一六〇〇年頃作の油彩

「洗礼者聖ヨハネ」はサンフランシスコ美術館)、ニコラ・プーサン(一六三五年頃作の油彩「民衆に洗礼を授ける洗礼者聖ヨハネ」図3-4はルーブル美術館)、バッチオ(一六七六年頃作の油彩「洗礼者聖ヨハネ」はマンチェスターの市立美術館/一六九〇年頃作の油彩「洗礼者聖ヨハネ」はルーブル美術館)

マタイ福音書とマルコ福音書

後になって「洗礼者ヨハネ」と呼ばれることになるヨハネの誕生についての話です。マタイ福音書とマルコ福音書(それにヨハネ福音書)は彼の登場について語りますが、彼の誕生には何の関心も示しておりません。水も樹木もない荒れ野には人が住まないはずですから、いったい誰に向かって「悔い改めよ。天の国は近づいた」と叫んでいたのかと心配になりますが、よくよく福音書を読めば、彼はヨルダン川近くの荒れ野を行動の舞台にしていたらしいのです。そこならば水がありますが、それでもそこを生活の拠点とするにはよほどの覚悟が必要です。

エルサレムの神殿に背を向けて

洗礼者ヨハネは明らかにエルサレムの神殿に背を向けていたようです。当時のエルサレムの宗教的権威は大祭司をその頂点に据えるピラミッド型のものでしたが、ローマのご機嫌を伺うことしか知らない、ローマ帝国の安寧のために朝夕特別な祈りを捧げることを無条件でよしとする大祭司一族の腐敗堕落に象徴されるように、それはもうがたがたの疲弊した組織だったのです。まあ後の時代のカトリック世界を引き合いに出すまでもなく、組織が肥大すれば、そこは闇の世界になりがちですが、闇が当時のエルサレムの神殿を覆っていたのです。

神の声に敏感な者たちはエルサレムを見捨てます。その場合、個人として見捨てるのか、集団として見捨てるのかの違いが生じます。集団としてエルサレムを見捨て、集団としてエジプトに逃げ込んで、そちらにエルサレムの神殿を模した小神殿をつくったのが紀元前二世紀のオニアス四世のグループですが、これ以外にも「義の教師」と呼ばれる者の指導下に死海のほとりのクムランと呼ばれる場所に新しい天地をもとめたグループがありました。ヨハネはどんな組織やグループにも属さずに、単独で行動したようです。荒れ野の中の一匹狼でしょうか?

ヨハネの誕生に興味を示すのはルカ福音書だけ

ヨハネの誕生に興味を示すのは唯一ルカ福音書です。この福音書記者はヨハネの誕生を独特の調子で書いてくれますが、わたしに言わせれば、そこでの記述はどこまで信頼していいものやら……です。マリア誕生の奇跡物語と同じレベルでヨハネの誕生物語が語られるからです。そしてその誕生物語がイエスの誕生物語とも結び付けられているからです、強引に。

ウォラギネの語るヨハネの誕生物語

ウォラギネの『黄金伝説』が語るヨハネの誕生物語はルカが語る誕生物語の注解であり、そのために教会の物書きたちの著作の注解が紹介されます。そしてその注解を紹介する過程でヨハネの「聖徳」なるものが巧みに引き出され、それは母の胎内を出るときから身につけていたことが強調されます。恐れ入りました、と言うしかありません。

ウォラギネはヨハネの誕生ばかりか、成人後になした、荒れ野での彼の説教がいかに熱のこもった、「断固として不動、妥協を知らな」いものであったかを強調します。序章ですでに述べたように、ウォラギネは「説教者修道会」の修道院の院長ですから、彼はルカが描くヨハネの説教姿に感動を覚えたのは当然のことかもしれませんが、不思議なことに、いや面白いことに、彼はヨセフスの『ユダヤ古代誌』(拙訳、ちくま学芸文庫)一八・一一六―一一九に見られる(荒れ野で?)説教する洗礼者ヨハネには言及していないのです。そこからのダイレクトな引用はしていないのです。

しかし、よくよく考えればこのことは不思議ではなくなります。ウォラギネは『黄金伝説』の中で頻繁にヨセフスに言及し、その内容を背景にして物語を語りますが、彼自身のヨセフスの知識はすべて孫引きだからです。

洗礼者ヨハネの画像

西欧の画家たちは洗礼者ヨハネを好んで描きました。

誕生前の出来事や、誕生、誕生後の出来事（イエス）、荒れ野での説教、イエスに施した洗礼、斬首の場面などですが、これらの場面を描くにあたり、どの程度『黄金伝説』が利用されたかは不明です。ルカ福音書があればどれも描けるものであり、またマリア信仰のカトリック世界では、聖母マリアが日常的に語られれば、ヨハネの両親のザカリアとエリサベトについても語られたはずですから、『黄金伝説』などなくてもヨハネについては描くことができたにちがいありません。『黄金伝説』との関わりが云々できるのは、後で触れるように、『黄金伝説』が語る天国の洗礼者ヨハネとリンボの洗礼者ヨハネです。最初にそれらとは無関係の画像をお見せいたします。

まずお見せするのはドメニコ・ギルランダイオがフィレンツェのサンタ・マリア・ノヴェッラ聖堂の主礼拝堂のために描いた作品です（図3-1）。これは単独のものではなくて、「聖母マリアと洗礼者ヨハネの生涯」の連作壁画の中のひとつですので、「聖母マリアの誕生」の絵にも目をやる必要があります（図3-2）。どちらの絵もキリストの誕生を描いているのではないかと一瞬思われる方が必ずおられるはずですが、この場合、生まれてきた子の頭に光輪が描かれておりませんから、キリストはおのずと除外され、「さてこれは洗礼者ヨハネの誕生の場面なのかな、それともマリアの誕生の場面なのかな」となります。

ここで描かれているのはフィレンツェの裕福な家庭での出産風景です。この絵の注文主がメディチ銀行の共同出資者として有名なジョヴァンニ・トルナブオーニだからです。この「主礼拝堂」の正式の名前も「トルナブオーニ礼拝堂」です。自分専用の、あるいは自分の一族専用の礼拝堂ですが、彼のような金勘定のことしか頭にない男は、このような礼拝堂で何を祈っていたのでしょうか?

次にお見せするのはサンドロ・ボッティチェリが描いた「聖母とキリストと洗礼者ヨハネ」と題する作品です(図3-3)。わたしがこの作品を見て躓いてしまうのは、ルカ福音書の記述によれば、洗礼者となるヨハネとイエスの間の年齢差はせいぜい六か月くらいのものですが、この絵ではヨハネの方が六歳か七歳、あるいはそれ以上の年長者として描かれていることであり、またヨハネの誕生について語るルカ福音書の第一章とイエスの誕生を語る第二章がうまく接続しないことですが、いつも、「ま、いいか」ですましております。ヨハネを年長者として描く絵は結構多いことを覚えておきたいものです。

さて次はニコラ・プーサン(一五九四―一六六五)が描いた「民衆に洗礼を授ける洗礼者聖ヨハネ」です(図3-4)。ヨハネがイエスに洗礼を施している絵は数多くありますが、民衆に洗礼を施している絵はあまりありません。洗礼を受ける者はスッポンポンですが、これは多分ニコラ・プーサンの想像の産物か、彼の時代の洗礼のやり方だと思われます。二〇〇〇年前のヨルダン川での洗礼がどんなものであったのかは、多分、何も分かってはいないのではないでしょうか？　クムランの宗教共同体で身を清めるときには、ミクヴェと呼ばれる沐浴槽にドボンですが、汚れを落とすためのドボンと悔い改めて生まれ変わるためのドボンでは随分と違ったのではないでしょうか？

地界と天界の洗礼者ヨハネ

次はアルブレヒト・デューラー（一四七一―一五二八）が制作した「リンボのキリスト」と題する作品の中の洗礼者ヨハネです（図3-5）。すでに第1回の講義で見てきたように、中世以降のリンボ信仰によると、復活したイエスは天に昇る前に地底のリンボに降りて行き、そこに閉じ込められていた旧約の父祖や義人たちを救いだしたそうですが、『黄金伝説』によると、洗礼者ヨハネは死ぬと、神によってイエスよりもひとあし先にリンボに遣わされたそうです。そこでウォラギネは次のように申します。「彼洗礼者ヨハネは「リンボで待っている人たちのところへおりていって、主が彼らを救いだすためにまもなくリンボへおん下りになるであろうという大事な知らせをもたらした」そうです。洗礼者ヨハネはここでもキリストの先蹤《せんしょう》です。生きているときも、死んだ後も。

この図版では復活の旗を左手にもったキリストが、右手を差し出して洗礼者ヨハネを救い上げようとしております。キリストの後ろに立っているのはアダムとエバです。アダムはリンゴの葉か何かでいちもつを隠し、エバはリンゴで自分の秘所を隠しております。お迎えに来てくれたキリストさまに不浄なものを見せるわけにはいかないのです。

最後にお見せするのは、アンドレア・デル・カスターニョ（一四二三―五七）が描いた「洗礼者聖ヨハネ」と題する作品です（図3-6）。この絵ではヨハネが雲に乗って天界に向かっております。ウォラギネは『黄金伝説』の中で洗礼者ヨハネと福音書記者ヨハネを「聖書の権威者」として言及し、二人が「天国でたがいに仲むつまじくしている」と語っておりますが、洗礼者ヨハネが天国にいる以上、そこには雲にでも乗って昇天しなければなりません。ですから、『黄金伝説』を根拠にして、このような昇天中の洗礼者ヨハネが描かれてもおかしくはないのですが、リンボに降りて行ったキリストは、洗礼者ヨハネを連れて天界に向かったはずですから、ヨハネが単独で昇天する絵にはおかしな気持ちにさせられます。なにもかもおかしなことだらけなのです。

天国のキリストの座の近くに福音書記者のヨハネか洗礼者ヨハネが描かれることがよくありますが、そこでのパターン化された様式に『黄金伝説』の影響を読み取るのは容易なはずです。

洗礼者ヨハネの斬首の絵はわたしはすでに他の本でお見せしているので（拙著『新約聖書を美術で読む』［青土社刊］）、ここでは扱うことはいたしませんが、ここで『黄金伝説』

図 3-1

図 3-2

図 3-3

図 3-4

の第一一九話を読むさいの留意すべき点を一つ指摘しておきます。それはウォラギネがヨセフスの名前を挙げ、いかにも彼の『ユダヤ古代誌』を読んだ上で、洗礼者ヨハネの斬首の背景を語っているかのような印象を読者に与えますが、彼がそこで使用しているのは、多分、ペトルス・コメストルが一一七〇年頃に著した『聖書物語』の中のヨセフスからの引用ものです。

図3-5

図3-6

†マグダラのマリア（マリア・マグダレナ）

(1) 語られている場所――『黄金伝説2』の第九一話
(2) 祝日――七月二二日
(3) 守護聖人――プロヴァンス、シチリア島、ナポリ、悔い改める女性、信心会、櫛職人、床屋、園丁
(4) 聖遺物の保管場所――パリのマドレーヌ教会
(5) 資料として言及・引用する聖書箇所――ルカ福音書、マルコ福音書、ヨハネ福音書
(6) その他の資料――ヘゲシッポスの著作、ヨセフスの著作
(7) マグダラのマリアを描いた画家たち――シモネ・マルティーニ（一三一七年作のフレスコ画「聖女マグダラのマリア」はアッシジのサン・フランチェスコの下位教会のサンマルティノ礼拝堂）、ジョット・ディ・ボンドーネ（一三二〇年代作のフレスコ画「マグダラのマリアの生涯」図3-7、12、13の連作画はアッシジのサン・フランチェスコの下位教会のマグダラのマリア礼拝堂）、ロヒール・ファン・デル・ウェイデン（一四五〇年頃作の油彩「聖女マグダラのマリア」はルーブル美術館）、ドナテロ（一四五七年作の彩色木彫の「聖女

マグダラのマリア」図3-8はフィレンツェのドゥオモ付属美術館)、デジデリオ・ダ・セッティニャーノ(一四六四年作の彩色木彫の「マグダラのマリア」図3-9はフィレンツェのサンタ・トリニタ教会)、ピエロ・ディ・コジモ(一四九〇年代作のテンペラ画「聖女マグダラのマリア」はローマの国立美術館)、パオロ・ヴェロネーゼ(一五四七年頃作の油彩「マグダラのマリアの回心」はロンドンのナショナル・ギャラリー)、ティツィアーノ・ヴェッチェリオ(一五三二年作の油彩「聖女マグダラのマリア」はフィレンツェのピッティ美術館/一五六五年頃作の油彩「悔い改める聖女マグダラのマリア」はエルミタージュ美術館)、ドメニコ・フェッティ(一六一五年作の油彩「悔い改める聖女マグダラのマリア」はボストン美術館/一六一七—二一年作の油彩「聖女マグダラのマリア」はローマのドリア・パンフィリ美術館)、グイド・レーニ(一六三五年作の油彩「悔い改めるマグダラのマリア」はボルティモアのウォルターズ美術館)、アントン・ラファエル・メングス(一七五二年作の油彩「悔い改めるマグダラの女」はドレスデンの国立絵画館)、フランチェスコ・アイエツ(一八二五年作の油彩「荒れ野の中のマグダラのマリア」図3-10はミラノ近代美術館)

マグダラのマリアの奔放な肉欲生活

マグダラのマリアです。昔、どこかで、「彼女は肉欲三昧の生活に身をもちくずした女性である」と聞いて興奮し、それを機会に福音書をパラパラ読みでもしてみようかと思ったものですが、福音書には彼女が「七つの悪霊をイエスに追い出してもらった」（ルカ八・二ほか）とは書かれてあるものの、どこでどのようにして素敵な、じゃなかった自堕落な肉欲三昧の生活を送っていたかは記されてはおらず、がっかりしたものです。

それでもそのとき彼女の姉がマルタで、弟がラザロで、イエスが十字架に架けられたときそれを見守る女性軍団の中に彼女がいたことや、イエスの遺体を収めた墓をいつまでも見つめ続けていたこと、復活後のイエスがこのマリアに現れたことなどを知り、マグダラのマリアはイエスの愛人であったのではなかろうかと想像し、後になってイエスが十字架に架けられた絵や十字架降下の絵などに登場するマグダラのマリアが、十字架に架けられたイエスを見て卒倒しそうになっている姿を見て、また十字架から降ろされるイエスにすがりついている絵を次から次に見ていると、ナーンだ、画家たちはとっくの昔にイエスとマグダラのマリアのステディな関係を見抜いていたのだなと感心したものです。

さらにわたしはイエス時代のガリラヤの風景を知ると、たとえばガリラヤの大きな町ティベリアスなどは隊商が通過する町でシリアあたりからローマ兵たちが遊びに来る町ですから、マグダラのマリアは隊商たちやローマ兵を相手に春をひさぐ女ではなかったかと想像してみたりしました。あたっているかもしれませんし、そうでないかもしれません。

マグダラのマリア、マルセイユで神の道を説く

ウォラギネの『黄金伝説』を読むと、イエスが十字架に架けられた後のマグダラのマリアが書かれているのです。彼女は姉のマルタ、弟のラザロ、そしてその他の者と一緒に舵なしの船に乗せられて海上で捨てられそうになるのですが、そこは神の思し召しで、船はマッシリア（マルセイユ）に漂着するのです。彼女たちは港に上陸すると異教徒たちに向かって神の道を説いたばかりか、異教の神殿をすべて取り壊させたというのです。異教徒に向かって神の道を説き、その神殿を取り壊させる……これは『黄金伝説』の中の文学的パターンのひとつです。

マグダラのマリア、荒れ野に引きこもる

あるときマグダラのマリアは「天国を見ることの境地に達したい」と願って、荒れ野に引きこもります。どこの荒れ野か書かれていないのが難点ですが、文脈からすればマルセイユの北のエクス・アン・プロヴァンスの近くの荒れ野となります。彼女はその荒れ野にひとりで三〇年住んだというのです。その場所は「泉もなければ……草や木もなかった」そうですから、どうやって生き延びたのか心配になりますが、彼女は毎日七回の祈りの時間には天使たちの案内で天界に昇り、そこで天使たちがうたう讃歌を聞いたばかりか、天界の食事に与ったというのです。本当でしょうか？　本当でなくとも、常人では想像でき

ないようなことをウォラギネは言ってくれるのです。

ヨセフスに関しては出鱈目を口にして平然としております。彼はヨセフスもまたこのマリアに関して「主のご昇天後、マグダラのマリアは、キリストにたいする熱烈な愛と俗世にたいする嫌悪から、人間に会うのがうとましくなり、エクスの地にくると、荒野に隠棲して、そこでだれにも知られずに三十年間暮らした、彼女は、荒野で毎日七回、祈りの時間になると、天使たちにつれられて天にのぼった」と言っていると申したてるのです。ウォラギネはここで自分の言葉を権威づけるためにヨセフスを引き合いにだしていることが分かりますが――そしてまたこのことからヨセフスが中世のキリスト教世界においていかに読まれていたかも分かるのですが――、ヨセフスはマグダラのマリアについては何ひとつ口にはしていないのです。ヨセフスが口にするキリスト教関係者は、キリスト、洗礼者ヨハネ、そして義人ヤコブしかおりません。

香油壺を手にするマグダラのマリア

『黄金伝説』はマグダラのマリアを描く画家たちに非常に大きな影響を与えました。十字架に架けられたイエスや十字架から降ろされるイエスは、福音書の記述から描けるものです。しかし、イエスの遺体のそばで香油壺を手にしてその遺体に油を塗ろうとしているマグダラのマリアが描かれておれば、香油壺の情報は『黄金伝説』からなのです。マルコ福音書はイエスの母らがイエスに油を塗りに行くために香料を買ったとは書いておりますが、マグダラのマリアが香料壺を手にしていたとは書いてはいないからです。

マルセイユに漂着したマグダラのマリアの画像

『黄金伝説』が伝えるイエスの死後のマリアもよく絵になりました。最初にお見せするのはマグダラのマリア一行を乗せた船がマルセイユの港に漂着した光景です。『黄金伝説』によれば、乗船客は聖マクシミヌス、マリア、姉のマルタ、弟のラザロ、そしてマルタに忠実なマルティラと呼ばれる女性ですが、この全員がここでは描かれているばかりか、全員に光輪が描かれております(図3-7)。

別伝によれば、ここでのラザロはマルセイユの初代の司教になったとされておりますから、彼の頭にはやばやと光輪が描かれても不思議ではないのです。一行の乗る船の左下には岩礁が描かれ、その上には横にされた女性の遺体が見えますが、これもウォラギネが伝える別のエピソードが提供する光景で、ジョット・ディ・ボンドーネは『黄金伝説』で語られている二つの話をひとつのカンバスの中に持ち込んでいるのです。

荒れ野の中のマグダラのマリア

次は荒れ野のマグダラのマリアです。最初にお見せするのはドナテロ(一三八六―一四六六）作の木彫「聖女マグダラのマリア」ですが（図3-8）、「荒れ野の中の」を画題の冒頭に置かねば分かりにくいものかもしれません。荒れ野には床屋などはありませんから、荒れ野で暮らせば髪は伸び放題になります。荒れ野の単住修道士の姿を描くときには、その頭髪を地に着くまで伸ばしたりしますが、マリアは三〇年間も荒れ野で暮らしたというのですから、髪は伸び放題、着衣はぼろぼろ状態です。眼窩《がんか》はもうくぼんでしまい、ガリラヤで客に媚《こび》を売っていたころの美しさは消えております。

次はドナテロの弟子のひとりデジデリオ・ダ・セッティニャーノの木彫です（図3-9）。彼女が師の木彫と似たり寄ったりの作品となっておりますが、ひとつ違う点があります。彼女がマグダラのマリアであることを示そうと、彼女に香油壺を持たせております。

次はフランチェスコ・アイエッツが描く荒れ野の中のマグダラのマリアですが（図3-10）、ここでの彼女は裸です。いろいろな解釈が可能です。荒れ野の中で暑くてしかたないので裸になったとか、客をとっていた昔をついついなつかしく想起してしまい裸になってしまったとか、裸一貫ですべてをやり直そうとしているのだとかですが、彼女が左手にもっている十字架と右手と肢体の間に置かれた髑髏《どくろ》が気になります。次回の講義でふれますが、砂漠や荒れ野に入って行った単住修道士はつねに悪魔の誘惑である性欲に悩まされ、悪魔に攻撃されている幻視に悩まされたものですが、そのようなとき彼らは手元に置いている十字架にすがりました。ここで描かれている十字架はマグダラのマリアが悪魔の誘惑に悩まされていることを示しているように思われます。髑髏は人生のはかなさ、性欲の虚しさを教えてくれます。なお、脱線いたしますが、この画家は紀元後七〇年のエルサレム陥落の絵を描いて有名です（図3-11）。

天界に昇って行くマグダラのマリア／マグダラのマリアを訪れる司教

あと二つばかり、先ほどその名前を挙げたジョット・ディ・ボンドーネから紹介します。こちらは毎日祈りの時間に天界で天使たちの声を聞き、天界の食事に与るために天界に昇って行くマリアを描いております（図3-12）。

彼女の髪の毛は腰下までたれる長いものですが、それは彼女が荒れ野で生活をしていること、あるいは彼女が荒れ野から昇天中であることを示すものになっております。『黄金伝説』によると、あるときひとりの司祭が発心し隠修士の生活を荒れ野の中で送ろうとし、マグダラのマリアが住んでいるところから一二マイル離れたところに庵室をつくったのですが、神がこの司祭の目を開くと、彼女が天使に導かれて天界に昇ったり降りたりする様子を目にします。そこで司祭は真相を突きとめようと彼女の住んでいる所へ向うのですが、ここでお見せするジョットの絵は同じく荒れ野の中に住んだ「エジプトのマリア」の話と混同する致命的な間違いを犯しております（図3-13）。

この「エジプトのマリア」は次の講義で取り上げますので楽しみにしておいてほしいの

ですが、そちらの物語によると、スッポンポンのエジプトのマリアの姿を目にした修道院の院長は彼女に着る服を届けるのですが、この場面が「荒れ野のマグダラのマリア」でありながら、「エジプトのマリア」なのです。こちらの女性もアレクサンドリアの町で春をひさいでいたのですから、話が混線してしまうのは当然かもしれません。

図 3-7

図 3-8

図 3-9

図 3-10

図 3-11

図 3-12

図 3-13

†ステファノ――殉教聖人の第一号

(1) **語られている場所**――『黄金伝説1』の第八話
(2) **祝日**――最初は一二月二六日（殉教したとされる日）、後に八月三日（彼の聖遺骨と称するものが見つかったとする日）
(3) **守護聖人**――ブールジュ市（フランス南部）桶屋、石工、左官屋、仕立て屋
(4) **聖遺物の保管場所**――なし
(5) **資料として言及・引用する聖書箇所**――使徒行伝、サムエル記上、箴言、テモテへの第一の手紙、雅歌
(6) **その他の資料**――アウグスティヌスの著作（『神の国』）
(7) **ステファノを描いた画家たち**――ヴィンチェンツォ・フォッパ（制作年不詳のテンペラ画「殉教者聖ステファノ」はエルミタージュ美術館）、ジョット・ディ・ボンドーネ（一三二〇―二五年作のテンペラ画「聖ステファノ」**図3-14**はフィレンツェのホーン美術館）、パオロ・ウッチェロ（一四三五年作のフレスコ画「聖ステファノの議論」**図3-15**はプラトの大聖堂）、フラ・フィリッポ・リッピ（一四六〇年作のフレスコ画「聖ステファノの埋葬」

はプラートの聖堂)、ヴィットーレ・カルパッチオ(一五一四年作のテンペラ画「聖ステファノの議論」図3-16はミラノのブレア美術館/一五一四年作のテンペラ画「聖ステファノの説教」はルーブル美術館)、アンニバーレ・カルラッチ(一六〇三―〇四年作の油彩「投石される聖ステファノ」図3-17はルーブル美術館)、ピーテル・パウエル・ルーベンス(一六一六―一七年作の油彩「聖ステパノの殉教」はヴァランシエンヌの美術館)、ピエトロ・ダ・コルトナ(一六六〇年頃作の油彩「投石される聖ステファノ」はエルミタージュ美術館)

ステファノは殉教聖人の第一号

使徒言行録七・五四―六〇の記述により、ステファノ(ステパノ)は誕生したばかりのエルサレム教会の殉教者第一号と見なされます。ユダヤ民族の歴史をアブラハムに遡って語り、それを否定する彼の説教が彼の周囲にいたユダヤ人たちの神経を逆なでしたようです。

相手の宗教を否定するときには、その宗教のよって立つ歴史を起源にまで遡って批判するのがひとつの効果的なやり方ですが、逆に自らの民族の存在理由を明らかにするときにも、その民族が引きずってきた歴史をその起源に遡って論じることが必要になります。それをしたのが『ユダヤ古代誌』全二〇巻を著したヨセフスなのです。ヨセフスに使徒言行録を読ませ、ステファノの演説に見られる歴史回顧について彼の感想を聞きたいものです。

そしてさらに欲を言えば、彼に一見歴史を書いているように思わせる使徒言行録の創作部分を指摘させたら面白いのではないかと思います。彼が『古代誌』を書いていた時期は、ルカが使徒言行録を書いていた時代と重なりますが、ヨセフスはヨセフスで物語の創作や、物語に登場する主人公たちの演説文の創作などは歴史記述（ヒストリオグラフィー）の方法論からして許されるものと考えておりました。それゆえわたしはヨセフスにルカの文書を読ませたいと思うのです。

さて、ステファノを石打ちにする現場にはキリスト教に改宗する前のパウロがおりました。使徒言行録八・一に「サウロ（＝パウロ）は彼の殺害に賛成していた」とあります。そしてその記述の先の同書八・三には「……一方、サウロは家から家へと押し入って教会を荒らし、男や女たちを引きずりだしては牢に引き渡していた」とあります。もし事実がこのとおりであったのであれば、ここで「信仰」とその裏側にある「ファナティシズム」の問題を論じなければなりませんが、ここでは立ち止まってそうすることはいたしません。しかしみなさん方には、見ようによっては『黄金伝説』の全体が「信仰とファナティシズム」を肯定する書であり、それゆえ本書は危険な書物になり得ることを指摘しておきたいと思います。

聖人の名前の語源的説明について

ウォラギネはこの第八話を、ステファノの名前の語源的な説明から始めます。

ここから先で扱う聖人の紹介では、ほとんどつねにその冒頭で聖人の名前の語源的な説明がなされます。それによって、ウォラギネがいかに博識であるかが印象付けられますが、登場人物の名前のギリシア語やラテン語の語源的な説明や分析はときに正しいことがあっても、その説明を聖人の名前と結びつけるには難があるといったものばかりです。

たとえばウォラギネはステファノの名前がギリシア語で「冠」を意味するステファノスに由来すると申します。これは正しい説明です。しかしそこから続けて、ステファノが「新約の殉教者の冠であった。というのは、アベルが旧約の最初の殉教者であったように、ステファノは、新約の最初の殉教者だったからである」と申し立てられますと、読む方はしらけてしまいます。

これから先では、例外はあるかもしれませんが、聖人の名前の語源的な説明には原則として立ち入らないことにいたします。

ステファノは七人の助祭のひとり？

ウォラギネは次に、使徒言行録の記述にもとづいて、キリストを信じる最初期のキリスト教徒の共同体でステファノが神の言葉に仕える七人のひとりに選ばれた経緯を語りますが、彼はここで後の時代のカトリック教会組織をイメージしたためでしょう、ステファノが「七人の助祭のひとり」に選ばれたといたします。しかしこのたとえはいかがなものかと思われます。助祭はあくまでも司祭に仕える者であって、司祭をさしおいて説教などできないからです。

使徒言行録が描くステファノの殉教場面

使徒言行録七・五四以下は、ステファノの殉教の場面を描きます。

使徒言行録によれば、ステファノは「聖霊に満たされ、天を見つめ、神の栄光と神の右に立っておられるイエスとを見て、『天が開いて、人の子が神の右に立っておられるのが見える』と言った。人びとは大声で叫びながら耳を手でふさぎ、ステファノをめがけて一斉に襲いかかり、都の外に引きずり出して石を投げはじめた」そうで、そこから先には殉教文学が手本としたくなるような一文が認められます。「人びとが石を投げつけている間、ステファノは主に呼びかけて、『主イエスよ、わたしの霊をお受けください』と言った。それから、ひざまずいて、『主よ、この罪を彼らに負わせないでください』と大声で叫んだ。ステファノはこう言って眠りについた」とあります。わたしはステファノの最後の言葉をイエスの言葉とされる「父よ、彼らをお赦しください。彼らは自分が何をしているのか知らないのです」(ルカ二三・三四)と置き換えてみても面白かったのではないかと思いますし、ステファノの言葉の舌足らずの部分をイエスの言葉を使って補足してもよかったのではないかと思っております。

わたしはまた、この石打ちの処刑との関連で、ヨセフスが『ユダヤ古代誌』二〇・二〇〇で報告するイエスの兄弟ヤコブがこうむった石打ちの刑を思い起こします。ここでの石打ちの刑はエウセビオスの『教会史』二・一・三―五でも報告されているものですが、エウセビオスはそこで、キリスト教に改宗した二世紀のパレスチナ出身のユダヤ人歴史家ヘゲシッポスの報告と称するものをも紹介しております。そこには石打ちにあったヤコブがひざまずいて、「主よ、神よ、父よ。彼らを赦してやってください。彼らは自分たちがしていることを分からずにいるからです」と祈ったとされております。殉教する者が最後には祈り、敵対する者を主の名で許すという場面描写がパターン化しつつあることが読み取れますが、使徒言行録に見られる祈りの言葉はこのパターン化へ先鞭をつけるものだったかもしれません。

ウォラギネのコメント

ウォラギネもこの祈りにコメントいたします。彼は使徒言行録の一文中に「それから、ひざまずいて……」とあるのに注目して、「彼（ステファノ）は、自分のために祈ったときは、直立していたが、投石する者たちのために祈ったときは、ひざまずいていた。まるで自分自身のための祈りよりも、彼らのための祈りがかなえられることのほうを切望しているかのようであった。人びとのためにはひざまずき、自分のためにはひざまずかなかった点が、りっぱなことであった」と。

ウォラギネはまた、ステファノが死後も多くのしるし（奇跡）を行ったとします。その事例を後の教会の物書きたちの著作から拾い上げては紹介いたします。たとえば、アウグスティヌスはステファノの祭壇にそなえられていた花を盲人の目の上にかざすと、たちまち目が見えるようになったと報告しているそうですが、ウォラギネはこの手の話やその他をアウグスティヌスの著作から引いてきます。アウグスティヌスも無責任な与太話を次から次に紹介してくれたものですが、聖人伝に必要なのは殉教物語か、奇跡物語か、その双方なのです、ある時代までは。

ステファノの聖遺骨の発見は第一〇六話で語られておりますが、この第一〇六話は取り上げません。

ステファノの殉教とパウロ

図像をいくつかお見せいたします。

最初にお見せするのは、ジョット・ディ・ボンドーネが一三二〇―二五年ころに制作した多翼祭壇画です（図3-14）。他の部分はばらばらに解体されて転売の憂き目にあっており、そのためこの祭壇画の全体を見たければ、いくつかの美術館を訪れねばならないそうです。

ここでのステファノはダルマティカと呼ばれる助祭服を着用しております。彼の手の上には書物が置かれております。彼はアブラハムからはじまるユダヤ人の歴史を論破しようとしましたから、この書物は旧約聖書の冊子本かもしれません。ジョットの時代はヨーロッパではまだ印刷術の発明を見ておりませんから、この厚さのものを旧約聖書全体と見ることには無理があります。

ステファノの頭に目をやってください。大きなたんこぶが二つ認められます。わたしは最初イングリッシュ・スコーンかと見誤りましたが、これは彼が石打ちにあったときにできたたんこぶなのです。このたんこぶが彼の殉教を示します。なお投石された石なども聖遺物になるのではないかと愚考しましたが、さすがにならなかったようです。

次はウッチェロ（一三九七―一四七五）の作品です（図3-15）。こちらはユダヤ人たちがステファノを「都の外に引きずり出して石を投げはじめた」ところを描いております。彼の背後に立つのがパウロで、彼は周囲の投石者にステファノを指さして、「殺せ、殺せ」と煽り立てております。現代であれば、殺人幇助《ほうじょ》で逮捕されるでしょう。

次はヴィットーレ・カルパッチオ（一四七二頃―一五二六頃）が一五一四年に制作した作品です（図3-16）。セッティングを壁のない回廊にしたため、このロッジアの向こうの光景も見えることになります。騎馬姿の彫像も登場するので、ここはエルサレムではなくてローマかいなと、この絵を見る者に思わせますが、ある解説によれば、ここに見える高台はヴェネツィアの高台だそうです。なるほど、この画家はヴェネツィア派の画家でした。ステファノは左隅に立って演説しております。彼の前に座っている聴衆の中にはオリエントからの者も認められます。修道士たちも描かれておりますが、きょろきょろしていて落ち着きがなく、あまり熱心には話を聞いておりません。

次はイタリアの画家一族に属するアンニバーレ・カラッチ（一五六〇―一六〇九）が一六〇三―〇四年に制作した作品です（図3-17）。まず右側に描かれている城門です。そこにはステファノに投石しようとして集まっている者たちが描かれております。そして画面の中央部分には投石するユダヤ人たちが描かれております。画面の左側に描かれたステファノはすでにひざまずいております。画面の右上には雲が描かれ、その中には神とキリストが地上でのことの展開を見守っております。助けには決して降りてこないのですね、見ているだけです。

図 3-14

図 3-15

図 3-16

図 3-17

†昇天したマリア

(1) **語られている場所**――『黄金伝説3』の第一一三話
(2) **祝日**――八月一五日
(3) **守護聖人**――なし
(4) **聖遺物の保管場所**――なし
(5) **資料として言及・引用する聖書箇所**――テモテへの手紙、詩篇、ルカ福音書、雅歌、創世記、使徒行伝、ヨハネ福音書、サムエル記下
(6) **その他の資料**――エピパニオスの著作、エウセビオスの『教会史』、ディオニュシオス『神名論』、ヒエロニュムスの書簡、エリザベト『幻視録』、ベルナルドゥスの著作、アウグスティヌスの書簡、教会で朗読される抜文集、ゲラルドゥスの説教集、コンスタンティノポリスの大主教ゲルマノスの著作、『ヒストリア・エウテュミアタ』、ヨハネス・ダマスケヌスの説教集、コスマスの説教集
(7) **マリアの昇天を描いた画家たち**――バルトロメオ・ブルガリーニ（一三六〇年代作のテンペラ画「昇天の聖母と腰ひもを受けとる聖トマス」はシエナの国立美術館）、フラ・ア

ンジェリコ（一四三〇年頃作のテンペラ画「聖母の死と昇天」はボストンのイザベラ・スチュアート・ガードナー美術館）、バルトロメオ・デラ・ガッタ（一四七五年頃作のテンペラ画「聖トマスに腰ひもを与える昇天の聖母」**図3-18**はコルトナの司教区美術館）、フィリッピーノ・リッピ（一四八九―九一年作のフレスコ画「カラファ礼拝堂の祭壇画」に描かれた聖母の昇天はローマのサンタ・マリア・ソプラ・ミネルヴァ教会）、バスティアーノ・マイナルディ（制作年不明のフレスコ画「腰ひもを落とす聖母の昇天」はフィレンツェのサンタ・クローチェ）、サンツィオ・ラファエロ（一五〇二―〇三年作の油彩「聖母の戴冠」はヴァチカン宮美術館）。ジュリオ・ロマーノ（一五〇五―二五年作の油彩「聖母の戴冠」**図3-19**はヴァチカン宮美術館）、ジョヴァンニ・ベリーニ（一五一〇―一五年作の油彩「栄光の中の聖母と聖人たち」はヴェネツィアのアカデミア美術館）、ヴェッチェリオ・ティツィアーノ（一五一六―一八年作の油彩「聖母の昇天」はヴェネツィアのサンタ・マリア・グロリオーサ・デイ・フラーリ教会）、アンドレア・デル・サルト（一五二六―二九年作の油彩「聖母の昇天」はフィレンツェのピッティ美術館）、エル・グレコ（一五七七年作の油彩「聖母の昇天」はシカゴのアート・インスティテュート）、アンニーバレ・カルラッチ（一五九〇年頃作の油彩「聖母の昇天」はプラド美術館）、ピーテル・パウル・ルーベンス（一六二〇―二二年作の油彩「マリアの昇天」はハーグのマウリッツハウス美術館）、ニコラ・プーサン（一六五〇年作の油彩「聖母の昇天」はルーブル美術館）

イエスの母マリアにもう一度

イエスの母マリアにもう一度登場願いましょう。

イエスの死後、子だくさんの働き者のお母さんであったマリアはどうなってしまったのか、これはだれでもが想像するところではないでしょうか？ 福音書は何も教えてくれません。教会の物書きたちは想像力を働かせます。ただし彼らの想像力の前提にあるのは、「働き者の子だくさんの母」ではなくて、キリストを産んだ「聖母マリア」です。

『黄金伝説』によれば、ある教会の物書きは、マリアは一四歳で身ごもり、一五歳でキリストを出産し、それから三三年間キリストと暮らし、キリストの死後二四年間生きたので、マリアが亡くなったのは七二歳のときとします。ユダヤ人たちは対ローマの戦争を六六年から七〇年まで行い、七〇年にエルサレムと神殿を喪失しますから、マリアはガリラヤに侵攻してくるウェスパシアヌスが率いるローマの軍団を目撃していたことになり、神殿の炎上は直接目にしてなくても、間接的にそれをどこかで聞いていなければおかしなことになります。またある物書きは、マリアは、キリストの死後一二年間生き、六〇歳で亡くなり昇天したとします。これですと、キリストの死は四八年頃のことになり、キリストの「三〇歳前後死亡説」が否定されてしまう興味深い見解となります。そしてその時代のパレスチナの出来事を目撃していたユダヤ人の物書きヨセフスによれば、マリアが昇天したころはフェストスと呼ばれる人物が総督としてパレスチナに着任しておりますが、ときのユダヤの地は無頼の徒の横行で荒廃の極みに達していたようですから、マリアはそのような時代に昇天したことになります。

ここでは無視する被昇天と昇天の違い

『黄金伝説』の訳者は第一一三話の註で、「子だくさんの働き者の母の昇天」ではなくて「聖母マリアの被昇天」について、カトリックの門外漢にとって予備知識となるようなことを二つばかり教えてくれます。

ひとつはキリストの「昇天」とマリアの「被昇天」の区別です。訳者によると、「神の母といえども、マリアは人間であって、キリストのようにみずからの力で天に昇ることはできず、キリストによって天に挙げられたから」マリアは「被昇天」なんだそうです。なるほど、自力と他力の違いに由来する区別があることが分かりますが、よくよく考えると誰にもすぐには飲み込めない説明ではないでしょうか？　わたしはわたし流に行き、ここから先も「被昇天」ではなくて「昇天」で統一します。

訳者はまた、西欧のキリスト教世界においては、「マリアおかくれもの」と呼ばれる物語が三〇編以上も発見されていると述べ、こうした「おかくれもの」が「被昇天聖伝の形成にそれなりの影響をあたえたらしい」と指摘してくれます。「それなりの……あたえたらしい」と非常に控え目な仕方での指摘です。三〇もの「おかくれもの」の物語がたとえ断片のものが多いとはいえ存在する事実は、それ以上の数の、その何倍もの数の物語や口承が存在したと見るべきでしょう。ウォラギネも彼の時代に流布していた「おかくれもの」の物語の多くを、そして教会の語りつぐべき聖伝に取り込まれた「被昇天聖伝」によく通じていたに違いありません。

キリストは天から降りて来た

マリアの没年はともかくとして、ウォラギネの紹介する物語によると、マリアが亡くなろうとするとき、キリストが天の軍勢を従えて降りて来て、天に母を迎える喜びを伝え、全世界に散っていてそのとき集まった十二使徒に向かってヨシャパテの谷につくられた新しい墓に彼女を葬り、三日後に自分が現れるまで待つようにと指示したそうです。マリアが死ぬと、その魂は「とうてい言葉に尽くせないほど明るい光輝をはなちながら天にはこばれて」行ったそうですが、一方三人の乙女たち——彼女たちの存在はすでにアントニアッツォ・ロマーノの絵で示された——は遺体を洗うために着衣を脱がせるのですが、「聖遺体は、まばゆいばかりにかがやき、手をふれ、洗うことはできたが、正視することはできなかった」そうです。キリストは三日目に十二使徒を引き連れてやって来ると、空中に飛翔していったはずのマリアの魂が彼女の肉体に入り込み、彼女は棺の中から起き上がるなり、大勢の天使たちと一緒に天に昇って行ったというのです。

ここで思わず笑ってしまうのは、次の記述です。「聖トマスは、このときたまたま座をはずしていたが、もどってきてから話を聞かされても、それを信じようとしなかった。と、そこへ不意に聖母が身に巻いておられたおん帯が天から落ちてきた。これは、聖母が現身《うつしみ》のまま天に挙げられたもうたことをトマスにわからせるためであった。」

ここでのトマスはキリストの復活を疑った男で、わたしがその疑いぶかさを高く評価する人間ですが、何と彼の疑い深さがここでも利用されているのです。イエスの復活を疑ったときの彼はイエスの胸の傷跡に指を入れて、確かにこの人物は十字架に架けられたあの人物とアイデンティカルであると呟いたらしいのですが、今度は昇天中のマリアが腰ひもをトマスの所に投げ落として、「ほら、わたしは昇天中なの。わたしの腰ひもは見て知っているはず」とか何とか口にしているはずです。昇天中の仰天物のパフォーマンスです。これは神の子の母ならではの、余人の追随を許さないパフォーマンスなのです。

昇天中に腰ひもをトマスに投げるマリア

図像を見てみましょう。

最初にお見せするのはフィレンツェの画家バルトロメオ・デラ・ガッタ（一四四八―一五〇二）が一四七五年頃に描いた「聖トマスに腰ひもを与える昇天の聖母」です（図3-

18）。画面は下段と上段にほぼ等しく二分されております。下段には聖母が横たわっていた棺を取り囲んでイエスの十二弟子が描かれております。イエスの十二弟子たちは、イエスの死後、世界の各地に散らばり、イエスの教えを説いていたはずで、この場に不在でなければおかしいのですが、『黄金伝説』によれば、彼らは雲に乗せられて一瞬のうちにエルサレムに集められたそうで、弟子たちがこの場にいてもまったくおかしくないのです。十二弟子たちは、マリアの遺体が横たわっていたはずの石棺の中に何もないのに驚いておりますが、もちろん、これはイエスが復活したため石棺が空になったあのイメージを引き継ぐものです。

石棺の前に天を見上げている男がひとり描かれております。奇跡のように不純な物を信じない聖トマスですが、そのトマスに向かってマリアは雲の上から腰ひもを落とそうとしております。石棺の前にはぬかずく男と女の修道士が描き加えられております。二人はこの絵が一七八八年に聖ドミニコ修道会の教会に移されたときに描き加えられたベネディクトと彼の妹であるスコラスティカですが、最近の修復ではこの二人ばかりか、マリアの周囲の大勢のみ使いたちも取り除かれたそうです。彼女たちも一八世紀に描き加えられた者たちだからですが、マリアは雲の上で吃驚仰天《びっくりぎょうてん》したのではないでしょうか？

次にお見せするのはジュリオ・ロマーノ（一四九九頃—一五四六）が描いた作品です（図3-19）。こちらも画面は二分されております。下段では弟子たちが集まってマリアが石棺の中から消え去ったことに驚きを表明しております。下段の画面の手前の左には天国の鍵を右手にもつペトロが描かれております。上段は天上で息子のキリストから戴冠される聖母マリアが描かれております。マリアの戴冠の図はしばしば描かれますが、それは『黄金伝説』からではありません。今回二度ばかり読み直してそれを確認しました。天上のマリアは七二歳でもなければ六〇歳でもありません。若づくりもいいところです。なお、つけ加えますと、天界でマリアに戴冠するのはキリストに限らず、神である場合もあります。天界ではいろいろ融通がきくようです。

ここには掲げませんがトマスに腰ひもを投げようとしているマリアがはっきりと描かれているセバスティアーノ・マイナルディ（一四六六―一五一三）の作品もあります。石棺の前にただひとり取り残され、マリアの昇天に首をかしげているトマスの所にマリアの腰ひもが落ちてきます。腰ひもが天から降ってきた以上は、トマスは信じないわけにはいかなくなります。昇天中のマリアが腰ひもを投げ落とせば、そのあと天界で風でも吹いたら彼女の着衣はめくれないかと心配になりますが、それ以上にこうした荒唐無稽の話を商売にする聖遺物商たちの高笑いが聞こえてきそうです。彼女の腰ひもだと偽って、出所の定かでない腰ひもを切り売りすればボロ儲けまちがいないからであり、もしかして腰ひもの話の出所はコンスタンティノポリスあたりの聖遺物商たちであったかもしれません。

際立つウォラギネの反ユダヤ主義的言説

『黄金伝説』の第一一三話を読んでいて気になることがあります。それはこの物語において反ユダヤ主義的な言説が際立っていることです。たとえば、エペソから雲に乗ってやって来て聖母の家にたどり着いたヨハネに向かってマリアは再会の喜びに涙しながらも、「……聞けば、ユダヤ教徒たちは、あいはかって、〈みなの衆、あのイエスを生んだ女がいつ死ぬか、それが待ちどおしい。死んだら、あの女の遺体をかっさらって、まる焼きにしてやろうじゃないか〉と言っているとか」と訴えさせたり、マリアの遺体が石棺に納められて使徒たちがマリア讃美の歌を口にしていると、それを聞きつけた「ユダヤ教徒たちは、さっそく武器を持ちだしてきて、口ぐちに言った。『さあ、弟子どもをみな殺しにし、あのぺてん師を生んだ女の死体を焼いてしまおうじゃないか』」と書き記したりします。また聖母の葬列にキリスト教に敵意をもつユダヤ教徒が襲いかかり、狂人のように棺を引きずり降ろそうとしたところ、その男の手は「材木のようにひからび、地面にころがって、無用の棒ぎれのようにうごかなくなった」が、その悪行を悔いてそのひからびた手でマリアの遺体に触れると、たちまち元の手を取り戻したといったあり得ない話を「伝えられるところでは」と断った上で紹介したりします。またブリュージュの町であった次のような奇妙奇天烈《きみようきてれつ》な話も紹介します。すなわちある教会で聖体拝領《ミサ》が行われたとき、キリスト教徒の子供たちに混じってユダヤ人の子も聖体拝領をします。その子が家に帰って父親に何をしたのだと咎められると、少年は友達と一緒に教会に行き、聖体拝領をしてきたと答えます。それを聞いて父親は怒り狂います。彼は子供の胸ぐらを摑むと暖炉の中に投げ込みますが少年は何の危害も受けません。そのとき聖母が出現して火が少年に回るのをふせいでくれたからですが、少年の母親の叫び声を聞いて駆けつけた近所のキリスト教徒たちが父親のユダヤ人を捕まえて暖炉に投げ込むと、彼は「たちまちのうちに燃えつき、あとには影も形ものこらなかった」そうです。わたしはこのような物語から生まれた画像を三つばかりお見せし、画像にわたしのコメントを代弁させようと思います（図版3-20、21、22）。

図 3-18

図 3-19

図 3-20

図 3-21

図 3-22

†パウロ

(1) **語られている場所**――『黄金伝説2』の第八五話
(2) **祝日**――六月二九日(ペトロと共通の祝日)
(3) **守護聖人**――天幕製造者、織物業者、神学者
(4) **聖遺物の保管場所**――ローマ郊外のサン・パウロ大聖堂
(5) **資料として言及・引用する聖書箇所**――コリント人への手紙、テモテ宛ての手紙、サムエル記下、ローマびとへの手紙、創世記、ヨブ記、使徒言行録、ガラテアびとへの手紙、出エジプト記、詩篇、ピリピびとへの手紙
(6) **その他の資料**――オリゲネスの著作、ベーダの著作、教皇リヌスの『聖パウロの殉教記』、ヒラリウスの著作、ハイモの著作、ヒエロニュムスの『著名者列伝』、トゥールのグレゴリウスの著作、福者ディオニュシウスの手紙、ヨハネス・クリュソストモスの『パウロ称賛』
(7) **パウロを描いた画家たち**――ジョット・ディ・ボンドーネ(一二九〇年代作のフレスコ画「聖パウロ」はアッシジのサン・フランチェスコの上位教会)、フィリッピーノ・リッ

ピ（一四八一―八二年作のフレスコ画「獄中の聖ペトロを訪問する聖パウロ」はフィレンツェのサンタ・マリア・デル・カルミネ教会のブランカッチ礼拝堂）、カルロ・クリヴェリ（一四九〇年頃作のテンペラ画「聖ペトロと聖パウロ」はヴェネツィアのアカデミア美術館）、ラファエロ・サンツィオ（一五一五年作の油彩「アテネで説教するパウロ」図3-26は英国の王室コレクション）、ドミニコ・ベッカフーミ（一五一五年頃作の油彩「聖パウロ」はシエナのドゥオモ付属美術館）、アルブレヒト・デューラー（一五二六年作の油彩「四人の聖人」の中の聖パウロはミュンヘンのアルテ・ピナコテーク）、ミケランジェロ・ブオナローティ（一五四二―四五年作のフレスコ画「サウロの改心」図3-23はヴァチカンの教皇の間、パウルス礼拝堂）、ティントレット（一五五六年頃作の油彩「サウロの改心」はワシントンのナショナル・ギャラリー）、クリストファノ・ゲラルディ（一五五五年作のフレスコ画「聖パウロの改心」はコルトナの司教区美術館）、ピーテル・ブリューゲル（一五六七年作の油彩「パウロの改心」はウィーンの美術史美術館）、マルティン・デ・フォス（一五六七年頃作の油彩「マルタ島で蝮に噛まれる聖パウロ」図3-27はルーブル美術館）、エル・グレコ（一五九二年作の油彩「使徒ペテロとパウロ」はエルミタージュ美術館）、カラヴァッジオ（一六〇〇―〇一年作の油彩「ダマスコへの途上でのパウロの改心」はローマのサンタ・マリア・デル・ポポロ教会）、レンブラント・ハルメンス・ファン・レイン（一六二七年作の油彩「獄中の使徒パウロ」はシュトゥットガルト州立美術館）、ウスタッシュ・ル・シュウール（一六四九年作の油彩「エペソの聖パウロ」はルーブル美術館）、カレル・デュジャルディン（一六六二年作の油彩「パウロの改心」はロンドンのナショナル・ギャラリー／一六六三年作の油彩「リストラで足なえを癒すパウロ」図3-25はアムステルダム国立美術館）

「もしも……」の仮定法の連発は

「もしパウロがいなかったならば、キリスト教は……」。

これはパウロ狂信者、じゃなかったパウロ教信者が開口一番、口にする言葉です。

「キリスト教はイエスが創始したのか、それともパウロが創始したのか……」。こちらは新約学者が口にする言葉で、少しばかり戸惑いの気持ちが込められております。

「で、結局、キリスト教って何なの?」

これは門外漢が発するスルドイ言葉です。

新約聖書をひもとけば、福音書や使徒言行録を別にすると、パウロの書簡の存在が読者を圧倒します。新約聖書には「外典文書」と呼ばれる文書がいくつもあります。新約聖書に取り込まれることのなかった文書類ですが、そのひとつに「パウロ行伝」と呼ばれる文書があります。この文書はパウロについてのさまざまな言い伝えが早い時期から存在したことをわたしたちに教えてくれます。この「パウロ行伝」は教文館の新約外典シリーズに入っておりますから、是非・ぜひ・ゼヒ、お手に取るのをお勧めいたします。パウロについて知ろうとすれば目を通す必要があります。

パウロのファナティシズムと回心

使徒言行録によると、パウロはタルソスで生まれ、ユダヤ教徒として育ちました。長ずるにおよび、エルサレムに出て、そこでガマリエル一世と呼ばれる高名な学者のもとで勉強いたします。エルサレムにはすでにキリスト教徒の集団が存在し、コミュニティも出来ていたでしょうから、多分彼は彼らから熱心な、あるいは執拗な勧誘を受けたのではないでしょうか。人は執拗な勧誘を受ければ、それに負けるかそれに反発し敵意を抱くようになりますが、パウロは後者でした。彼はキリスト教徒の申し立てにたいして「ノー」を突きつける同胞のユダヤ教徒たちの集団の先頭に立ちます。そのため彼はキリスト教徒たちを脅迫したというのです。そして使徒言行録九・一以下によれば、彼はダマスコへ向かう途上で、突然、天からの光が彼の周りを照らし、「サウロよ、サウロ、なぜわたしを迫害するのか」とキリストに呼びかけられたそうです。

「これは幻聴なのでしょうか、それとも?」と議論したくなりますが、わたしはそれよりも使徒言行録が歴史書として信頼できる記述に満ちあふれているのかと問いたくなります。著者はルカ福音書の人物ですが、その人物は他の福音書がはなから取り上げないマリア物語を創り上げた人物なのです。それはともかくとして、パウロがどこかで方向転換をはかったことは間違いありません。その時期は三四年ころのことだと言われます。パウロのこの方向転換によって、今度は同胞のユダヤ教徒たちから石のつぶてを投げつけられることになります。そのため彼は「迫害する者」から「迫害される者」に変わったとされますが、彼の書簡に散見される反ユダヤ主義的な言辞を問題にすれば、そしてその後の二〇〇〇年のキリスト教徒によるユダヤ人迫害史を想起すれば、またその信仰至上主義がまちがいなく影響を与えた異端審問や魔女狩りなどに見られる蛮行や異教徒を改宗させるさいのキリスト教徒の蛮行などを思い浮かべれば、パウロは三四年ころに「迫害される者から迫害する者に変わった」などときれい事で済ますことはできなくなります。人の言動はその後の影響史の中でも吟味・検討されねばなりません、とくにパウロの場合は。

パウロの宣教活動

宣教師となったパウロは、小アジアや、マケドニアなどローマ帝国の土地を経巡り、バルナバやテモテと呼ばれる弟子たちと一緒に宣教活動に従事しました。パウロにとって幸いだったことはこれらの土地にディアスポラのユダヤ人が多数住む共同体があり――ヨセフスの『ユダヤ古代誌』一四・一一五に見られるローマ帝政期の歴史家ストラボーンの証言によれば、当時のローマ世界でユダヤ人の共同体のない都市はなかったそうです――、そのシナゴーグ（ユダヤ人会堂）を活動拠点にすることができたことです。そしてさらに幸いだったことは、これらの共同体でギリシア語に訳された聖書が使用されていたことです。ヘブライ語聖書だけでしたら、ユダヤ人やそれを解するごく一部の者たちしか相手にできなかったのですが、彼は当時の世界の日常語であるギリシア語に翻訳された聖書を振りかざしながら、身振り手振りよろしくいろいろ語ることができたのです。もちろん、彼は多くのシナゴーグで敬遠され迫害されたかもしれません。彼が新種のユダヤ教徒として登場してきたからで、それまでのシナゴーグが教えてこなかったことを教えたからです。

使徒言行録によれば、彼は当時の地中海世界の諸都市を経巡る宣教旅行を都合三回しております。パウロが後のキリスト教の宣教師の手本ないしは活力源にされたのは当然で、そのため彼はつねに宣教師の鑑として仰ぎ見られるわけです。パウロの最期はよく分からないとするのが正解かと思われますが、彼はエルサレムで捕縛され、裁判のためにローマ送りされ、そこでペテロと合流したとか、ネロが皇帝だった六〇年代にローマで殉教したとされます。彼がローマからスペインまで伝道旅行したとする伝承もあります。「人生いろいろ」、「伝承いろいろ」なのです。そのどれを取ろうとそれはみなさん方のご自由ですが、どれをも取らないのもみなさん方のご自由なのです。

パウロの画像は多種多様

画像をご紹介いたします。

パウロの画像の点数も非常に多いものですが、その出発点となるのは「ダマスコ途上」での回心です。使徒言行録に「サウロは地に倒れ」とあるところから、彼は天からの光に目が眩んで馬から落ちたとされ、その光景が描かれます。ローマのサンタ・マリア・デル・ポポロ教会で見ることができるカラヴァッジオ作のあの有名な「ダマスコへの途上でのパウロの改心」がそうです。馬から転落しているのにかかわらず、着地の姿勢がよかったためか両手を天に向けています。最初にお見せするのはミケランジェロ・ブオナローティ作の「サウロの改心」です（図3-23）。こちらは明らかに着地に失敗しておりますが、その体勢を整えたパウロに上からの光がさしておりますが、光を放っているのは筋骨隆々のキリストです。この大きなフレスコ画（六二五×六六一センチ）はパウロ三世の個人の礼拝堂として一五四一年につくられたパウロ礼拝堂の左右の壁の一方に描かれたものですが、もう一方の壁には十字架に逆さ吊りされて殉教する聖ペトロが描かれております（図3-24）。パウロの回心の絵とペテロの十字架上の死をカップリングさせて描くその構想には、それまで、そのような例がなかっただけに圧倒されます。わたしたちがミケランジェロに敬意を払うのは伝統墨守主義者でないところでしょうか?

使徒言行録一四・八以下によれば、あるときパウロはリストラと呼ばれる町（現在のトルコの町）で説教しましたが、彼は自分の説教を熱心に聞く、生まれてからまだ一度も歩いたことのない「あしなえの男」に病がいやされるにふさわしい信仰があるのを見て取ると、「自分の足でまっすぐに立ちなさい」と言います。すると「あーら不思議」の現象が起こり、男は躍り上がって歩き出したというのですが、お見せするのはカレル・デュジャルディン（一六二二―七八）作の「リストラで足なえを癒すパウロ」です（図3-25）。

使徒言行録一七・一六以下によれば、パウロはギリシアのアテネに滞在中、町の至るところに偶像が祭られているのを目にして不快になり、ユダヤ人の会堂や広場で中身が空っぽの偶像を奉じる者たちや哲学者たちと議論したそうです。使徒言行録に見られるパウロの議論は、ヘレニズム・ローマ時代の歴史記述の方法論からして、明らかにルカが創作したものですが、この場面はラファエロ・サンツィオ（一四八三―一五二〇）によって描かれております（図3-26）。パウロの前に立っているのがエピクロス派やストア派の哲学者なのでしょう。脱線いたしますが、ご承知のように、ヴァチカンは偶像の巣窟ですが、もしパウロがそこを訪れたら、卒倒するのではないでしょうか？　わたしはこの絵を見るたびにパウロの前に立つ哲学者たちを歴代の教皇たちに置き換えているのですが、ラファエロ自身は教皇と癒着していた画家ですから、その辺のことを知ってしまうと、この絵の評価も微妙なものとならざるをえないのです。次はフランドルの画家マルティン・デ・フォス（一五三二頃―一六〇三）作の聖パウロです（図3-27）。正式の画題は「マルタ島で蝮に嚙まれる聖パウロ」ですが、使徒言行録二八・一以下によると、彼とその一行がマルタ島に上陸して寒さをしのぐためにたき火をしていたところ一匹の蝮が出てきてパウロの手に

図 3-23

図 3-25

図 3-24

図 3-26

図 3-27

からみつくのです。彼はそれを火の中に振り落としますが、何の害も受けなかったというのです。これもまたあり得ないことをあったとするルカ一流の創作話でしょうが、画家はこの場面を絵にしました。

第4回講義

2—4世紀の聖人・聖女たち

イグナティオス
セバスティアヌス
ルチア
隠修士パウロス
アガタ
アントニオス
エジプトのマリア
コンスタンティヌスの母ヘレナ
シルウェステル
アンブロシウス

わたしはこの講義の前の一か月、亡くなった家内の納骨のために、時間をさかねばなりませんでした。わたしは家内を密葬で、しかも無宗教で何ももたせずに「あてどのない世界」に旅立たせました。いまごろどこを彷徨《さまよ》っているやらですが、彷徨っていないかもしれません。

わたしのもとに残されたのは火葬が済んでの遺骨だけですが、その遺骨は、聖書の創世記的な表現を用いれば、土くれから生まれてきたのですから、大地に返してやらねばなりません。大地に返すには墓に入れて返すか、それとも散骨でもして大地に返すのか、そのどちらかでしょう。

広島にあるわたしの家の墓は寺が所有するものではないので、寺を介さずに戒名なしで墓に入れることができるのですが、それでも名前だけはこの世に生きていた証しとして墓石に彫ってやろうと思い、そのために少しばかりですが時間をさきました。このための出費は僅かなものでしたが、無宗教で行う葬儀がいかにシンプルなもので済むかを、みなさん方も知ってもらいたいと思います。おかげで家内の遺志として、国境なき医師団やニューヨークにあるカトリックのボランティア団体に、いくばくかの寄附をすることもできました。

さて今回の講義は、『黄金伝説』が取り上げている二世紀から四世紀までの聖人・聖女をご紹介します。この二〇〇年間の時代の聖人・聖女を知るにはエウセビオス（二六三頃―三三九）という教会史家が残した『教会史』（拙訳、講談社学術文庫）が必読の書物となります。

現教皇のベネディクトゥス一六世は二〇〇七年の三月一四日にサンピエトロ大聖堂の広場に集まったカトリックの善男善女に向かって一般講話をしておりますが、そのとき教皇は講話の冒頭近くで、「四世紀の歴史家、カエサリアのエウセビオスは彼の『教会史』の一章全体をイグナティオスの生涯と文学作品に捧げている」と断った上で、最初にエウセビオスについて素描して、つづいてイグナティオスの残した書簡を引きながら、彼の生涯を語り、そこからメッセージらしきものを引きだそうとしました。ここで言う『教会史』の一章とは、第三巻の第三六章のことです。

わたしはこの現教皇に好意を寄せる者ではございませんが、それでも彼が語る一般講話には少しばかり関心を寄せております。彼が最初の数世紀の教会の物書きたちをよく取り上げるからで、わたしが関心を示すのは、彼がどのような仕方で彼らについて語るかにあります。まあ、多くの場合、失望に終わります。

†イグナティオス（三五頃―一〇八頃）

(1) **語られている場所**――『黄金伝説1』の第三六話
(2) **祝日**――一〇月一七日（教会暦改正以前は二月一日）
(3) **守護聖人**――？
(4) **聖遺物の保管場所**――ローマの聖クレメンス教会
(5) **資料として言及・引用している聖書の箇所**――ヨハネ福音書、詩篇
(6) **その他の資料**――ディオニュシウスの著作、カシオドルスの『三部教会史』、エウセビオスの『教会史』、小プリニウスの書簡、ベルナルドゥスの著作
(7) **イグナティオスを描いた画家たち**――トルコのスメラ修道院のフレスコ画（**図4-3**）、サンドロ・ボッティチェリ（一四八八年頃作のテンペラ画「聖母子と四人のみ使いと六人の聖人」**図4-4**の中のイグナティオスはフィレンツェのウフィツィ美術館）、ロレンツォ・ロット（一五〇八年作の油彩「アンティオキアの聖イグナティオスと聖オノフリオスと一緒の、キリストを抱く聖母」**図4-5**はボルゲーゼ美術館）

イグナティオスはアンティオキアの監督

ウォラギネは『黄金伝説』の第三六話でシリアのアンティオキアの司教イグナティオス（ラテン語表記ではイグナティウス）を取り上げます。アンティオキアは最初期のキリスト教の展開にとって重要な基地です。そこに教会が建てられました。そこでは「キリスト教徒」という名称クリスティアノイがはじめて使用されました。そこからパウロは伝道の旅につきました。この町を流れるオロンテス川の近くにはローマの正規軍が駐留する基地がありました。ですからアンティオキアはローマ兵やシリア兵を日常的に目にすることができる基地の町であったのです。

イグナティオスはこの町の「監督」（エピスコポス）でした。教会制度が整った後の時代の用語を使えば、彼はアンティオキアの「司教」でした。アンティオキアの初代の監督はペトロですから、イグナティオスは彼の監督職を引き継いだことになります。もっとも、イグナティオスはアンティオキアの三代目の監督であったと申したてる者もおります。イグナティオスはアンティオキアの町で「キリストを証ししたため」そこから小アジア経由でローマに送られ、その地で殉教しました。彼がローマに送られる途次でしたためた、エペソ人や、マグネシア人、トラレイス人、ローマ人、フィラデルフィア人、スミルナ人の書簡は最初の一世紀のキリスト教徒の殉教についての考え——キリストを証しするための異常で異様なファナティシズム——を知る上で欠くことのできぬ資料とされております。

ウォラギネはイグナティオスについての物語の冒頭部分で、彼が聖母マリアへ送った手紙の内容と、彼女からの返書の内容を紹介し、物語を読む者を仰天させます。新約聖書の外典文書のひとつ『ヤコブ原福音書』によれば、マリアは母親のアンナから「アレフ、ベーツ、ギメル……」ヘブライ語の読み書きの基礎教育を受けていたようですから、その輝かしい成果がここに認められるのではないかと大まじめに茶化しても構わないのですが、マリアとの書簡の遣り取りはあくまでも外典的世界でのフィクションです。

ウォラギネの語る物語を読んでいてすぐに気づかされるのは、彼はイグナティオスが書き残した書簡を直接引くことなしに、ローマの円形劇場で野獣の餌食になったイグナティオスについて語っていることです。ウォラギネによると、イグナティオスが「死んだとき、異教徒たちは……遺体から心臓をとりだして、切り開いた」そうで、「すると、心臓のまんなかに金文字でイエス・キリストと書かれていた」そうで、「この奇跡のために、多くの異教徒がキリスト教を信仰するようになった」というのです。ほ、ほ、ホントかよ、です。『黄金伝説』で紹介される奇跡物語の大半は、この水準の与太話です。

イグナチオ・デ・ロヨラとイグナティオス

『黄金伝説』とは直接の関係はないのですが、みなさん方はイグナティオス（=イグナチオ）・デ・ロヨラの名前をご存知のことかと思います。一六世紀にイエズス会の修道会を創設した人物で、彼の本来の名前はイニゴですが、聖人の生涯にあこがれてそれまでの騎士としての生活に決別したときに付けた名前がイグナティオスです。彼は「アンティオキアのイグナティオス」に敬意を払っていたのです。もっとも彼の生涯を少しばかり詳しく調べますと、彼はアッシジのフランチェスコにも大きな影響を受けておりますから、フランチェスコ・デ・ロヨラの名前も考えていたかもしれません。

イコンや壁画に登場したイグナティオス

画像を見てみましょう。

最初にイコンを取り上げます。お見せするこのイコンは、ウエブで引き出すと必ず上位の方に登場するものです（図4-1）。その制作年もその所蔵先も分かりませんが、イグナティオスを描くさいのテンプレートのようなものなのでご紹介します。そこではイグナティオスに飛びかかるライオンが二頭描かれ、しかもその二頭の飛びかかる向きが正反対です。二頭以上のライオンが四方八方から彼に飛びかかり、食らいつくということはありません。この図像上のテンプレートにしたがっているのは次のもの（図4-2）とトルコのスメラ修道院のフレスコ画です（図4-3）。二番目のイコンに登場したライオンは上目遣いをしておりますます。これでは長髪の人間の頭に似てしまい笑ってしまいます。

イグナティオスの愛称は「神を着る者」を意味するテオフォロス

イグナティオスの愛称は「神を着る者」を意味するテオフォロスでしたから、彼が神の子を着ていることを示すために、馬鹿でかい十字架を左右二つずつ付けた首から垂らす帯のようなものが描かれております（この祭服は「聖十字衣」と呼ばれるようです）。左上の隅には神の左手が描かれております。カトリック世界の四世紀の「三位一体」以後の絵では神が人間として描かれるのが普通になりますが、もしこの絵が四世紀以降のものであれば、ロシア正教の絵画は、その影響はあまり受けなかったのではないかと想像します。スメラ修道院のフレスコ画には定冠詞付きのギリシア語テオフォロスが認められます。

こちらはサンドロ・ボッティチェリ（一四四五—一五一〇）が一四八八年頃に聖バルナバ教会の祭壇画として描いたテンペラ画です（図4-4）。現在ウフィッツィ美術館で見ることができます。ここでのイグナティオスはアンティオキアの司教として描かれておりますが、どこか冴えない表情をしております。ローマのコロッセウムでライオンの餌食となって殉教する日が間近に迫っていることを知っているからでしょうか、しかしもしそうであれば、この司教は殉教こそキリストに至る最高・最善の道だと確信していたのですから、もっと喜ばしげな表情をしなければ嘘です。イグナティオスの左に立って十字架棒を手にしているのは洗礼者ヨハネです。右肩には皮の毛衣がかけられております。

洗礼者ヨハネとイグナティオスとの関係は？

洗礼者ヨハネとイグナティオスとの関係は何なのでしょうか？　なーんの関係もありませんが、ここに描かれてしまうのは、ウォラギネが「イグナティオスは、福音史家聖ヨハネの弟子であり……」と書いているからです。

福音書記者ヨハネと洗礼者ヨハネ、あるいは黙示録の著者パトモス島のヨハネはいつも混同されます。画家たちは、福音書記者ヨハネの名前を見出せば、洗礼者ヨハネの姿でも描いとけばいい、となります。パトモス島のヨハネの名前を見出せば、洗礼者ヨハネを描いとけばいい、となります。

イグナティオスの右隣に立っている甲冑で身を固めた人物は大天使聖ミカエルです。一般に、この大天使に「聖」が冠せられることにご注意ください。「大天使聖ミカエル」なのです。この大天使はライオンの餌食になるイグナティオスを助けようとはしなかったのでしょうか？　彼が左手にもっているものは何でしょうか？　イグナティオスの右手の親指と人差し指の間には彼の取り出された心臓が描かれているようですが、わたしは確言できません。

次はロレンツォ・ロット（一四八〇頃—一五五六）の作品です（図4-5）。

左に描かれているのがイグナティオスで、マリアに抱かれた幼子キリストが左手で触っているのがイグナティオスの遺体から取り出された心臓ですが、どんな意味があるのでしょうか？　イグナティオスの右手は殉教を指し示す葦の棒一本を握っております。イグナティオスの右にいるのが荒れ野の聖者オノフリオスです。この人物は上エジプトの荒れ野で隠者生活を送った四世紀のキリスト教徒です。後で取り上げたいと思いますが、この隠者をも含めて、ここに登場する人物はいずれも生気や覇気がありません。

図 4-1

図 4-2

図 4-3

図 4-4

図 4-5

†セバスティアヌス（?―三世紀後半）

(1) **語られている場所**――『黄金伝説1』の第二三話
(2) **祝日**――一月二〇日
(3) **守護聖人**――ペスト、弓術をする者、兵士、火消し
(4) **聖遺物の保管場所**――ローマ↓パヴィア
(5) **資料として言及・引用する聖書箇所**――なし
(6) **その他の資料**――グレゴリウスの『イタリア教父の生涯と奇跡についての対話』、ランゴバルド人の歴史書、アンブロシウスの著作の「序文」
(7) **セバスティアヌスを描いた画家たち**――アンドレア・マンテーニヤ（一四五七―五八年作の板絵「聖セバスティアヌス」はウィーンの美術史美術館）、ジョヴァンニ・ベリーニ（一四六四―六八年作のテンペラ画の多翼祭壇画の中の聖セバステイアヌスはヴェネツィアの聖ジョヴァンニとパオロ聖堂）、アントニオ・デル・ポライウォーロ（一四七三―七五年作のパネル画「聖セバスティアヌスの殉教」**図4-6**はロンドンのナショナル・ギャラリー）、サンドロ・ボッティチェリ（一四七四年作のテンペラ画「聖セバスティアヌス」はベルリン

の国立美術館）、ハンス・メムリンク（一四七五年頃作の油彩「聖セバスティアヌスの殉教」はブリュッセル王立美術館）、アントネロ・ダ・メッシーナ（一四七六－七七年作の油彩「聖セバスティアヌス」図4-7はドレスデン国立絵画館）、アンドレア・ダ・ムラノ（一四七八年頃作のテンペラ画の多翼祭壇画の左パネルに描かれている聖セバスティアヌスはヴェネツィアのアカデミア美術館）、ピエトロ・ペルジー（一四九五年頃作の板絵「聖セバスティアヌス」はルーブル美術館）、エル・グレコ（一五七七－七八年作の油彩「聖セバスティアヌス」はパレンシアの大聖堂美術館）、ピーテル・パウエル・ルーベンス（一六一四年頃作の「聖セバスティアヌス」はベルリンの国立美術館）、ディルク・ファン・バビューレン（一六一五年頃作の油彩「聖女イレーネと彼女のメイドの手当を受ける聖セバスティアヌス」図4-8はマドリードのティッセン＝ボルネミサ美術館）

矢を何度射込まれても

『黄金伝説』によれば、セバスティアヌスはガリア・ナルボネンシス（現在のフランスのラングドックとプロヴァンスの間に横たわるローマ植民地）に生まれ、ミラノで教育を受けました。彼はキリスト教徒を迫害したことで知られるディオクレティアヌス帝（在位二八四－三〇五）とその共同統治者マクシミアヌス帝（在位二八六－三〇五）のもとで親衛隊の隊長をつとめます。彼は親衛隊の隊員やその家族の者をキリスト教に改宗させたり、ローマの神々に犠牲を捧げるのを拒否する者をひそかに励ましたりしますが、ある日それが皇帝ディオクレティアヌスの耳に入ります。彼は皇帝の命令で矢で射《い》殺されそうになりますが、体を貫通した矢は致命傷にはいたらず一命を取り止めるのです。

ヨーロッパの聖堂や美術館などでよく目にするのが一五世紀以降に盛んに描かれたセバスティアヌスの絵です。『黄金伝説』の日本語訳者がその註で指摘するように「一五世紀から一八世紀にかけてこれほど人気のあった聖人もめずらしい」のですが、一五世紀に好んで描かれたのは、この聖人がペストから町を守ってくれると信じられたからでしょう。もちろん救いなどしなかったのですが、その手の期待は一時しのぎの慰めにはなるかもしれません。

最初にお見せするのは、ポライウォーロ兄弟として知られるイタリアの画家・彫刻家の兄弟のひとりアントニオ（一四三二頃―九八）が描いた「聖セバスティアヌスの殉教」と題するものです（図4-6）。美術史家がこの絵を見ると、アントニオの風景への関心や「運動中や緊張状態にある人体の解剖的構造の分析追求」（『オックスフォード西洋美術事典』）への大きな貢献についてなど、小難しいコメントをしてくれます。確かに、当時の町の風景がどんなものであったかが分かります。雨が降れば道はどろんこになって足を取られることがこの絵から読み取れますし、護岸工事などは施されていないことも分かります。地球温暖化対策のためにはアスファルト道路よりもどろんこ道の方がはるかにいい…

…。

次はアントネロ・ダ・メッシーナ（一四三〇頃―七九）が描いた「聖セバスティアヌス」です（図4-7）。まあ、どうってことのない絵の代表例です。その次はオランダの画家ディルク・ファン・バビューレン（一五九〇―一六二四）が制作した油彩「聖女イレーネと彼女のメイドの手当を受ける聖セバスティアヌス」です（図4-8）。ここでの聖女イレーネは、ディオクレティアヌス帝の会計官カストゥルスの妻イレーネとされます。彼女とそのメイドがセバスティアヌスの体に突き刺さった矢を抜いて傷口を手当しようとしています。イレーネはセバスティアヌスを手当したというただそれだけの理由で「聖女」にされます。

この絵をお見せしたのは、他にも同じオランダの画家ヘンドリック・テル・ブリュッヘンやオランダの画家ジョルジュ・ド・ラ・トゥール（一五九三―一六五二）らも同じ主題の絵を描いているからです。なお、老婆心ながら申し上げますが、体に突き刺さった矢などを素人が引き抜くのは危険です。突き刺さったままの状態で病院に担ぎこまねばなりません。

図 4-6

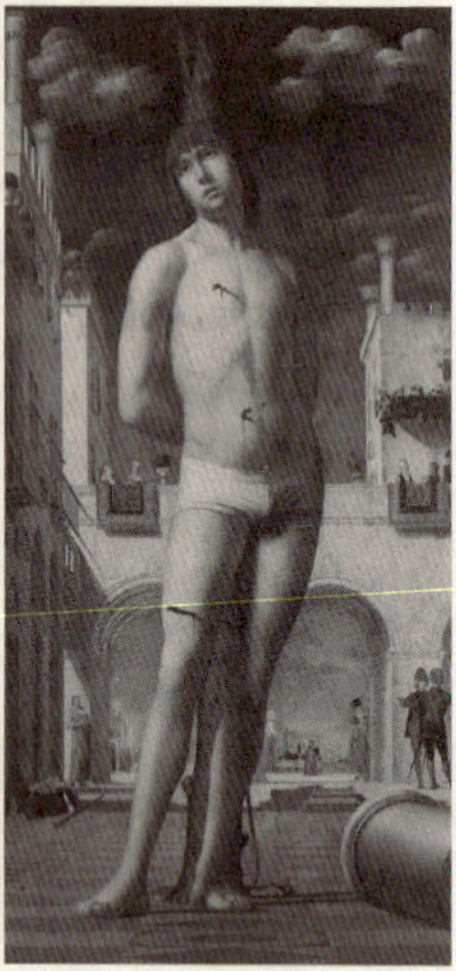

図 4-7

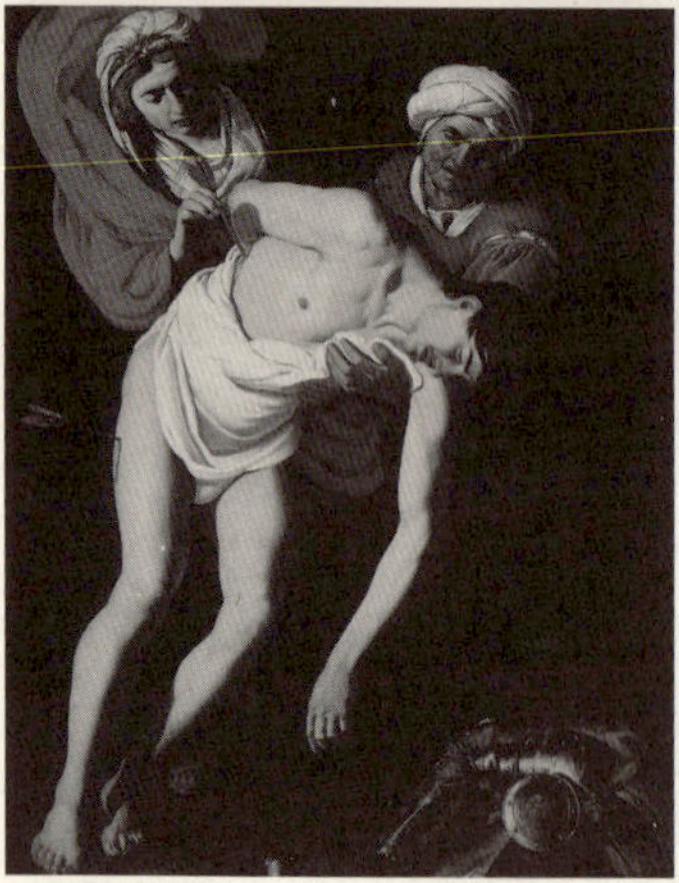

図 4-8

†ルチア（?―三〇四）

(1) **語られている場所**――『黄金伝説1』の第四話
(2) **祝日**――一二月一三日
(3) **守護聖人**――眼病を患っている者や眼科医
(4) **聖遺物の保管場所**――ヴェネツィアのサンタ・ルチア聖堂
(5) **資料として言及・引用している聖書箇所**――マルコ福音書、マタイ福音書
(6) **その他の資料**――アンブロシウスの著作
(7) **ルチアを描いた画家たち**――フランチェスコ・デル・コッサ（一四七三年作の油彩「グリフォニ多翼祭壇画」**図4-12**に描かれた聖女ルチアはワシントンのナショナル・ギャラリー）、制作者不明（一四八〇年作の油彩「聖女ルチアの言い伝え」**図4-9**はブリュージュの聖ヤコブ教会）。ジョヴァンニ・アントニオ・ボルトラッフィオ（一五〇〇年頃作の油彩「聖女ルチアとされる女性の肖像画」はマドリードのティッセン＝ボルネミサ美術館）、ジョヴァンニ・ベリーニ（一五〇五年作の油彩「聖女ザカリアの祭壇画」**図4-13**の中の聖女ルチアはヴェネツィアのサン・サカリア聖堂）、ベッカフーミ（一五二一年作の油彩「聖女ル

チア」図4-11はシエナの国立美術館)、ロレンツォ・ロット(一五三二年作の油彩「聖女ルチア祭壇画」はレシの市立美術館)、パオロ・ヴェロネーゼ(一五八二年頃作の油彩「聖女ルチアの殉教」はワシントンのナショナル・ギャラリー)、レアンドロ・バッサーノ(一五九〇―一六〇〇年作の油彩「聖女ルチアの殉教」図4-10はヴェネツィアのサン・ジョルジョ・マッジョーレ教会)、カラヴァッジオ(一六〇八年作の油彩「聖女ルチアの埋葬」はシラクサのベルロモ美術館)

サンタ・ルチアです

あのイタリア民謡のサンタ・ルチアです。

東方の正帝ディオクレティアヌス帝治下の三〇四年に、彼女はシチリア島のシラクサ市で殉教したとされます。ウォラギネはその殉教を「三一〇年頃のことであった」としますが、この時期帝国規模のキリスト教徒の迫害は終息に向かっております。したがって、サンタ・ルチアの殉教がいつ、どこで、どんなものであったのかは不明です。

ウォラギネによれば、ルチアの母エウティキアは長血をわずらっておりましたが――福音書にも長血をわずらっていてイエスに癒された女の話があります――、ある日彼女は母親を聖女アガタが葬られている墓のある教会に連れて行き――聖女アガタは後で取り上げます――、墓の前で敬虔な祈りを捧げます。すると母親は癒されるのです。

また、あることで訴えられたルチアが、裁判官の命令で、手足を縛られた上で一〇〇〇人の男たちによって引っ張られていこうとしますが、彼女は微動だにしなかったというのです。さらには数連の雄牛に引かせますが、彼女は一歩も動かなかったそうです。神の力が働いたからでしょうが、こんな話が語られております。

聖女ルチアの言い伝え

図像です。

最初にお見せするのは『黄金伝説』にもとづく「聖女ルチアの言い伝え」と題する絵です。一四八〇年ころに制作された作者不詳の油彩です（図4-9）。画面は三つの部分に分かれております。左の部分にはアガタの墓のある教会に向かうルチアとその母エウティキアが描かれております。もしかして教会に向かうではなくて、母が癒されて教会から出てくる場面かもしれません。ルチアの足下には白い百合の花が咲いています。季節外れの狂い咲きではなくて、それによってルチアがまだ男を知らない処女の娘であることが示されます。中央は裁判官パスカシウスの前に引き出されたルチアです。画面の右の部分には処刑のために雄牛たちがルチアを刑場へ引いて行こうとしますが、彼女は微動だにしません。彼女の頭には光輪が描かれております。光輪の中に聖霊を示す鳩が描かれておりますが、光輪の中の鳩は珍しいのではないでしょうか？　わたしは見たことがありません。ルチアの右隣には裁判官が描かれております。刑場の方を指しております。

次の絵はレアンドロ・バッサーノ（一五五七―一六二二）が描いた「聖女ルチアの殉教」と題する作品です（図4-10）。雄牛の群れがルチアを刑場へと引っ張っていこうとしますが、彼女を動かすことはできません。こんなことが起こるのですね、信仰の世界では。

『黄金伝説』以外の言い伝えにもとづく絵では

ルチアが『黄金伝説』以外の言い伝えにもとづいて描かれることがあります。それは彼女が処刑前に両目をえぐり取られたとする言い伝えです。この場合、彼女の二つの目ん玉が彼女の属性となります。最初にお見せするのはベッカフーミ（一四八六頃―一五五一）が描いた「聖女ルチア」です（図4-11）。彼女は自分の目ん玉が二つ置かれたトレイを左手で持っております。

次はフランチェスコ・デル・コッサ（一四三五頃―七七）が描いた聖女ルチアです（図4-12）。彼女は二つの目ん玉が描かれた植物の茎か何かを、左の指先でつまんでおります。右の指先は殉教の勝利を示す棕櫚《しゅろ》を摑んでおります。彼女の頭には光輪も描かれております。

図 4-9

最後はジョヴァンニ・ベリーニ(一四二六頃―一五一六頃)が描いたルチアです(図4-13)。彼女の右手は自分の目ん玉の入った小さなガラス容器を手にしております。左手は大きな棕櫚の葉に置かれております。死を前にして泰然自若です。彼女の右に立つ聖人は聖書をラテン語に翻訳したヒエロニュムスだと説明されますが、ルチアとヒエロニュムスの関係は何なのでしょうか? 美術館で目玉が二つ描かれている絵を見たら、聖女ルチアだと思って、そっとサンタ・ルチアを口ずさみ、彼女が眼科医などの守護聖人であることを思い起こしてやってください。

わたしは先日眼底検査をしましたが、検査をしてくれた女性の医師にあなたの守護聖人はサンタ・ルチアであるということを教え、少しばかり知ったかぶりの講釈をたれました。

図 4-11

図 4-10

図 4-12

図 4-13

†隠修士パウロス（二二八―三四二頃）

(1) **語られている場所**――『黄金伝説1』の第一五話
(2) **祝日**――一月一五日か一月一〇日
(3) **守護聖人**――藁のマット製造人
(4) **聖遺物の保管場所**――なし
(5) **資料として言及・引用している聖書箇所**――なし
(6) **その他の資料**――ヒエロニュムスの著作
(7) **隠修士パウロスを描いた画家たち**――アルブレヒト・デューラー（一五〇〇―〇四年作の木版画「隠修士聖アントニオスと聖パウロス」図4-14はロンドンのナショナル・ギャラリー）、マティアス・グリューネヴァルト（一五一五年作の油彩「隠修士アントニオスとテバイのパウルス」はウンターリンデン美術館）、ジロラモ・サヴォルド（一五一五年頃作の油彩「聖アントニオスと隠修士聖パウロス」はヴェネツィアのアカデミア美術館）、ベラスケス（一六三五年頃作の油彩「聖アントニオスと隠修士聖パウロス」図4-15はプラド美術館）

独住修道士と共住修道士

独住修道士（あるいは隠修士）とは砂漠（あるいは荒れ野）の中に入って行って洞窟を住まいとし、ひとりで祈り、ひとりで神との交わりをもつ者たちを指す言葉です。それにたいして共住修道士という言葉があります。これは他の修道士たちと一緒に暮らし、他の修道士たちと一緒に働き、祈り、そして神との交わりをもつ者たちを指す言葉で、こちらからは後の時代の修道院の原型になるものが生まれます。

後方からの支援サポート

独住修道士は誰の助けもなしでひとりで洞窟で暮らしたのでしょうか？　さにあらず。彼らは必ず修道院の近くの洞窟に住み、修道院から食糧や水の補給を受けました。この後方からのサポートがなければ、一体、どうやって荒れ野や砂漠の中で生きていくことができたのでしょうか？　サソリだけを口にして生きていくことなど出来ないのです。サポート体制については、後にあらためてお見せいたします。

アントニオス、パウロスの洞窟を訪ねる

ウォラギネによると、パウロスはデキウス帝の迫害のときに「砂漠の奥ふかくにのがれ、

そこの洞窟で六十年のあいだ人びとに知られることなく暮らした」そうですが、彼がパウロスの物語で語るのはもうひとりの砂漠の修道士アントニオスとの交わりです。アントニオスは自分が最初の独住修道士だとばかり思っていたところ、あるとき、夢の中で、砂漠には自分よりも立派な修道士が住んでいることを知らされ、その修道士を探しに出かけます。彼が最初に出会うのはギリシア神話に登場する半人半馬のケンタウロスで、彼はその案内で薄暗い森を通り抜けます。アントニオスをパウロスの住む洞窟に案内したのは一匹の狼だったそうです。

二人は会うとたちまちにして意気投合します。食事の時間になると、一羽の烏《からす》が普段の二倍の大きさのパンを運んできます。「あなたからお先に」「いやあなたから」と互いに相手をたてて譲り合いをしますが、二人が一緒にパンに手をつけると、パンは真ん中から二つに割れたというのです。その後、アントニオスは自分の洞窟に戻って行きますが、洞窟近くにまで来ると、彼は天使たちがパウロスの魂を天国に運んで行こうとするのを目にします。そこで彼は急いで引き返し、パウロスの亡骸を埋葬します。そのとき穴を掘ったのは人間ではなくて、二頭のライオンだったそうです。

描かれたアントニオスとパウロスの出会い

最初はアルブレヒト・デューラーが『黄金伝説』にもとづいて描いた「隠修士聖アント

ニオスと聖パウロス」と題する木版画です（図4-14）。右がパウロスで、左がアントニオスです。デューラーは砂漠や荒れ野をイメージすることができなかったようです。これでは「森の中での二人の隠修士の対談」と題するものになってしまいます。二人の頭の上に一羽の鳥がパンを運んできます。パンはすでに二つに割れておりますが、それはパンがいつもの二倍になったことを示しております。鳥は近くにある修道院の厨房からパンを失敬してきたものと思われます。

次はベラスケス（一五九九―一六六〇）が描いた作品です（図4-15）。この絵も『黄金伝説』にしたがい、三つの場面を描いております。左側の大きな空間部分に目をやってください。そこには森を抜けて岩場のような場所に到達したアントニオスとケンタウロスが描かれております。森の向こうには四万十川のような美しい清流が流れております。これでは砂漠でも荒れ野でもなくなります。画面の中央ではアントニオスとパウロスが歓談しており、その上を一羽の鳥がパンを運んできます。ここでの鳥は明らかにカラスです。カラスとなれば、思い起こすのは旧約の列王記上一七・二―六の場面です。鳥が預言者エリヤのもとに朝と夕、パンと肉を運んで彼を養ったという話です。

画面の左下にはパウロスの亡骸を弔っているアントニオスと埋葬用の穴を掘っているライオンが描かれております。

図 4-14

図 4-15

†アガタ（?―二五〇頃）

(1) **語られている場所**――『黄金伝説1』の第三九話

(2) **祝日**――二月五日

(3) **守護聖人**――シチリア島のカタニア市、火災、地震、天変地異

(4) **聖遺物の保管場所**――なし

(5) **資料として言及・引用する聖書箇所**――なし

(6) **その他の資料**――アンブロシウスの著作の序文

(7) **アガタを描いた画家たち**――ヤコポ・デュランティ（一四五〇年頃作の「洗礼者聖ヨハネの祭壇」に登場する聖女アガタはニースの美術館）、ジョヴァンニ・デラ・ロッビア（一五二三年頃作の油彩「聖女アガタ」**図4-17**はフィレンツェのガルッツォ修道院）、セバスティアーノ・デル・ピオンボ（一五二〇年作の油彩「聖女アガタの殉教」**図4-16**はフィレンツェのピッティ美術館）、ジョヴァンニ・ランフランコ（一六一三―一四年作の油彩「獄中の聖女アガタを訪れる聖ペトロとみ使い」**図4-18**はパルマの国立美術館）、フランシスコ・デ・スルバラン（一六三〇―三三年作の油彩「聖女アガタ」はモンペリエのファブル

美術館)、ジョヴァンニ・バティスタ・ティエポロ油彩(一七六六年作の「聖女アガタの殉教」はベルリンの国立美術館)

貴族の家柄の美しい娘が

デキウス帝治下のシチリア島のカタニア市に貴族の家柄の美しい娘がおりました。彼女は神を敬う敬虔な女性でしたが、シチリア州の総督が彼女を愛人にしようとします。こちらは下賤な生まれの異教徒です。しかも好色です。

ある日のことです。総督は彼女を呼びだすと、彼女に彼が信じている神々に犠牲を捧げるよう強要するのですが、彼女はそれを拒みます。ここから彼女の苦難がはじまります。彼女は売春宿に売られますが、奇跡的に処女を守り通します。彼女は牢獄にぶち込まれます。彼女はキリスト教を捨てなかったために拷問にかけられ、鞭で打たれ、乳房は切り落とされます。彼女はその上で獄に戻されるのです。真夜中に老人の姿をしたペトロがたくさんの薬をもって彼女を訪れます。老人は彼女に自分は主の使徒であると名のり、主の名であなたはいやされたと告げます。するとその瞬間「あーら不思議」現象が起こります。彼女の切り落とされた乳房は元どおりに胸に戻っていたというのです。彼女はそのあと再び拷問を受けて、殉教いたします。

ヨーロッパ各地に広がる聖女アガタ崇敬

少しばかり調べてみますと、聖女アガタ崇敬はイタリアだけでなく、フランス、ドイツ、スペインなどにも広がったようです。

画像を見ましょう。最初はセバスティアーノ・デル・ピオンボ（一四八五―一五四七）が描いた「聖女アガタの殉教」と題する作品です（図4-16）。肉感のある、もちもち感のあるアガタです。左右の二人の男が工具を使ってアガタの乳頭を引き抜こうとしておりますが、右下には乳房を切り落とすための鋭利なナイフも描かれております。『黄金伝説』によれば、アガタは灼熱した石炭の上を転がされますが、画面の右上には石炭が真っ赤に燃え盛っているのが認められます。

何でもかんでもトレイの上に

こちらはフランシスコ・デ・スルバラン（一五九八―一六六四）が描いた「聖女アガタ」です（図4-17）。彼女は切断された自分の二つの乳房をトレイに置いて、それを手にしておりますが、実際、この手の絵は結構な数あります。先に、ベッカフーミが描いた二つの目ん玉をトレイに置いてそれを手にする聖女ルチアの絵をご覧に入れましたが、洗礼者ヨハネの首をトレイに載せた絵などをも含めまして、みなさん方はこういう絵をどのようにして鑑賞されるのでしょうか？　この手の絵は殉教する者を励ますものになったのでしょ

図 4-16

図 4-18

うか？　それとも……。

最後はジョヴァンニ・ランフランコ（一五八二―一六四七）が描いた「獄中の聖女アガタを訪れる聖ペトロとみ使い」と題する作品です（図4-18）。「聖女アガタを癒す聖ペトロとみ使い」と呼ばれることもあります。『黄金伝説』によると、聖ペトロは「主の名において」アガタを癒しますから、彼女の胸に触れているようでいて実は触れていないのです。触ればアウトです。それにしても、ペトロがなぜこんな所で、主の名による「診療訪問」をするのでしょうか？　使徒言行録によれば、確かペトロも獄に投げ込まれたことがありました。

図版 4-17

†アントニオス（二五一頃―三五六）

(1) **語られている場所**――『黄金伝説1』の第二一話
(2) **祝日**――一月一七日
(3) **守護聖人**――貧しい者、病める者、家畜
(4) **聖遺物の保管場所**――フランスのアラース市のサン＝ジュリアン教会
(5) **資料として言及・引用する聖書箇所**――マタイ福音書
(6) **その他の資料**――アタナシオスの著作（『アントニオス伝』『教父伝』）
(7) **アントニオスを描いた画家たち**――フラ・アンジェリコ（一四三六年頃作のテンペラ画「金塊の誘惑を受ける修道士聖アントニオス」はヒューストンの美術館）、マルティン・ショーンガウアー（一四七〇年頃作の油彩「聖アントニオスと悪魔たちの妨害」**図4-21**はニューヨークのメトロポリタン美術館）、ベルナルディノ・パレンツァーノ（一四九四年頃作のパネル画「聖アントニオスの誘惑」**図4-20**はローマのドリア・パンフィリ美術館）、ヒエロニムス・ボッシュ（一五〇五―〇六年作の油画「聖アントニオスの誘惑の三連祭壇画」はリスボン国立美術館）、マティアス・グリューネヴァルト（一五一五年作の油彩「聖アン

トニオスの誘惑」図4-19はフランスのコルマール美術館)、ヨアヒム・パティニール(制作年不詳の油彩「聖アントニオスの誘惑」はプラド美術館)、ニクラウス・マヌエル・ドイッチュ(一五二〇年作の「聖アントニオスの誘惑」はベルリン美術館)、コルネリス・コルネリッツ・クンスト(一五三〇年作の油彩「修道士聖アントニオスの生涯の諸場面」図4-22はライデンの市立美術館)、アンニバーレ・カラッチ(一五九七-九八年作の油彩「修道士聖トマスの誘惑」はロンドンのナショナル・ギャラリー)、スルバラン(一六四〇年以降作の油彩「修道士聖アントニオス」はフィレンツェのウフィツィ美術館)、アレクサンドル・ルイ・ルロワール(一八七一年作の油彩「聖アントニオスの誘惑」は個人蔵)

悪魔の誘惑にさらされたことで有名なアントニオス

アントニオスはしばしば悪魔の誘惑にさらされたことで有名です。荒れ野や砂漠は都会とは違います。都会にはいろいろな誘惑があります。それとの対比で、荒れ野や砂漠には誘惑がないと想像されがちですが、それは大間違いのようです。荒れ野に入って行ったイエスはそこで四〇日間も滞在したそうですが、悪魔の誘惑をいろいろ受けました。イエスはなぜ悪魔の誘惑がある荒れ野に入って行ったのでしょうか?

アントニオスの生涯の下敷きになったものは

ウォラギネは結構な紙幅を費やしてアントニオス（二五一頃―三五六）の生涯を語りますが、彼が下敷きにしたのはアタナシオス（二九五頃―三七三）と呼ばれる教会の物書きが書き残した『アントニオス伝』です。アタナシオスはアントニオスを個人的に知っていたためでしょう、彼が亡くなって間もなくすると、アタナシオスは彼の伝記と称するものを著します。この書物は、現在、平凡社の『中世思想原典集成1――初期ギリシア教父』で読むことができるので、興味のあるお方は是非お手に取るようお勧めいたします。

わたしはこのシリーズに収められている教会の物書きたちの著作をすべて買いそろえております。何年もかけてですが、少しずつ読み続けております。教会の物書きたちの思考に見られる神学的パターンを取り出せたらと願って読み続けております。彼らの考え方に共鳴することは殆どありませんが、それでもそれは『黄金伝説』の世界の思考と結びつくものとなるのですから、こちらの研究もそれなりに大切なものとなります。新約聖書の外典文書を学んだら、それなりの覚悟をもって、こちらにお進みになることをお勧めいたします。

さて、アタナシオスによれば、アントニオスは二五一年頃に中部エジプトのコマと呼ばれる村で生まれます。彼は二〇歳を過ぎた頃、何もかも捨てて荒れ野の中で独住修道士の生活に入ります。何もかも捨てることが大事なようですが、荒れ野の洞窟生活でのハイライト部分は何と言っても悪魔の誘惑であり、それとの戦いです。中世の人たちはこの『アントニオス伝』を下敷きにした『黄金伝説』で、悪魔の誘惑とアントニオスの戦いを知ったわけです。

画家たちの好きな悪魔の誘惑

悪魔の誘惑に抗するアントニオスに魅せられた画家は結構な数に上ります。その絵を眺めておりますと、人間は、と言うよりは、キリスト教徒は基本的には悪魔が好きなことが分かります。彼らは天使も好きですが、それ以上に悪魔が好きなようです。わたしが書いた『天使と悪魔』(青土社刊)をご覧頂ければ幸いです。

では、図像を紹介しながら、その背後にある『黄金伝説』を紹介いたします。

最初はマティアス・グリューネヴァルト(?—一五二八)が一五一五年に描いた「聖アントニオスの誘惑」と題する作品です(図4-19)。みなさん方はどこかで一度はこの絵をご覧になっているのではないかと思われます。

『黄金伝説』によると、あるときアントニオスが墓穴の中で寝ていると、悪霊の大群が押しかけてきたそうです。そのときの悪霊たちは、「さまざまな身の毛もよだつような動物の姿をしてあらわれ、角や歯や爪でふたたび見るも無残に彼を引っ掻きまわした」そうです。ご覧いただいているグリューネヴァルトの作品はこの場面を描いたものです。

左下に描かれた悪霊は、荒れ野の中で孤独な生を営むアントニオスの力の源泉になっている聖書を彼から奪い取っておりますが、アントニオスの時代に印刷物としての聖書があったか。答えは明白です。アナクロニズムもいいところです。アントニオスから聖書を奪った悪魔は重い皮膚病を患っております。アントニオスの右手には杖が置かれています。ギリシア文字のタウに似ているので「タウ型十字」と呼ばれることが多いようですが、「聖アントニオスの十字」とか、「エジプト十字」と呼ばれることもあります。まあ、覚えておいてもいいかもしれない豆知識です。

ベルナルディノ・パレンツァーノは、グリューネヴァルトよりも早い時期の一四九四年に、この同じ場面を描いております（図4-20）。ここではタウ型十字は認められませんが、十字架は上段の円形の中に描かれております。

アントニオスの天界行きを妨害する悪魔たち

次はマルティン・ショーンガウアー（一四四八頃－九一）が一四七〇年ころに描いた「聖アントニオスと悪魔たちの妨害」と題する彫版画です（図4-21）。『黄金伝説』によると、アントニオスは生前天使たちによって天界に連れて行かれたことがあるそうですが、彼が天界に向かう途次、そこには行かせまいとする悪魔たちの妨害に遭遇します。これはその場面を描いたものです。

もうひとつコルネリス・コルネリッツ・クンスト（一四九三―一五四四）が描いた「修道士聖アントニオスの生涯の諸場面」をお見せしましょう（図4-22）。中央下の部分にはアントニオスとキリストが描かれております。アントニオスが横になっておりますから、彼は幻の中に現れたキリストからお告げか何かを受けているようです。中央の右下部分は聖アントニオス（左）が聖パウルス（右）を訪問している場面です。この場面はすでに聖パウルスのところで紹介しております。一羽の鳥が普段の二倍の食べ物（パン）をもって降りてきますが、聖霊をあらわす鳩のような降下の仕方です。右下の場面は、修道院制度の創始者とされるアントニオスが修道士を志願する者を祝福しているところを描いております。彼は長い蠟燭を手にしております。長い蠟燭は洗礼を受ける者にも与えられ、生涯の大きなできごとの折りや、臨終のときに火をともされる大切なものです。火が消えれば、それはその人の人生が終わったことを意味いたします。中央の左上は天界に行こうとしているアントニオスとそれを阻止しようとしている悪魔たちが描かれております。画面の左上には荒れ野に向かうアントニオスが、その下では荒れ野に埋葬されるパウルスとその手伝いをするアントニオスとライオンが描かれております。

図 4-19

図 4-20

図 4-21

図 4-22

†エジプトのマリア

(1) **語られている場所**――『黄金伝説2』の第五四話
(2) **祝日**――カトリック教会では四月二日、東方教会では四月一日
(3) **守護聖人**――悔い改めた者
(4) **聖遺物の保管場所**――ローマ、レッジオ・ディ・カラブリア(イタリア半島南西端の町)、ナポリ、アントワープ他に分散
(5) **資料として言及・引用する聖書箇所**――なし
(6) **その他の資料**――なし
(7) **エジプトのマリアを描いた画家たち**――ハンス・メムリンク(一四八〇年に制作された三連祭壇画の閉じられたパネルの右部分に描かれたエジプトの「聖女マリア」図4-23はブリュージュのメムリンク美術館)、アルカンゲロ・ディ・ヤコポ・デル・セルライオ(制作年不明のパネル画「聖ヒエロニュムスとエジプトの聖女マリア」図4-24は個人所蔵)、イコン(フランスで一五世紀につくられた制作者不明のイコンは大英図書館)、ロシアのイコン(一七世紀にロシアでつくられた「エジプトの聖女マリアの生涯」図4-25)

アレクサンドリアの街角からエルサレム詣でへ

ウォラギネは『黄金伝説』の第五四話で「エジプトの聖女マリア」の物語を扱っておりますが、その冒頭で「〈罪の女〉とよばれるエジプトのマリアは、砂漠で四七年のあいだ苦行の生活をおくった。この生活をはじめたのは、主の紀元二七〇年、クラウディウス帝の時代である」と述べております。冒頭いきなり「罪の女」です。『黄金伝説』で「罪の女」といえば、多くは、春をひさぐ女性を指します。物語によれば、彼女は一二歳のときからアレクサンドリアの街角で立ちんぼをして男を拾っていたというのです。

あるとき彼女はエルサレム詣でをいたします。アレクサンドリアから船に乗って出かけますが、そのときの船賃は船乗りに体を差し出すことでタダにしてもらいます。エルサレムに到着しても彼女は教会の中にすんなりと入ることはできません。彼女は自分が不浄の身であることに気づくと、聖母の絵に向かって痛悔の涙を流します。するとそこで「あーら不思議」現象が起こります。今度は他の者たちと同じようにして教会に入ることができたのです。

ヨルダン川を越えて砂漠の中へ

彼女は教会を出るとヨルダン川を越えて砂漠の中へ入って行きます。そのとき彼女はエルサレムから三つのパンを携えますが、それからの生活では三個のパンで十分だというのです。砂漠の中で暮らしていた四七年目の、ある日のことです。彼女はゾシモスと呼ばれる修道院長に出会います。そのときの彼女は日に焼けて真っ黒、おまけにすっぽんぽん状態でしたが、そのあたりの描写はここではカット。彼女は聖体拝領をゾシモスに願い出ます。一年後ゾシモスはその準備をして彼女のもとを訪ねますが、彼女はゾシモスとはじめて言葉を交わした場所で倒れて死んでおります。ゾシモスはせめて埋葬だけでもと思って土を掘り始めますが、高齢のため力が出ません。するとそのとき、一頭のライオンが現われて土を掘り、ゾシモスに代わって墓をつくったというのです。聖パウロスの埋葬のときにもライオンが登場しました。古代キリスト教世界においてはライオンは墓掘り人夫の仕事を自ら引き受ける珍獣であったようです。

砂漠での四十余年間の生活を支えたのは三個のパン

画像を見ましょう。

最初はハンス・メムリンクが一四八〇年に制作した三連祭壇画です。この左右のパネルを閉じたときに見ることができるパネルの右部分にマリアが描かれております（図4-23）。この絵は『黄金伝説』に忠実です。彼女が砂漠での食べ物とした三個のパンが描かれているからです。髪の毛が長いのは荒れ野での生活の長さを物語ります。彼女が裸なのは、『黄金伝説』にそう書かれているからです。左側に描かれた女性はポルトガルの王の娘で

ます。彼女はあごひげのおかげで、男を寄せ付けることがなかったそうですが、国王の怒りを買い、十字架に架けられたというのです。ここでの十字架はタウ型十字です。

次は個人所蔵の「聖ヒエロニュムスとエジプトの聖女マリア」と題する作品です（図4-24）。制作者はアルカンゲロ・ディ・ヤコポ・デル・セルライオ（一四七七頃―一五三〇）です。右のパネルには聖女マリアが描かれております。左側のパネルに描かれている人物はゾシモスと想像しがちですが、さにあらず聖ヒエロニュムスです。この人物がヒエロニュムスであることを示すのは二つの属性（アトリビュート）です。ひとつは下段に描かれた枢機卿の赤い帽子です。ヒエロニュムスはこの帽子をかぶっていたとされます。もうひとつはこの人物の後ろに描かれているライオンです。なぜライオンとヒエロニュムスなのでしょうか？　それは次回の講義でお話しいたします。

ヒエロニムスがここで描かれているのは、彼がベツレヘムの修道院の院長になる前に砂漠で修行したからです。ここではその修行場所が彼女と同じ場所であったと想像されているのです。それからヒエロニュムスの背後に見える十字は「族長十字」と呼ばれるものです。二本の横棒の上の方は、イエスが十字架に架けられたときローマ総督ピラトの命令で「ユダヤ人王、ナザレのイエス」と書かれた板きれが縦棒に打ち付けられましたが、その板きれを表すとされます。

ロシア正教で崇敬されるマリア

ロシア正教では、この「エジプトの聖女マリア」は聖母マリアについで崇敬される女性だそうです。このことは今回はじめて知りました。知らないことが多すぎて恥じ入ります。「こんなことも知らないで」と指弾されそうです。

マリアの生涯を描いた作品

次はエジプトの聖女マリアの生涯を描いたもので（図4-25）、右上から左に向かって進みます。最初の二枚の絵はアレクサンドリアの売春宿の前で男を誘い込もうとするマリアを描いております。次は帆船でアレクサンドリアからエルサレムに向かうマリアです。ここでの帆船はナイル川に浮かぶ帆船を思い起こさせるものです。その次はマリアはエルサレムでも相変わらず男を相手にしております。男は彼女に「ハウ・マッチ？」と聞いております。いくらぐらいで売りつけたのでしょうか、知りたいものです。左端のひとこまは、教会の中に入れないでいるマリアを描いております。二人のマリアが描かれているのは、教会に二度も入れなかったことを示しております。ここから先は悔い改めのマリアです。この絵の下にはヨルダン川を手こぎの舟で渡るマリアが描かれております。

一糸まとわぬ裸の砂漠生活

次にはそこから右に目をやってください。ヨルダン川の東に上陸したマリアです。春をひさぐためのけばい服装を改め、白い着衣です。しかし四七年間の砂漠生活では、その着衣もいつしかボロボロとなり、彼女は裸で暮らすようになります。ここでまた左の手こぎ舟の下の絵に目をやってください。そこには「聖なる族長たち」に出会えぬものかと考えて砂漠の中に入ってきた修道院の院長ゾシモスが裸のマリアに出会った場面が描かれております。院長のゾシモスは、創世記に登場する聖なる族長ではなくて、一糸まとわぬ裸の女に出会ってしまったのです。ゾシモスの驚きは察してあまりあるものです。再び右です。その正体を知ろうと彼女を追いかけるゾシモスが描かれております。『黄金伝説』によると、彼女の正体を知ろうとするゾシモスにたいして、彼女は「女の身でありながら、身になにひとつまとっておりません。どうぞ、院長さまのマントをお貸しください」と訴え、そのためゾシモスが彼女に自分のマントを貸します。それが右の絵です。そのあと、ゾシモスは初対面の二人はそこではじめて挨拶を交わします。それが左に描かれております。ゾシモスは彼女が行う奇跡に驚き彼女の前にひれ伏すのです。それが次の左下場面です。次の二つは、ゾシモスが彼女のために聖体拝領をしている場面です。そして最後の二つは、彼女の死とライオンが彼女のために土を掘り、墓を用意する場面です。

図 4-24

図 4-23

図 4-25

†コンスタンティヌスの母ヘレナ

(1) **語られている場所**——『黄金伝説2』の第六四話「聖十字架の発見」と『黄金伝説3』の第一二九話「聖十字架称賛」

(2) **祝日**——八月一八日はヘレナを記念する祝日、五月三日（聖十字架の発見、この祝日は一九六〇年に廃止）、九月一四日（聖十字架称賛）

(3) **守護聖人**——織物職人や釘職人

(4) **聖遺物の保管場所**——聖十字架の断片と称するものはコンスタンティノポリス他の町々の教会

(5) **資料として言及・引用する聖書箇所**——（聖十字架の発見）エペソ人への手紙

(6) **その他の資料**——（聖十字架の発見）ニコデモによる福音書、ヨハネス・ベレトの著作、聖書物語、トゥールのグレゴリウスの著作、アウグスティヌスの著作、三部教会史、教会史、聖シルウェステル伝、ローマ教皇記、アンブロシウスの著作、ヒエロニュムスの『ヘブル人年代記』、カイサリアのエウセビオスの著作（『教会史』）

(7) **ヘレナと十字架の発見を描いた画家たち**——アーニョロ・ガッディ（一三八〇年作の

油彩「本物の十字架の発見」はフィレンツェのアカデミア美術館)、ピエロ・デッラ・フランチェスカ(一四五五年頃作の「聖十字架伝説のヘレナ」図4-26はアレッツォ、サンフランチェスコ聖堂)、チーマ・ダ・コネリアーノ(一四九五年頃作の油彩「聖女ヘレナ」はワシントンのナショナル・ギャラリー)、ルーカス・クラーナハ(一五二五年作の油彩「聖女ヘレナ」はシンシナティ美術館)、ティントレット(制作年不詳の油彩「十字架を崇敬する聖女ヘレナと聖女バルバラ」はミラノのブレラ美術館)、パオロ・ヴェロネーゼ(一五七五―七八年作の油彩「聖女ヘレナの幻」図4-27はロンドンのナショナル・ギャラリー/一五八〇年作の油彩「聖ヘレナの幻」はヴァチカン宮絵画館)、アンドレア・ボルギ(一六二九―三九年作の大理石像「聖女ヘレナ」図4-28はサンピエトロ大聖堂)、ジョヴァンニ・バティスタ・ティエポロ(一七四五年頃作の油彩「本物の十字架の発見」はヴェネツィアのアカデミア美術館)

カトリック世界と聖遺物崇敬の伝統

西欧カトリック世界には「聖遺物崇敬」というひとつの伝統があります。ここでの遺物とは「聖人と見なされた人物がその死後に残したもの」とでも定義できるでしょうが、聖人と見なされた人物の遺物ですからそれは聖なる遺物となります。

福音書が記す聖遺物崇敬のはじめ

ヨハネ福音書の第一九章の二三節以下によりますと、ローマ兵たちはイエスを十字架に架けるとその服や下着を奪い取ったそうです、わたしは、この記事を聖遺物崇敬のはじまりを示唆するものと見なしておりますが、西欧カトリック世界での聖遺物崇敬の歴史を知るには、『黄金伝説』で語られるヘレナの「聖十字架の発見」物語を頭に叩き込んでおくことが必要です。なぜならば、聖遺物収集やそれへの崇敬が本格的にはじまったのはヘレナ以降だからです。

ヘレナは熱心なキリスト教徒

ヘレナは、三一二年にローマ帝国の西の正帝となり後に東西に分裂していたローマ帝国を統一したコンスタンティヌスの母（二五〇頃―？）です。彼女がキリスト教へ帰依するようになった時期は分かりませんが、コンスタンティヌスが分裂したローマ帝国を統一したころには非常に熱心なキリスト教徒になっていたとされます。多分、そうでしょう。

ヘレナと巡礼

ヘレナはコンスタンティノポリスから陸路はるばるパレスチナに巡礼にやって来ます。それは、多分、彼女自身の身の安全のためにも大勢のお付きの者をしたがえた大名旅行であったと想像されます。とはいえ、彼女の旅の性格は巡礼の旅であったことには間違いありません。

エルサレムで、ベツレヘムで

その旅は、エルサレムやベツレヘムなどキリストに縁《ゆかり》のある地を見て回ることでしたが、彼女がガリラヤに足を運んだとする伝承や言い伝えはどこにもありません。要するに彼女にとって興味があり、崇敬の土地となったのはキリストの誕生の地ベツレヘムと終焉の地エルサレムであり、その間の土地はすっぽりと抜け落ちているわけです。当時の教会のキリスト理解を示すもので、ガリラヤの抜け落ちは興味深いものです。ヘレナが訪れたときのエルサレムはローマの異教の神殿が建つ町でしたが、そもそもエルサレムの名前は消えて久しく、アエリア・カピトリーナの名前が紀元一三五年以降二〇〇年もの長きにわたって幅を利かしていたのです。多分、彼女は自分が想像していたエルサレムと違うことに大きな衝撃を受けたと思われます。

彼女のガイド役を買って出たエルサレムの司教は、ローマの女神ヴィーナス（＝ギリシア神話のアフロディテ）に捧げられた異教の神殿を指して、「あの下にキリストさまが架けられた十字架があるはずです」とか何とか口にしたかもしれません。しかし、そこを掘り返すことを老女ヘレナが口にすることはなかったのではないでしょうか？　もちろん、アエリア・カピトリーナにはローマの軍団が駐在していたでしょうが、既存の神殿を解体し、その下を掘り起こす作業の命令を彼女が下せるはずがありません。彼女は巡礼が終わるとコンスタンティノポリスへ何もすることなしに帰国したはずです。

キリストが架けられた本物の十字架？

ところが、帰国してしばらくして、あるいはかなりの歳月が経ってから、もしかして彼女が亡くなってからのことかもしれませんが、彼女がエルサレムでキリストが架けられた十字架を発見し、それをコンスタンティノポリスへ持ち帰ったとする話がつくられ、また十字架に打ち付けられてあった釘でコンスタンティヌスはヘルメットをつくり、それをかぶったおかげで、彼はそれからの戦闘で連戦連勝したといった話もつくられ、流布されるようになります。

聖遺物商の高笑い

ここでエルサレムから持ち帰ったとされる十字架は、なにしろキリストが架けられた十字架と同定されたのですから、聖なる十字架へと大化けいたします。コンスタンティノポリスの聖遺物商は笑いがとまりません。彼らは十字架で一儲けも二儲けもすることができるようになったからです。そしてさらに後になると、そのときのヘレナはエルサレムやベツレヘムからキリストに関係するいっさいの物を見つけ出し、それをコンスタンティノポリスに持ち帰ったという話もまことしとやかにつくられます。たとえば彼女はキリストがその上に寝かされた飼い葉桶のわらを持ち帰ったとか、聖母が授乳したときに使用した容器も持ち帰ったとされます。ここら辺りになりますと、こういう話をつくったのは聖遺物商であることは明らかです。コンスタンティノポリスは聖遺物商の栄える町となります。聖遺物商の商売は、現代であれば詐欺罪で立件されるでしょうが、聖遺物がどこそこの教会や聖堂にあるということで、大勢の者がそこを訪れるようになりますから、それが詐欺的な行為であるなどと想像する者はおりません。また町に聖遺物を所有する教会や聖堂がいくつもあれば、その町は経済的に潤うことになりますから、町の役人たちが聖遺物商を「あこぎな商売だ」と非難することはありません。

ザクセン侯は五〇〇〇以上の聖遺物の収集家

ここで話はいきなり宗教改革のマルティン・ルターに飛びますが、彼が九五か条の提題を張り付けた教会はザクセン侯フリードリッヒ三世の収集した聖遺物で有名でしたが、その数は、宗教改革の直前の一五〇九年ころまでには、何と五〇〇〇を超えていたというのです。この事実を背景に、なぜルターがこの教会に九五か条の提題を貼り付けたのかを考えてみたいものです。

『黄金伝説』の中の第六四話「聖十字架の発見」は、エウセビオスの『教会史』に接続する教会史を著したソークラテース・スコラスティコスや、ソーゾメノス、テオドレートスと呼ばれるビザンチンの教会史家たちは「十字架発見」の物語を再話しますが、不思議なことに、コンスタンティヌスにもっとも近かった教会の物書きエウセビオスが「ヘレナによる十字架発見」の物語をどこにも書き残していないことです。したがって、学問的手続きを踏んでこの十字架発見物語を否定する場合には、この事実が持ち出されるわけですので、これは覚えておいてください。（拙訳『コンスタンティヌスの生涯』〔京都大学学術出版会〕の「付録――関連資料集」はヘレナの十字架発見を伝える上記三人のビザンチンの教会史家の報告を紹介しております）。

聖十字架伝説を描いた画家たち

図像を見ましょう。

最初は、みなさん方がどこかで一度は目にしておられるピエロ・デッラ・フランチェスカが一四五五年頃に制作した「聖十字架伝説のヘレナ」と題する作品です（図4-26）。横に伸びた画面には全部で三本の十字架が描かれております。キリストが架けられた十字架、そして二人の強盗が架けられた二本の十字架です。発掘された三本の十字架のうちの一本、すなわちキリストが架けられた十字架を特定しなければなりません。『黄金伝説』によれば、特定の方法はいとも簡単です。亡くなったばかりの若者を連れて来て、三本の十字架を順次彼の上にかざせばよいのです。本物の十字架がかざされれば、亡くなった若者は息を吹き返すはずだとされます。事実その通りのことが起こり、若者は息を吹き返して起き上ったというのです。その十字架こそがキリストが架けられた十字架とされたのです。ご覧いただいている画面の右半分はその場面を描いたものです。十字架の右側には蘇った若者が、十字架の左側にはぬかずいているヘレナの姿が認められます。

次はパオロ・ヴェロネーゼが一五八〇年に制作した油彩「聖ヘレナの幻」です（図4-27）。こちらはヴァチカン宮絵画館で見ることができますが、同じ画題の作品がロンドンのナショナル・ギャラリーにもあります。彼女が幻の中で見ている十字架が右端に描かれています。ウォラギネの物語から想像すれば、ヘレナがかりに十字架の幻を見たとしても、それは八〇歳近くのことですから、これは若づくりもいいところです。わたしはどういうわけかこの絵のヘレナが好きです。その顔には人生の退屈感《アンヌイ》がよく表現されております。

次はサンピエトロ大聖堂に足を運んで、中できょろきょろしていれば必ず目に飛び込んでくるアンドレア・ボルギ作の大理石像の「聖女ヘレナ」です（図4-28）。わたしはこの大理石像をじっくりと鑑賞したことはこれまでただの一度もありません。いつもこの大聖堂で横行しているスリたちの名人芸に目を奪われるからです。ウエブ上で「聖女ヘレナ、写本」（St. Helen, manuscript）と入れて検索してみてください。一四世紀や一五世紀につくられたラテン語の写本に挿入された聖女ヘレナを見ることができます。

図 4-26

図 4-28

図 4-27

†シルウェステル（教皇在位三一四―三三五）

(1) **語られている場所**――『黄金伝説1』の第一二話
(2) **祝日**――一二月三一日
(3) **守護聖人**――教皇領、よき収穫、愛玩動物
(4) **聖遺物の保管場所**――モデナ近くのノナントラの修道院
(5) **資料として言及・引用する聖書箇所**――詩篇、創世記、イザヤ書、ザカリア書、エズラ記、エレミア書、集会の書、箴言、申命記
(6) **その他の資料**――エウセビオスの著作、『ゲラシウス教令集』
(7) **シルウェステルを描いた画家たち**――マーゾ・ディ・バンコ（一三四〇年頃に描かれたフレスコ画「教皇聖シルウェステルの奇跡［＝教皇聖シルウェステルとドラゴン退治］」**図4-31**はフィレンツェのサンタ・クローチェ教会）、ラファエロ・サンツィオ（一五二〇―二四年作の「コンスタンティヌスの洗礼」**図4-29**はヴァチカン宮のコンスタンティヌスの間）、ポマランチオ（制作年不詳の油彩「コンスタンティヌスに洗礼を授ける教皇聖シルウェステル」**図4-30**はローマのサン・ラテラノ・イン・ラテラノ聖堂）

シルウェステルは第三三代の教皇で、その在任期間は三一四年から三三五年までです。彼以前の教皇ばかりか、その後の第八〇代までの教皇もずらずらと聖人扱いされるのですが、面白いことにウォラギネは『黄金伝説』で教皇をあまり取り上げません。確かに、第五八話で教皇マルケリヌス（在位二九六—三〇四）を取り上げ、また第八三話以降でレオ一世（在位四四〇—四六一）をはじめとする幾人かの教皇を取り上げておりますが、それでも彼の時代（一二三〇—九八）までに輩出した聖人とされた教皇の数は九〇人ですから、聖人教皇の取り上げ方は非常にかぎられていると指摘できるかもしれません。

先述のとおり第八一代のベネディクトゥス二世（在位六八四—八五）までは八〇人の教皇全員が無条件で聖人とされておりますから、一世紀から七世紀の終わりまでの時代は「すべての教皇を聖人扱いする粗製濫造の時代」と命名できるでしょうが、それ以後ウォラギネの時代までの六〇〇年間は一一〇人の教皇のうち一五人しか聖人とはされておりません。さらにウォラギネが生きた時代には一五人の教皇が輩出しましたが、だれひとり聖人にはされておりません。教皇の質ががくんと落ちたのでしょうか、それとも？

ほとんど知られていないその生涯

ローマ教皇シルウェステルの生涯はほとんど知られておりません。知られているのは、キリストが神であるならばいかなる意味においてそうであるかを議論した第一回のニカイアの公会議（三二五年）に彼自身は出席せず特使を派遣したことです。彼がラテラノ大聖堂を建てたのも史実とされますが、これら二つのこと以外はナーンも知られておりません。しかしウォラギネはこの人物の生涯にかなりの紙幅を割きます。資料はすべて後の時代につくられたカトリック教会にとって都合のよい話ばかりです。その中には教皇権を皇帝権よりも優位なものにするために捏造された文書もあります。たとえば、八世紀にフランスに登場した「コンスタンティヌス大帝の寄進状」です。この偽文書の作者は、ラテラノ宮殿や、ローマおよびイタリア全土の支配権はコンスタンティヌスがシルウェステルに寄進したものであると申し立てたのです。

寄進物語の背景となるもの

図像を使いながら、寄進物語の背景となるものを紹介いたします。『黄金伝説1』の第一二話「聖シルウェステル」の物語によると、コンスタンティヌスは最初キリスト教徒を迫害する者であり、そのため病にかかりますが、シルウェステルが洗礼を授けるとそれが癒され、以後コンスタンティヌスは教会のためにさまざまな善行を行ったというものです。コンスタンティヌスがシルウェステルにより洗礼を受ける場面を描いたラファエロ・サンツィオの絵（図4-29）とポマランチオの絵（図4-30）をお見せいたします。洗礼を授ける教皇シルウェステルの前で、コンスタンティヌスは王冠を外しております。教皇は教皇冠をかぶっております。コンスタンティヌスは教皇シルウェステルに臣従のかたちです。なおわたしは、コンスタンティヌス大帝は東西に分裂したローマ世界をキリスト教によって統一しようとしましたが、彼自身は生涯キリスト教徒になることはなかったとしますが、詳しい議論は拙訳『コンスタンティヌスの生涯』に付した解説をご覧ください。

ドラゴン退治をしたシルウェステル

次にお見せするマーゾ・ディ・バンコが一三四〇年頃に描いたフレスコ画「教皇聖シルウェステルの奇跡」です（図4-31）。「教皇聖シルウェステルとドラゴン退治」の名でも知られている作品です。『黄金伝説』が伝える物語は次のようなものです。ある日「偽りの神々」に奉仕する二人の祭司がコンスタンティヌスの前に出ると、皇帝がキリスト教徒になって以来、洞窟に住むドラゴンが毎日三〇〇人以上の人間を食べていると訴えます。皇帝はドラゴン退治のことで教皇シルウェステルに助言をもとめると、教皇は自分の手でドラゴン退治を行ってみせると約束し、自らドラゴンの住む洞窟に降りて行きドラゴンを縛りあげるのです。教皇に同行した異教の祭司はドラゴンの毒気《どっき》にあたって死んだようになりますが、無事に外に連れ出されて蘇生します。息を吹き返した祭司は以後彼らの神々を捨ててキリスト教徒になりました。お見せする一点はこの物語を描いたものです。

図 4-29

図 4-30

図 4-31

†アンブロシウス（三三七頃―三九七）

(1) 語られている場所――『黄金伝説2』の第五五話
(2) 祝日――一二月七日
(3) 守護聖人――ミラノ
(4) 聖遺物の保管場所――遺体はミラノのサンタンブロージョ教会
(5) 資料として言及・引用する聖書箇所――ヨブ記、マタイ福音書
(6) その他の資料――ノーラの司教パウリヌスの著作、エウセビオスの『教会史』、『三部教会史』、ヒエロニュムスの著作、アウグスティヌスの『妻および婚姻』
(7) アンブロシウスを描いた画家たち――ジョヴァンニ・ディ・ピアモンテ（一四五六―六六年作のフレスコ画「聖アンブロシウス」はアレッツォのサンフランチェスコ）、アンブロジオ・ベルゴニョーネ（一五一四年作のパネル画「諸聖人と一緒の聖アンブロシウス」はパヴィアのケルトサ）、アンソニー・ヴァン・ダイク（一六一九―二〇年作の油彩「ミラノの聖堂への皇帝テオドシウスの入場を拒否する聖アンブロシウス」図4-32はロンドンのナショナル・ギャラリー）、フランシスコ・デ・スルバラン（一六二六―二七年作の油彩「聖ア

ンブロシウス」はセビーリャのセビーリャ美術館)、ピエール・スブレイラ(一七四五年作の油彩「皇帝テオドシウスに悔い改めを迫る聖アンブロシウス」図4-33はペルージアの国立美術館)

銀のスプーンを口にして

アンブロシウスはローマ市の長官である父アンブロシウスの息子として生まれました。これはもう銀のスプーンを口にして生まれたようなもので、幼い頃から英才教育を受けたようです。最初は父にならって政治家になろうとしましたが、三七四年にまだキリスト教徒になる前にミラノの司教に推挙されます。キリスト教徒になる前に推挙されれば司教になれるのも驚きですが、やがて洗礼を受けます。

司教としての業績は

司教としての彼の業績は、(1)正統信仰を護持し、(2)アリウス派などの異端を相手にして戦い、そして(3)皇帝権にたいする教皇権の優位を主張して一歩も譲らなかったことだったと、『黄金伝説』の日本語訳者は解説してくれます。

ウォラギネはこの聖アンブロシウスに、異端のアリウス派と戦った闘士として、また皇帝テオドシウスを相手に一歩も引かなかった教会人として最大の敬意を払っております。ウォラギネが挙げる後者の例は、テッサロニケの町で暴動が起こって、町の裁判官が投石で殺される事件についてです。皇帝テオドシウスはこの事件に非常に怒って、「住民を皆殺しにせよ」と命じ、そのため約五〇〇〇人の市民が殺されます。この事件の後、皇帝はミラノの町を訪れ、教会に入場しようとすると、アンブロシウスが教会の玄関口に立ち、皇帝の入場を断固として拒否するのです。この話はまだつづくのですが、ここでの話は実際にあった出来事から生まれたものです。わたしが少しばかり調べた話とはこういうものです。三八八年にメソポタミアのカルリニクムと呼ばれる町の住民たちが土地の司教や修道士たちに扇動されてユダヤ人のシナゴーグを襲撃します。皇帝のテオドシウスは破壊されたシナゴーグの再建は司教を含む暴徒たちの経済的負担で行うと命じます。しごくまっとうな命令ですが、それを聞いたアンブロシウスはただちに皇帝に書簡を送り付け、これは「神の栄光」に関わる問題であり、それゆえ自分は黙過することはできないと強い調子で抗議し、その命令を撤回させたというのです。これが真相であって、この真相からキリスト教的な話がつくられ、カルリニクムの出来事がテッサロニケの事件に化けるのです。ウォラギネはそれをどこかで読み、知ったようです。

教皇権は皇帝権よりも上位なり

わたしはウォラギネが紹介するテッサロニケの事件に関係する絵を見たいと思ってロンドンのナショナル・ギャラリーに足を運んだことがあります。ありましたよ。アンソニー・ヴァン・ダイク（一五九九－一六四一）が描いた「ミラノの聖堂への皇帝テオドシウスの入場を拒否する聖アンブロシウス」と題する絵です（図4-32）。わたしは普段絵の大きさにはあまり関心を払いませんが、この絵が小振りの作品であることに驚きました。しかし、小振りであっても、絵の内容はくらくらとするほど強烈でした。ヴァン・ダイクは『黄金伝説』にどこまでも忠実でした。ミラノの聖堂の入り口前に立つアンブロシウスは司教冠をかぶっておりますが、皇帝テオドシウスは無冠です。皇帝は聖堂への入場を認めてもらおうとして少しばかり腰を折っております。一方のアンブロシウスはきらびやかな司教の祭服をまとっておりますが、皇帝はみすぼらしい服装です。この絵が発するメッセージは明白すぎるほど明白です。教皇権は皇帝権よりも上位にあるというものです。『黄金伝説』にもとづく絵は他にもあります。たとえば、ピエール・スブレイラ（一六九九－一七四九）が描いた「皇帝テオドシウスに悔い改めを迫る聖アンブロシウス」と題する作品です（図4-33）。この絵でも皇帝テオドシウスと聖アンブロシウスは対比的に描かれております。「聖アンブロシウス」の肖像画も多数描かれておりますが、わたしが見るところ、どれも教会権力の最高位に立つ人物といったところで、自信満々の様子です。

図 4-32

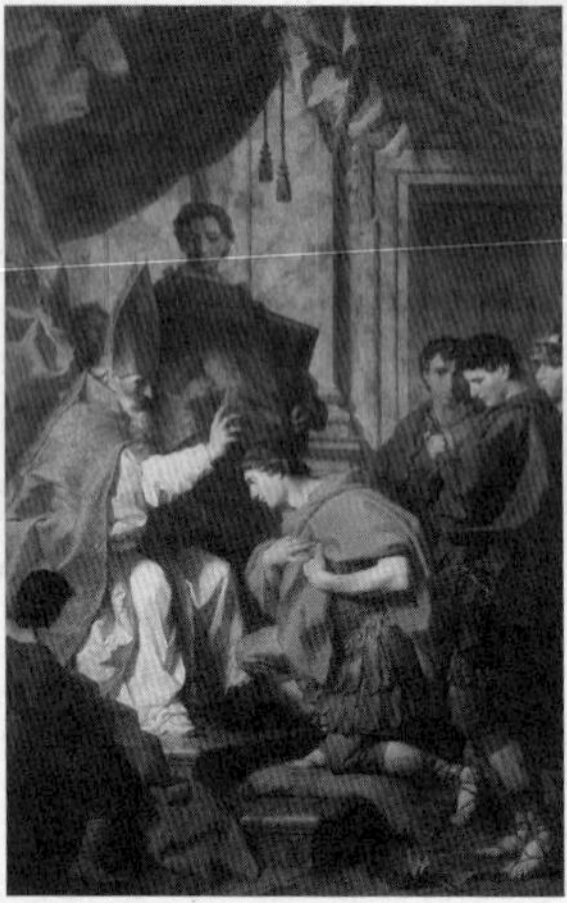

図 4-33

第5回講義

3―5世紀の聖人・聖女たち

奇跡行者のニコラウス
ヒエロニュムス
パウラ
アグネス
ラウレンティウス
ウィンケンティウス

わたしはこの講義の前一か月銀座に通い詰めました。銀座のバーに好きな女性ができたからではなくて——そうだったらいいのですが——、銀座のアップル・ストアでipadの使い方を教えてもらうためです。

わたしは基本的にはアナログ人間で、その証拠に携帯電話を未だに持っておりません。しかしipadは別です。これは大学の職員の有志が退職記念にと贈ってくれたのです。そのため手つかずの放置しっぱなしでは贈ってくれた人たちに失礼です。それに彼らは文末に「ipadから返信」と記されたメールをもらいたがっているにちがいありません。そこで少しばかり学ぶことにしたのです。

学んだのはアプリの引き出しかたで、わたしはさっそくBBCやCNNのニュース番組を引き出して登録しました。オウム真理教の逃亡犯の高橋某が逮捕されたのは二〇一二年六月一五日の昼近くでしたが、わたしが三時近くにCNNのニュース番組を開いたときにはすでに速報として掲載されており、あわててテレビに切り替えました。後日知ったのですが、この高橋某はいまだに麻原某の写真を持ち歩いていたそうですから、彼にとって麻原の写真は「聖遺物」かそれに準ずるもので、もしかして取り調べが進めば、麻原某の毛髪の一本や二本を隠しもっていることが判明するかもしれません、そのためには取調官が聖遺物についての概念を正しくもっていなければ、見過ごしてしまうでしょう。

わたしは聖遺物を崇敬の対象とする宗教をカルト宗教と定義しますが、もしオウム真理教がカルトであれば、カトリックとオウムは、聖遺物崇拝という一点でカルト宗教として一致するものがあると指摘できます。もっともこう言えば、カトリック側から猛反発を食らうでしょうが、それを覚悟でそう言っているのです。カトリックが聖遺物崇敬の宗教であることは否定できないと思われます。

銀座のアップル・ストアでは若い店員が親切に応対してくれるので大助かりですが、彼らの接客ぶりを観察しておりますと、少しばかり心配になります。どの店員も「アップル教」という新興宗教にかぶれているように見えるからです。店に飛び込んできた者をなんとしてでも「アップル教」へ改宗させようとするからです。誰も彼もが笑顔を浮かべて挨拶してくれます。誰も彼もが熱心です。誰も彼もが親切です。しかし同時に、誰も彼もが没個性的なのです。ここが不安です。大学で三十何年教えて分かったことは、没個性的な学生は社会に出てもあまり伸びないということです。大学在学中、教師や大学にさまざまな迷惑をかける学生がおります。彼らは社会に出るとまちがいなく伸びます。これは本当です。一方で彼らアップルの若者たちのサービスを受けながら、他方で没個性が要求される環境で働かされる若者たちを憐れまねばならないのですから、わたしはときどき複雑な気持ちにさせられます。

†奇跡行者のニコラウス

(1) 語られている場所——『黄金伝説1』の第三話
(2) 祝日——一二月六日
(3) 守護聖人——船乗り、パン職人、商人、弓を射る者、子供、フランスやイギリスの教会
(4) 聖遺物の保管場所——不明
(5) 資料として言及・引用する聖書箇所——なし
(6) その他の資料——メトディオスの著作
(7) ニコラウスを描いた画家たち——アンブロジオ・ロレンツェティ（一三三二年頃作のテンペラ画「聖ニコラウスの生涯の諸場面」はフィレンツェのウフィツィ美術館）ジェンティーレ・ダ・ファブリアーノ（一四二五年頃作の油彩「三人の処女の娘のための持参金」図5-1はヴァチカン宮美術館）、フラ・アンジェリコ（一四四七―四八年作のテンペラ画「聖ニコラウスの物語」図5-2はヴァチカン宮美術館）、制作者不明（一五一五年頃作の「黄金の玉を投げ込む聖ニコラウスと嵐に遭った舟を救う聖ニコラウス」はデーベルンのザンクト・ニコライ教会の聖ニコラウス礼拝堂の祭壇画）、ロレンツォ・ロット（一五二九年制作

の油彩「聖ニコラウスの栄光」はヴェネツィアのサンタ・マリア・デル・カルミニ教会)、パオロ・ヴェロネーゼ(一五八〇―八二年作の「ミュラの司教に任命された聖ニコラウス」はヴェネツィアのアカデミア美術館)、制作者不詳(一八世紀につくられた「聖ニコラウス」のイコンはロシアのカレリアのキッツィ修道院)

ニコラウスの生涯は奇跡物語だらけ

聖ニコラウスはだれでもが知っているサンタ・クローズのことです。サンタ・クローズのサンタは「聖人」の意ですから、わたしたちが一二月に入って「サンタさん、サンタさん」と気安く口にするとき、「聖人さん、聖人さん」と連呼していることになります。わたしたち日本人はサンタ・クローズを知っていても、彼が畏れ多い聖人であることは承知していないのではないでしょうか? ウェブに「サンタ・クローズ」と入力すると、ケンタッキー・フライド・チキンのカーネルおじさんに赤服を着せ赤い中折れの三角帽をかぶらせたようなサンタ・クローズがずらずらと現れますが、それは本来の聖ニコラウスのイメージからほど遠いものです、と咳払いのひとつでもして指摘したいのですが、聖ニコラウス(生没年不詳)がどんな人物であったのか、そのイメージは『黄金伝説』を繰り返し読んでみても、聖ニコラウスのイメージは湧きません。そこで書かれているのは彼にまつわるとされる奇跡物語ばかりだからです。たとえば、こんな話です。聖ニコラウスが誕生した日に、産婆が彼に産湯をつかわせようとすると、彼はたらいのなかですくっと立ち上がってみせたというのです。生まれ落ちた瞬間の嬰児がですよ。そして水曜日と金曜日は母親の乳を一度しか吸わなかったというのです。嬰児は一日に何度も母親のおっぱいに吸い付くものですが、この嬰児は水曜と金曜は普段とは違う母乳の飲み方をしたというのです。それというのも、カトリックでは水曜日と金曜日には断食をするからです。水曜日の断食はキリストがユダに裏切られた日を覚えるためであり、金曜日の断食はキリストがその日に十字架に架けられたことを覚えるためです。嬰児ニコラウスは水曜日と金曜日の断食の意味や慣習をしっかりとたたき込まれた上でこの世に誕生したらしいのです。ほ、ほ、ほ、本当でしょうか?

幼少時代のニコラウスは、教会に通い、熱心に聖書を学んだそうです、遊び盛りの子供たちとはひと味もふた味も違っていたというのです。若いときの彼には、両親の死で莫大な財産が転がり込んできますが、彼はそれを「人間の名誉のためではなく、神をたたえるために使う」ことにし、その財産すべてを喜捨したそうです。

以上はニコラウスにまつわる誕生から若者になるまでの成長の過程の一端を示したものですが、この手の奇跡物語を他の聖人たちの幼年時代の奇跡物語と比較してみますと、そこには共通する要素があり、腰を抜かして驚く必要などなくなります。

ニコラウス物語に認められる反ユダヤ主義

すでに第3回の講義で指摘いたしましたが、『黄金物語』の作者ウォラギネは反ユダヤ主義者です。彼は説教修道会の修道士ですから、話を創り上げるのは朝飯前です。

ある日のことです。ひとりのユダヤ人がニコラウスの奇跡を目の当たりにします。そこで彼はニコラウスの像をつくり、その像に全財産を委ねて旅にでますが、留守中に泥棒たちに押し入られ、家にあった全財産がかっさらわれます。怒ったユダヤ人はニコラウスの像に手をかけて鞭で激しく折檻いたします。するとそのとき、泥棒たちのところへニコラウスが現れます。彼は全身血まみれで、彼自身が折檻を受けたかのようです。泥棒たちはニコラウスの正体を知って驚き、ユダヤ人の所へ行くと盗んだものを返します。泥棒たちは真人間になり、ニコラウスの奇跡に驚いてキリスト教に改宗したというのです。この物語に先行するのは、あるユダヤ人が多額の金をあるキリスト教徒に貸し付けた話です。キリスト教徒は借りた金を杖の中に隠しこんで知らぬ存ぜぬを決め込むのですが、彼はあるとき馬車にひかれます。彼の杖からは金貨がこぼれ落ちますが、ユダヤ人は周りの者のすすめにもかかわらず、その金貨の受け取りを拒否し、もしニコラウスさまが馬車にひき殺されたキリスト教徒を生き返らす奇跡を働けば自分はキリスト教に改宗すると言います。するとそのとき、死んだはずのキリスト教徒がすっくと立ち上がったのです。それを見たユダヤ人は洗礼を受けてキリスト教に改宗したというのです。

どちらも奇跡を目の当たりにして改宗するユダヤ人の物語ですが、ここに込められているメッセージは何なのでしょうか？　そのメッセージはダブルなものではないでしょうか？　キリストを十字架にはりつけにしたユダヤ人たちはキリストの救いを相変わらず信じようとはしていないというメッセージと、彼らの中には聖人たちのなした奇跡の話を語ればキリスト教に改宗する者も出てくるというメッセージです。

『黄金伝説』が紹介する言い伝えにもとづく絵画

最初にお見せするのはヴァチカン宮美術館で見ることができるイタリアの画家ジェンティーレ・ダ・ファブリアーノ（一三七〇頃－一四二七）が描いた「三人の処女の娘のための持参金」と題する作品です（図5－1）。この作品の背後にあるのは『黄金伝説』で語られる挿話ですが、その挿話はこうです。聖ニコラウスの隣人に、生まれは貴族だが、貧しい生活をする男が住んでおります。男には三人の適齢期の娘がおりましたが、男は彼女たちに春をひさがせて、結婚資金の捻出を考えます。女郎屋のやり手婆に堕したとんでもない父親です。隣人ニコラウスは男の窮境を知ると、遺産として転がり込んできた金（金塊）の一部を、隣人の家の窓から投げ込みます。隣人はその金で長女の結婚式を挙げますが、まだ二人の娘が残っております。それを知ったニコラウスは次にも同じく投げ込み、その次には二倍の金をまた投げ込みます。

画面の左側に、格子窓から金を放り込もうとしているニコラウスが描かれております。

わたしは最初彼が聖餐式で使用する聖餅か何か、あるいは大きな肉団子か何かを投げ込もうとしているのかと勘違いしましたが、彼は金塊を投げこもうとしているのです。すでに二つの金塊が寝台の上に投げ落とされておりますが、ここでの寝台は娘たちが嫁ぐことを暗示するものになっております。白い枕カバーは娘たちが処女であることを暗示します。寝台の脇に小びんに入った一輪の白百合を描いておいてもよかったと思われます。貧しいのですから、一輪の花で十分です。

次にお見せするのはフラ・アンジェリコがペルージアのサン・ドミニコ教会の礼拝堂のために制作した「ペルージア三連祭壇画」と呼ばれる祭壇画の裾絵《プレデッラ》のために描かれた「聖ニコラウス物語」です（図5-2）。画面は三つに仕切られております。左側の画面はキリストの誕生を描いたのではなくて聖ニコラウスの誕生を描いたものです。どうしてニコラウスだと分かるのでしょうか？ すでに述べたように、ニコラウスは生まれ落ちたとき、産婆が用意したたらいの中ですくっと立ち上がりましたが、よくよく見ればこの嬰児はたらいの中で立ち上がっております。キリストは立ち上がってはおりません。大きな違いはここです。したがってたらいの中の嬰児がニコラウスであれば、寝台の上の女性はマリアではなくて、ニコラウスの母となります。『黄金伝説』に「神は、両親の若いさかりにこの子供をおあたえになった。以後、両親は、情欲をつつしみ、神を愛して生きた」とあります。誕生したばかりのニコラウスにすでに光輪です。キリスト並かそれ以上の扱いを受けております。人びとの間で聖ニコラウスがいかに崇敬されていたかが分かります。

画面の真ん中部分は、司教の説教を聞いているニコラウスが描かれております。説教をしているこの司教はだれなのか、それについてはいろいろと推測されているようですが、『黄金伝説』はその名前を挙げておりません。中央に立つニコラウスひとりに光輪が描かれております。右の画面には金を投げ入れるニコラウスが描かれております。三人の娘がベッドの中で寝入っておりますが、父親は娘たちの行く末を案じているのでしょう、なかなか眠れないようです。

『黄金伝説』が紹介しない言い伝えにもとづく絵画

次は『黄金伝説』とは無関係のものですが、よく描かれるのでご紹介します。絵の下敷きにされたのは、非常に残酷な肉屋の主人の話です。物語によると、あるとき肉屋の主人は三人の男子を甘言を弄して自宅に誘い込むと、彼らをミンチにしてソーセージをつくり、それを売ろうとします。そのとき、この肉屋の主人の所業を見ていたのがニコラウスです。彼はミンチにされた男子たちを生き返らせるのです。別のヴァリエーションもあります。一六世紀のフランスで「聖ニコラウスの伝説」と呼ばれる子供の唱歌がつくられましたが、それによると、ある年、フランスのある地方を旱魃が襲います。そのとき肉屋の主人が三人の子を甘言を弄して自宅に誘い込むと、大きなたらいの中に入れて彼らを殺害します。彼は三人の子の肉をミンチにしてソーセージをつくり、それを売ろうとしたのです。しかしニコラウスは、祈りによって、ミンチ寸前の彼らを生き返らせるのです。この話には別バージョンがあります。それによると、肉屋の主人の餌食になったのは子供ではなくて、三人の聖職者です。肉屋は妻の入れ知恵で、聖職者たちをミンチにして「肉入りパイ」をつくろうとしたとされております。いずれにしても、子供向けの唱歌が生まれたことが面白いと思われます。親はこの唱歌を子供たちに歌わせて、学校やお使いから帰るときに寄り道をしたりしてはいけない、見知らぬ人に誘われても、それに乗ってはいけないと教えていたのです。「気いつけや、暗い夜道と肉屋の主人」。

お見せするのは作者や制作年は不明の作品です（図5-3）。左側に立って司教杖を左手にもち、右手で祈りのポーズを取っているのがニコラウスです。彼の右手に注目してください。キリストの聖痕が認められます。この聖痕はニコラウスがキリストの力で三人の子を復活させたことを暗示するものとなっております。なお、この聖痕のついた手首の色は赤色で、聖痕が付けられたとき、手首が流れ出た血で赤色に染まったことを示そうとしたものでしょうが、何か不自然です。

図 5-1

図 5-3

図 5-2

†ヒエロニュムス

(1) **語られている場所**――『黄金伝説4』の第一四〇話
(2) **祝日**――九月三〇日
(3) **守護聖人**――修徳生活を実践する者、神学部の教師や学生、各国の聖書協会
(4) **聖遺物の保管場所**――遺体はローマのサンタマリア・マッジョーレ教会
(5) **資料として言及・引用された聖書箇所**――なし
(6) **その他の資料**――エウストキウム宛ての書簡、ヨハネス・ベレトの著作、パンマキウス宛ての手紙、アウグスティヌスの手紙、聖プロスペルの年代記、アルビゲンシス宛ての手紙、イシドルスの『語源考』、聖マルティヌスの弟子セウェルスの対話
(7) **ヒエロニュムスを描いた画家たち**――フラ・アンジェリコ（一四二四年頃作のテンペラ画「悔い改める聖ヒエロニュムス」**図5-4**はプリンストン大学美術館／一四三八―四〇年作のテンペラ画「聖ヒエロニュムス」はアルテンブルクのリンデナウ美術館）、ビッチ・ディ・ロレンツォ（一四四七年頃作の「聖ヒエロニュムス」はアレッツォのサン・フランチェスコ）、アントニオ・ダ・ファブリアーノ（一四五一年作のテンペラ画「書斎での聖ヒエ

ロニュムス」はボルティモアのウォルターズ美術館)、ベノッツォ・ゴッツォリ(一四五二年作のフレスコ画「ライオンの前足の刺をぬく聖ヒエロニュムス」はサン・フランチェスコのサンジェロラモ礼拝堂図5-7)、アントネロ・ダ・メッシーナ(一四六〇年頃作の油彩「書斎での聖ヒエロニュムス」図5-10はロンドンのナショナル・ギャラリー)、ラッツァロ・バスティアーニ(一四七〇―七二年作の油彩「聖ヒエロニュムスの葬儀」はヴェネチアのアカデミア美術館/制作年不明のテンペラ画「砂漠の中の聖ヒエロニュムス」はミラノのブレラ美術館)、ドメニコ・ギルランダイオ(一四八〇年作のフレスコ画「書斎の聖ヒエロニュムス」図5-11はフィレンツェのオグニサンティ)、カルロ・クリヴェリ(一四九〇年頃作のテンペラ画「聖ヒエロニュムスと聖アウグスティヌス」はヴェネチアのアカデミア美術館)、サンドロ・ボッティチェーリ(一四九〇―九二年作のテンペラ画「悔い改める聖ヒエロニュムス」はウフィツィ美術館)、ヴィットーレ・カルパッチオ(一五〇二年作のテンペラ画「聖ヒエロニュムスの葬儀」図5-12と「聖ヒエロニュムスとライオン」図5-6はヴェネチアのスクオーラ・ディ・サンジョルジョ・デッリ・スキアヴォーニ信徒会)、アルブレヒト・デューラー(一五一四年作の彫版画「書斎の聖ヒエロニュムス」図5-8はドイツのカールスルーエの州立美術館)、シモン・ベーニング(一五一五―二〇年作のテンペラ画「悔い改める聖ヒエロニュムス」はエル・エスコリアルのサン・ロレンツォ修道院)、ルーカス・クラーナハ(一五二五年頃作の「砂漠の中の聖ヒエロニュムス」はオーストリアのインスブルック民族博物館)、ヤコポ・バッサーノ(一五五六年作の油彩「聖ヒエロニュムス」

はヴェネチアのアカデミア美術館)、フェデリコ・フィオリ・バロッチ(一五九八年頃作の油彩「聖ヒエロニュムス」はローマのボルゲーゼ美術館)、オラツィオ・ボルジアンニ(一六〇〇年頃作の油彩「聖ヒエロニュムスの幻覚」**図5-5**はルーブル美術館)、カラヴァッジオ(一六〇六年頃作の「聖ヒエロニュムス」はローマのボルゲーゼ美術館/一六〇七年頃作の油彩「聖ヒエロニュムス」はラ・ヴァレッタの聖ヨハネ美術館)

ヒエロニュムスの生涯について

ウォラギネの紹介記事によれば、ヒエロニュムスは貴族エウセビオスの子で、ダルマティアとパノニアの国境近くの町ストリドンで生まれます。若い頃ローマに出て、そこで「ギリシア語とヘブル語とラテン語を完全にマスターした」そうです。そして日夜聖書を読み、そこから多くの知識を汲みとったそうですが、プラトンの著作なども一心不乱に読んだ時期もあったそうです。人間、聖書だけを読んでいてはだめになります。視野狭窄《しやきようさく》のつまらない人間になります。

ある日のことです。彼は高熱に襲われて死にそうになります。主が彼に顕現して、「おまえはキケロを愛読している」となじられます。その瞬間、彼は「二度と世俗の本は手にしません」と誓ったそうです。このあたりはわたしには分からないところです。なぜキケロを愛読してはいけないのとか、なぜプラトンはだめなのかと彼が主に問うことをしなかったからです。

ウォラギネによると、ヒエロニュムスは三九歳の若さでローマ教会の司祭枢機卿に叙階され、教皇のリベリウスが亡くなると、「一致して教皇に選ばれた」そうです。カトリックの人は、「枢機卿」と聞かされればすぐにその職能や地位、姿などをイメージできるのでしょうが、『黄金伝説』の訳者の註によれば、「枢機卿は、ローマ教会において教皇につぐ高位聖職者で、簡単に言うと、教皇の顧問にして補佐役である」そうです。なおまた、はやばやと水をさすようですが、同じ訳者の註によると、ヒエロニュムスが教皇リベリウスのときに枢機卿になり、教皇の死後に教皇になったとするウォラギネ説は「歴史的事実ではない」そうです。ウォラギネが『黄金伝説』で犯している誤りは無数ですから、このような指摘に一々驚いていては前に進めません。

修道院での陰湿な嫌がらせ

ウォラギネはヒエロニュムスがローマを去ることになる理由を明らかにします。

ある日のことです。

ヒエロニュムスは修道士仲間に罠を仕掛けられます。彼らは彼に赤っ恥をかかせるために、彼のベッドの横に女の服を置いておきます。彼は早朝ミサにでるとき、寝呆《ねぼ》け眼《まなこ》でそれを着て出かけてしまいます。そのため彼は女人禁制の修道院に女を連れ込んだとされるのですが、彼の仲間の修道士が女性の服をもっていたとすると、その修道士も実は修道女かだれかを修道院に連れ込んでいたということになり、もしそうだとすると、この話は修道院の腐敗堕落の一面を物語るものとなり、それなりに面白い話となります。

ローマを去り、コンスタンティノポリスへ、そして砂漠の中へ

さて仲間の修道士たちの悪意を知ると、ヒエロニュムスはローマを去り、コンスタンティノポリスに向かいます。彼はコンスタンティノポリス滞在中、その地の司教ナジアンゾスのグレゴリウスから聖書に関して多くのことを学びますが、そこから砂漠に入り、四年間苦行僧になります。どこの砂漠かは記されておりませんが、そこで引用された彼の言葉と称するものから、灼熱の太陽のもとでの砂漠での生活がどんなに過酷なものであるかが知られます。「わたしの手足は、苦行のためにかさかさになり、不格好にゆがんでいました。それをくるんでいる衣服は、粗毛の袋にもひとしいものでした。肌は、垢《あか》だらけで、エティオピア人の皮膚のようにまっ黒に日焼けしていました。涙とため息の毎日でした」。砂漠のヒエロニュムスは、すでに見たアントニオスと同様に、みだらな欲情に悩まされます。彼は書きます。「……このようにさそりや野獣のほかにはひとりの仲間もいない荒野に住む身なのに、若い娘たちにとりかこまれている幻覚にしばしばおそわれ、この冷たい骸《むくろ》にもひとしいからだのなかにみだらな欲情のほむらが燃えあがってくるのです」。

ヒエロニュムスは砂漠での七転八倒の暮らしの後、ベツレヘムに戻り、そこの修道院で聖書のラテン語訳をやってのけるのです。

ベツレヘムで聖書の翻訳

ヒエロニュムスとライオン

『黄金伝説』には、ヒエロニュムスとライオンの話も紹介されております。

ある日の夕方、ヒエロニュムスが修道士たちと一緒になって聖書を学んでいると、一頭のライオンが修道院に足を引きずりながら入ってきます。修道士たちはみな逃げ出しますが、「ヒエロニュムスが逃げた修道士たちを呼びもどして、ライオンの足を調べさせて、ささっているとげをぬかせ、手当をさせた」、とあります。ライオンはヒエロニュムスの好意に感謝して、一頭のおとなしい家畜となって修道院に住みつき、彼に仕えたというのです。

ここまでは『黄金伝説』の第一四〇話にしたがって紹介したヒエロニュムスの生涯ですが、ここでは語られていない物語もあります。それはヒエロニュムスが院長をつとめたベツレヘムの修道院での出来事ですが、『黄金伝説』はそれについての話を「聖女パウラ」を取り上げた第二九話で語っております。重複を避けてでしょう、この第一四〇話ではその主題は取り上げられておりません。このパウラは別の機会に取り上げます。

ヒエロニュムスは好んで描かれた

次に画像です。

ヒエロニュムスを描いた、あるいは彼が登場する画像の数はわたしたちを圧倒します。わたしはすでに一〇〇点近くを収集しております。だれでも簡単に五〇点近くはウェブ上から引き出すことができるのではないでしょうか？　今回収集した画像を分類していて気付かされたのは、彼の生涯は、たとえその細部が創作されたものであっても、絵になるような主題を提供したことです。砂漠の中での彼の生活です。砂漠の中で情欲のほむらに苦しめられたとあります。アントニオスの生涯で見たように、「砂漠＋情欲のほむら」で決まりです。修道院に迷い込んできた百獣の王ライオンを手なずけたという奇跡物語です。ライオンはしばしば絵になります。サムソンはライオンを仕留めました。ダニエルはライオンの穴の中に投げ込まれましたが、神の加護のおかげで無傷でした。多くの殉教者がライオンの餌食にされました。すでに見たようにライオンは主人になつくと墓掘り人夫にもなるようです。ライオンにまつわるエピソードがヒエロニュムスの生涯で語られておれば絵にならないはずがありません。ヒエロニュムスはまたウルガータと呼ばれるラテン語聖書の改訂版を完成させました。書斎で仕事をしている彼の姿をイメージすることは容易です。ウォラギネによれば、彼はローマで枢機卿になりました。これが誤りであることはすでに指摘しましたが、絵描きは史実の確定などはいたしません。ウォラギネにそのように書かれていれば、「そうか」と相槌を打てばいいのです。枢機卿の帽子は赤いつば広のものです。これは非常に描きやすいものです。枢機卿のマントは赤いものです。これもたいした技量なくして描けるものです。

過酷な砂漠生活の一端を描いた作品

最初にお見せするのはプリンストン大学美術館が所蔵するフラ・アンジェリコ作の「悔い改める聖ヒエロニュムス」です（図5-4）。絵から受ける印象から申せば、表題はあまり適切なものではないように思われますが、いかがでしょうか？　ウォラギネが紹介する砂漠の中での過酷な生活の一端が画像のヒエロニュムスによく映し出されているように思われます。彼の皮膚はすでに日焼けやその他でうす黒くかさかさとなっております。彼の足もとにはさそりをはじめとする砂漠に棲息する危険な小動物が描かれております。

この人物がヒエロニュムスであることを示すアトリビュート（属性）は三つあります。一つは彼が手にする縦長の紙です。これが彼のラテン語訳聖書の改訂版を示すものとなります。彼の右の足もとにはライオンが描かれております。猫ではありません。彼の左の足もとには枢機卿のかぶる赤い帽子が認められます。これで決まりですが、今回ある論文から、この絵の左右下の片隅にフィレンツェ派の画家父子であるタデオ・ガッティ（一三〇〇頃—六六頃）とアニョーロ・ガッティ（一三三三—九六）の子孫のアニョーロ・ディ・ザノビ・ガッディ一族の家紋と彼の妻の一族の家紋が描かれていることを教えられました。この家紋のおかげで、この絵がガッディの末裔の手に渡っていたことが分かります。

砂漠で燃える情欲のほむら

次にお見せするのは砂漠の中の修行で情欲のほむらに苦しめられているヒエロニュムスです（図5-5）。作者はオラツィオ・ボルジアンニ（一五七八—一六一六）です。ところで情欲のほむらでヒエロニュムスに迫る女性とはいったいだれなのでしょうか？　不特定多数では困ります。それではヒエロニュムスはただの「ヤリたい」男にすぎなくなります。下種《げす》の勘ぐりで特定すれば、その女性は次の節に取り上げるパウラです。彼女がローマからついて来てくれたからこそ、砂漠の試練に耐えられたのです。彼女のおかげで修道院の院長になれたのです。彼女が存在したからこそラテン語訳聖書の改訂に取り組めたのであり、その死後は彼女の頭蓋骨を傍らにおいて仕事を継承することができたのです。

ここでみなさん方にお伺いいたします。この絵の中で中央の人物がヒエロニュムスであることを示すアトリビュート（属性）は何でしょうか？　この人物の膝の上に置かれている大きな膝かけと天使の足もとに置かれたラテン語訳聖書です。モノクロの画像では膝かけが赤色であることは分かりませんが、赤の帽子や赤の着衣などが描かれていれば、そこでの人物はヒエロニュムスである確率が高まります。なおまた余計なことを付け加えておきますが、右の天使が成敗しようとしているのはヒエロニュムスではなくて、彼を襲っている目に見えない悪霊です。われわれにはその存在は見えませんが、天使には見えるようです。

次にお見せするのは、ベツレヘムの修道院の敷地内に入り込んだライオンを描いたヴィットーレ・カルパッチオ（一四六〇頃―一五二五頃）の作品です（図5-6）。ウォラギネの記述どおり、画面上の修道士たちは逃げまどっておりますが、ひとり修道院長のヒエロニュムスだけは泰然自若としております。この修道院の敷地には他にも動物たちが描かれており、さながらサファリ・パークの様相を呈しております。修道士たちの逃げまどう姿にアイロニーを読みとることは可能だと思われます。なぜならば、イグナティオスのように、キリストを証しすることができるのであれば、またそうすることで院長のヒエロニュムスを守ることができるのであれば、修道士たちは進んでライオンの餌食になる覚悟がなければならないのに、それが彼らにはできなかったのです。院長と右隣の修道士の間にクジャクが描かれているのが巧みであり、皮肉です。ご承知のように、クジャクは春の復活祭のあたりに羽がぬけかわるため、新しい命や復活を象徴するものとして描かれます。いずれにしてもここでの修道士たちにはもう少し修行（アスケーゼ）を積んでほしいものだと思います。

ライオンの前足に刺さったとげを抜くヒエロニュムス

次はベノッツォ・ゴッツォリ（一四二一頃－九七）が描いたライオンの前足に刺さったとげを抜くヒエロニュムスです（図5-7）。この絵でも右端に描かれた修道士は逃げ出す姿勢を取っておりますが、左端に描かれた修道士はライオンをすでにして手なずけた院長の姿を認めて、その場にとどまり、祈りの姿勢を取っております。ヒエロニュムスの右隣に描かれている女性はだれでしょう？　両腕を胸において落ち着き払っております。この女性こそはパウラです。

書斎のヒエロニュムス

次に書斎のヒエロニュムスです。最初はだれもがどこかで一度はご覧になっていると思われるアルブレヒト・デューラーの作品です（図5-8）。光輪を頭に描かれたヒエロニュムスが書き物をしております。一般にはこれは彼がラテン語聖書の改訂を行っている場面だとされます。わたしもそうだとばかり単純に信じておりましたが、今回一五一四年に制作されたこの銅板画を彼が一四九二年に作成した木版画「書斎のヒエロニュムス」（図5-9）と比較してみました。こちらは確かにヒエロニュムスが翻訳の仕事をしている場面を描いております。その証拠に彼の机の上にはヘブライ語聖書、ギリシア語訳聖書、そしてラテン語訳聖書が開かれていて、創世記第一章第一節が認められますが、図5-8にはヒエロニュムスが聖書の翻訳をしているところを示唆するものは何もありません。「ヒエロニュムスは書き物か何かをしている」としか言いようがありませんが、ウォラギネによれば、彼はアセラと呼ばれる人物宛てに「わたしは、世の人たちがわたしをにくみ、魔術師よばわりするほど評価されていることを、神に感謝します。と言いますのは、天国に入るには、よい評判だけでなく、悪人たちの中傷も必要だからです」と書き送っておりますが、これはその書簡をしたためている場面かもしれません。

左側の窓の下にはパウラの頭蓋骨が描かれております。ヒエロニュムスの左上には拡大された砂時計が描かれておりますが、この砂時計と頭蓋骨を組み合わせれば「死を忘れるな」のメメントー・モーリになります。死はいつ襲ってくるか分からないのです。死はすべての者に平等に見舞うのです。砂時計の右横に描かれている帽子は枢機卿がかぶる帽子です。上の天井から吊下げられているのは瓢箪《ひょうたん》です。瓢箪は旅する巡礼者の水筒で、人生は旅であること、キリスト教徒はこの世の寄留者であり、本当の国籍は天国にあることを示すものとなっております。画面の前方にはライオンと犬が仲良く休んでおります。ライオンはヒエロニュムスのアトリビュートですが、ライオンの左横に犬を描いたのは、デューラーの時代の人びとが犬を特別に可愛がらなかった事実に照らして解釈して見せれば、そこには「その日には」すべての動物がなごむことを夢想した旧約の預言者イザヤのメッセージがあるのかもしれません。いずれにしてもこの絵にはキリスト教的な思想や思考が盛りだくさんです。あ、そうそう、忘れるところでしたが、机の左端にはキリストが架けられた十字架が描かれております。ここでのこの十字架にひねりをきかせた解釈も可能です。砂漠に出て行った聖人たちを描いた作品の多くにキリストが架けられた十字架が描かれます。ある場合にはそれに向かって祈っておりますが、ある場合にはそれを手にして情欲と戦っておりますので、これを背景にしてこの十字架の意味を考えれば、ヒエロニュムスはまだパウラとの情欲に悩まされている、そのときこれを見て情欲の鎮まるのを待っている……となります。

次はアントネロ・ダ・メッシーナ（一四三〇―七九）が描いた作品です（図5-10）。なんだか大きな展示会場の中のひとつのブースの中でヒエロニュムスが聖書のラテン語訳の仕事をしている感じです。彼が座っている椅子のすぐ後ろにある小さな長椅子の上に枢機卿がかぶる帽子が描かれており、さらにはこの長椅子の少しばかり右上にライオンが、また画面の前方にクジャクが描かれております。

次はドメニコ・ギルランダイオ（一四四八頃―九四）が描いたものです（図5-11）。枢機卿のかぶる赤い帽子が左上の棚の上に置かれております。帽子から三つの房が垂れ下がっております。聖書の翻訳をしていることを示す書物、すなわちヘブライ語聖書やギリシア語訳聖書、そしてラテン語訳聖書などが正面の棚に置かれたり、貼り付けられたりしております。棚の左側の置かれている黒の皮表紙の聖書の右上には祈禱用の数珠（ロザリオ）が描かれております。ロザリオは聖母マリアへの祈りを唱えるとき、その回数を確認するために用いるものですので、ここにギルランダイオの時代のマリア信仰を認めるのは容易です。机の右横にはローソクが描かれておりますが、その長さに注目したいものです。彼に残された時間はもうわずかしかないことが暗示されております。

ヒエロニュムスの最期

ウォラギネによれば、ベツレヘムのヒエロニュムスは「かつて主がかいば桶のなかに寝ておられた洞窟の入口に墓をつくった。そして、九十歳と六カ月の生涯をまっとうしたのち、この墓に葬られた」そうですが、彼の臨終や葬儀の場面を描いたものがいくつかあります。

最後にもう一度カルパッチオの作品をお見せいたします（図5-12）。先ほどお見せした作品とは異なり、ここにはライオンが院内の庭に入って来て引き起こされた修道士たちの動転ぶりは認められません。彼らは長い蠟燭を手にして膝まずいております。右上にヒエロニュムスに仕えたライオンが描かれておりますが、奥の中央部分を拡大してみますと、「修道士ロバの仕事を肩代わりしたライオンが描かれております。ウォラギネによると、「修道士たちは、森で伐《き》りたおした木をライオンの背中にのせた。ライオンは、王者にふさわしからぬこの仕事を黙々として耐えた」そうですが、その場面が描かれております。ここではライオンが木材を乗せた台車の後にしたがっており、『黄金伝説』のテクストとは違う光景となっておりますが、ラテン語で書かれたウォラギネの書物が各国語に翻訳されたとき、その内容が、ここは不自然な記述であるとかの理由で、適当に改められることはしばしばあったことを覚えておいてください。

図 5-4

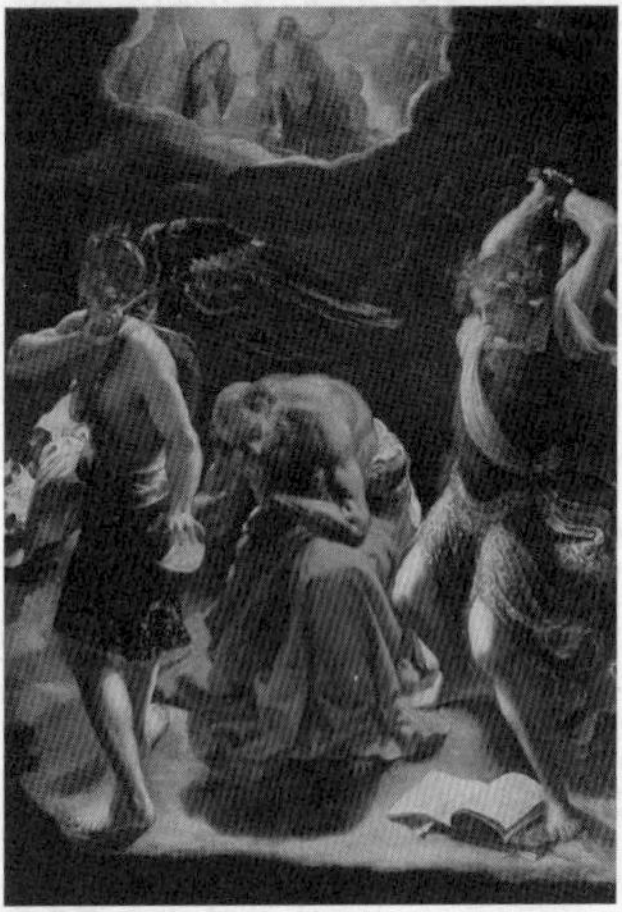

図 5-5

図 5-6

図 5-7

図 5-9

図 5-8

図 5-10

図 5-11

図 5-12

†パウラ（三四七―四〇四）

(1)　語られている場所――『黄金伝説1』の第二九話
(2)　祝日――一月二六日
(3)　守護聖人――不明
(4)　聖遺物の保管場所――不明
(5)　資料として言及・引用する聖書箇所――ヨハネ福音書、コリント人への手紙、ヨハネ黙示録、詩篇
(6)　その他の資料――ヒエロニュムスの著作
(7)　パウラを描いた画家たち――フランシスコ・デ・スルバラン（一六四〇年頃作の油彩「聖ヒエロニュムスと聖女パウラ」図5-13はワシントンのナショナル・ギャラリーのサミュエル・H・クレス・コレクション）、クロード・ロラン（制作年不明の油彩「オスティア港から出港する聖女パウラ」はプラド美術館）、ジュセッペ・ボッタニ（一七四五年作の油彩「ローマ人女性聖女パウラ」）

ヒエロニュムスが特別な敬意を払った女性

聖パウラです。聖ヒエロニュムスがもっとも敬意を払った女性です。下種の勘ぐりをすれば、それ以上の関係があったかもしれません。

ウォラギネは彼女の生涯について著作したヒエロニュムスの言葉を引き、その言葉で彼女の生涯を語らせます。ウォラギネ自身のコメントはいっさいありません。彼は冒頭で「パウラは、ローマの最も高貴な女性たちのひとりであった。聖ヒエロニュムスは、彼女の生涯を以下のように書いている」と述べるだけです。

ベツレヘムに修道院を建てる

ヒエロニュムスは冒頭で「たとえわたしの身体のあらゆる部分が舌であって、言葉を語ることができたとしても、聖パウラを称賛するにはまだ足りないであろう。彼女は、門地から言って高貴であったが、彼女の徳は、それよりもはるかに高貴であった」と述べて、彼女の生涯を語ります。彼女はローマの元老院議員トクソティウスに嫁ぎ、彼との間に五人の子を儲けますが、三八〇年に三三歳の若さで寡婦となり、ヒエロニュムスにしたがってパレスチナへ移り住みます。彼女はベツレヘムに修道院を建て、その管理をヒエロニュムスに任せますが、さらに三つの女子修道院をも建てたそうです。イスラエルに旅行する人の大半はベツレヘムに足を伸ばし、イエスの降誕教会を見学し、その醜悪さ加減に辟易《へきえき》するでしょうが、そこから降誕教会の内陣にある洞窟に向かい、聖パウラや聖ヒエロニュムスの仕事や、二人が関わった修道院生活などをあれこれと想像するときは楽しい有意義な一刻となるはずです。

予想されることですが、ヒエロニュムスの画像の数と比較しますと、聖女パウラの画像はそれほど多くはありません。

お見せする絵はフランシスコ・デ・スルバラン（一五九八－一六六四）が描いた「聖ヒエロニュムスと聖女パウラ」と題する作品です（図5-13）。画面の右の人物は枢機卿の着用する赤いガウンをまとっております。少しばかり見えにくいのですが、壁には枢機卿のかぶる帽子がかけられております。この人物はまた書物、すなわちラテン語聖書を左手にしております。この三つのアトリビュート（属性）で聖ヒエロニュムスとなります。聖女パウラは左側に描かれております。彼女が手にしているのはバッグか何かでしょうか、彼女は資産家の娘でしたから、そこには札束がぎっしりと詰まっていたのかもしれません。その札束の入ったバッグを見せながら、彼女は女子修道院の建設について相談しているのかもしれません。二人の間には彼女が亡くなった夫トクソティウスの間に儲けた娘エウストキウムが見られます。『黄金伝説』によれば、ヒエロニュムスは彼女について「彼女は、いまも諸聖所の近くに住み、教会とあらゆる童貞生活との貴重な誇りとなっている」と述べております。彼女は母親の建てた修道院の修道女だったのです。

ローマでの出港風景

次はヴィットーレ・カルパッチオの作品です（図5-14）。作品に付されたコメントに聖女パウリナは「ローマで喜捨した人びとに取り囲まれている」とありますが、これは多分誤ったコメントです。なぜ海が描かれているのかをこのコメントは説明していないからです。

『黄金伝説』に収められたヒエロニュムスの文章によれば、これはパレスチナに向かう彼女の出港風景なのです。そこにこうあります。「彼女は、とうとう港に降りていった。そのあとからは、彼女の兄弟、親戚、知人たち、それにとりわけ、やさしい母に懇願して翻意させようとする彼女の子供たちがついていった。帆はすでにあげられ、舵が船を沖にみちびいた。見ると、末子のトクソキウスが岸に立ち、母恋いしげに両手をさしのべていた。結婚をま近にひかえた娘のルフィナも、無言の涙で母に哀願していた。しかし、パウラは、眼に涙も見せずにじっと天を仰ぎ、母親の愛を神への愛で押し殺していた」。多分、いや間違いなく、カルパッチオは『黄金伝説』が収めるこの場面を描いているのです。

図 5-13

図 5-14

†アグネス（二九一頃—三〇四）

(1) 語られている場所——『黄金伝説1』の第二四話
(2) 祝日——一月二一日（埋葬日）と二八日（誕生日）
(3) 守護聖人——貞節、少女、婚約したカップル、レイプの犠牲者、処女
(4) 聖遺物の保管場所——ローマ郊外の聖アグネス聖堂
(5) 資料として言及・引用する聖書箇所——なし
(6) その他の資料——アンブロシウスの著作（『童貞論』）
(7) アグネスを描いた画家たち——フラ・アンジェリコ（一四三四—三五年作のテンペラ画「聖母の戴冠」の中の聖女アグネスはルーブル美術館）、アンブロジオ・ベルゴニョーネ（一四九五年作のフレスコ画「聖女アグネス」はミラノのブレラ美術館）、作者不詳（一五〇〇—〇五年制作の「バルトロメオ祭壇画」の中の聖アグネス図5-17はミュンヘンのアルテ・ピナコテーク絵画館）、ハンス・バルドゥング・グリーン（一五〇七年作の「三人の王」と題する祭壇画の閉じられた右パネルに描かれた聖女アグネスはベルリンの国立美術館）、ヒエロニュムス・ボッシュ（一五一〇年頃作の油彩「寄進者と描かれた聖女アグネス」はマ

ドリードのプラド美術館）、ビセンテ・マッシプ（一五四〇年代作の油彩「聖女アグネスの殉教」図5-16はマドリードのプラド美術館）、ティントレット（一五七七年頃作の油彩「聖女アグネスの奇跡」図5-15）はヴェネツィアのマドンナ・デル・オルト）、エル・グレコ（一五九七─九八年作の油彩「聖女マルティナと聖女アグネスと一緒の聖母とキリスト」図5-18はワシントンのナショナル・ギャラリー）

アグネスの生涯の真実は？

ウォラギネは物語の冒頭で、アンブロシウスが彼女の伝記を書いたことを明らかにしておりますが、ここでの物語は一三歳で殉教するまでの彼女の短い生涯に見られたエピソードをつなぎ合わせたものにすぎなく、しかもそのエピソードをよくよく読むと、まだまだ少女にすぎない女の子を殉教聖女に仕立てるためのレベル・アップの要素が至るところに認められるもので、そのような要素を取り除いていくと、この少女の短い生涯の真実は霞んだものとなり、やがて視界の外に消えていきます。

アグネスの生涯を語るウォラギネは、その冒頭で、彼女が「十三歳のときに死を失い、永遠の生を見いだした」と書き、つづいて「彼女は、年齢を非常に若く見られたが、その考えは、成熟していた。からだは子供であったが、こころは大人であった。顔も美しかったが、その信仰は、顔よりもはるかに美しかった」と書きます。ここではカテゴリーのまったく異なる分野のものを対比させることで、彼女を聖女に仕立てていきますが、これが物語の導入部分です。

アグネスの物語を少々

少しばかり物語を覗きます。

ある日のこと、ローマの都の長官でもあり裁判官でもあった人物の息子が学校帰りのアグネスを見染め、彼女に結婚を申し込みます。妻になってくれれば莫大な財産と宝石を与えるというのです。しかし彼女は、その時点ではキリストとは名ざしをしないものの、自分はすでに(キリストを)花婿としていると言うのです。父親は息子のために彼女の所に出かけ、その花婿がだれであるかを探ろうとします。彼女がキリストを信じる者であることを知ると、彼は彼女を売春宿に引き立てて行くように命じます。裁判官としての職権の濫用ですが、これはフィクションの世界の出来事ですから、目くじらをたてる必要はありません。息子は売春宿に出かけて彼女に触れようとします。しかしその途端「悪魔に首を絞め殺され」ます。父親は悲しみのどん底に突き落とされますが、アグネスが父親のために一心不乱になって祈りを捧げると息子が生き返るのです。息子は生き返ると、キリスト教信仰を説くようになります……という物語です。

奇跡をからませた、よくある話ですが、この先で語られる彼女の殉教物語によれば、彼女は別の裁判官により、火の中に投げ込まれるよう命じられるのですが、「火は、ふたつに割れて、騒ぎたてている民衆におそいかかり、アグネスは、やけどもしなかった。そこで、(新しい裁判官の)アスパシウスは、剣を彼女の首に突き刺すように命じた」というのです。ここでの殉教場面にも文学的パターンが認められます。旧約聖書の外典文書のひとつに「アザルヤの祈りと三人の若者の讃歌」と題する小作品があります。新共同訳聖書の中に「旧約聖書続編」文書のひとつとして収められているので、今やだれでもが簡単に読めますが、これによれば、異教のペルシアの宮廷に仕える三人のユダヤ人の若者が、その神信仰ゆえに、炉に放り込まれます。しかし燃え盛る炉の火は彼らに触れず、彼らを苦しめることはなかったというのです。ここでのアグネスの物語でも、アザルヤと三人の若者の話が下敷きになっているのですが、これは火あぶりされる殉教場面でよく見られる奇跡なのです。効果のなかった火あぶりの次に待つのは斬首であり、これもまたひとつの文学的パターンです。

わたしはキリストと結婚しているので……

最初にお見せするのはティントレット(一五一八—九四)が一五七七年頃に描いた「聖女アグネスの奇跡」と題する作品です(図5-15)。売春宿でのアグネスが、自分を犯そうとしてやって来て死んだ裁判官の息子をよみがえらせる場面です。中央右の赤い法服を着た人物が若者の父親です。アグネスの足下に子羊が描かれていることにご注意ください。ここでの子羊はもちろんキリストのことですが、物語によると、彼女は子羊で象徴されるキリストをすでに花婿にしているのです。そして彼女の名前アグネスは子羊を意味するラテン語やギリシア語に結び付けられて彼女の性格が解釈されたりします。アグネスのおかげで蘇った若者は子羊の左隣に描かれております。若者の顔は死から蘇ったばかりなので、まだどす黒さが抜けきれておりません。

次はスペインの画家ビセンテ・マッシプ（一四七五―一五五〇）が描いた「聖女アグネスの殉教」と題する作品です（図5-16）。この絵は『黄金伝説』に非常に忠実です。アグネスは子羊を抱いております。彼女の花婿ですから、彼女を守ってくれるはずです。画面の前面に描かれている燃え盛る火はアグネスを焼き尽くすことなく炭と化していきます。若い男がアスパシウスの命令で彼女の首に刀を当てております。背後に描かれている建造物は異教の神殿です。

次にお見せするのは作者不明の祭壇画に描かれたアグネスです（図5-17）。中央に聖バルトロメオが描かれているので、「聖バルトロメオ祭壇画」と呼ばれたりします。バルトロメオからひとりおいて左側に描かれているのがアグネスです。子羊が描かれていることで、また殉教のしるしである棕櫚の葉を右手にもっていることで、彼女がたとえ一三歳に見えなくても、アグネスとなります。バルトロメオの右側に描かれている楽器を手にした女性はカエキリア（チェチーリア）です。彼女は次回の講義で取り上げる予定です。最後はエル・グレコ作の「聖女マルティナと聖女アグネスと一緒の聖母マリアとキリスト」です（図5-18）。もうお分かりのことと思います。子羊を膝の上にのせた女性がアグネスです。

図5-15

図5-16

図 5-17

図 5-18

†ラウレンティウス

(1) **語られている場所**――『黄金伝説3』の第一一一話
(2) **祝日**――八月一〇日
(3) **守護聖人**――貧しい人びと、火を扱う者（たとえば消防士や料理人）、ローマ市
(4) **聖遺物の保管場所**――聖ラウレンティウス大聖堂
(5) **資料として言及・引用する聖書箇所**――詩篇、ルカ福音書
(6) **その他の資料**――聖マクシムスの著作、ヨハネス・ベレトの著作、シカルドゥスの年代記、エウトロピウスの著作、エウセビオスの著作、ベーダの著作、イシドルスの著作、ゴドフリドゥスの『パンテオン』、グレゴリウスの『対話』、ウィンケンティウスの『年代記』、『童貞聖女マリアの奇跡』、皇帝聖ハインリヒの伝記、グレゴリウスの記録簿、オセールのグイレルムスの著作、アウグスティヌスの著作、マクシムスの著作
(7) **ラウレンティウスを描いた画家たち**――フラ・アンジェリコ（一四四七―四九年作のフレスコ画「聖ラウレンティウスの生涯」**図5-19、20、21**はヴァチカンの教皇の間のニコラス（五世）の礼拝堂）、ドナテロ（一四六〇―六五年作のブロンズ作品「聖ラウレンティ

ウスの殉教」はフィレンツェ、サン・ロレンツォ）、ヤコポ・ベリーニ（一四六四―七〇年作のテンペラ画「聖ラウレンティウスの三連祭壇画」はヴェネツィアのアカデミア美術館）、ミヒャエル・パッヒャー（一四六五―七〇年作のパネル画「施しをする聖ラウレンティウス」**図5-22**はミュンヘンのアルテ・ピナコテーク絵画館）、ドメニコ・ギルランダイオ（一四九〇―九八年作のテンペラ画「シエナの聖カタリナと聖ラウレンティウス」はミュンヘンのアルテ・ピナコテーク絵画館）、アニョーロ・ブロンズィーノ（一五六九年作のフレスコ画「聖ラウレンティウスの殉教」**図5-23**はフィレンツェのサン・ロレンツォ）、アントニオ・カンピ（一五八一年作の油彩「聖ラウレンティウスの殉教」はミラノのサン・パオロ・コンヴェルソ）、ジョヴァーネ・パルマ（一五八一―八二年作の油彩「貧しい者に富を与える聖ラウレンティウス」はヴェネツィアのサン・ジャコモ・ダル・オリオ）、ペレグリーノ・ティバルディ（一五九二年作の油彩「聖ラウレンティウスの殉教」**図5-24**はエル・エスコリアルのサン・ロレンツォ修道院）、ジャン・ロレンツォ・ベルニーニ（一六一四―一五年作の大理石作品「聖ラウレンティウスの殉教」はフィレンツェのウフィツィ美術館）、ジャン＝バティスト・シャンパーニュ（一六六〇年頃作の油彩「聖ラウレンティウスの殉教」はワシントンのナショナル・ギャラリー）

ラウレンティウスの英語読みはローレンス

ラウレンティウスはイタリア語読みすればロレンツォ、英語読みすればローレンスで、こちらの読みの方がみなさん方は親しみを覚えるかもしれません。アラビアのローレンスなら知っているが、ローマのローレンスは知らないという方のためにご紹介いたします。この人物はすでに取り上げたステファノや、次に取り上げるサラゴサのスペイン人助祭ウィンケンティウスと並んで、カトリック教会では「三大殉教聖人」のひとりとして扱われます。カトリック世界では大きな崇敬が払われてきました。

ラウレンティウスはイスパニア（スペイン）に生まれました。あるとき教皇シクストゥス二世がトレドで開催された宗教会議に出席のためイスパニアにやってまいります。この宗教会議は五八九年に開催されたものです。そのときラウレンティウスはよく仕えたため教皇に気に入られ、ローマにつれて来られます。ローマでの彼は教皇に奉仕する助祭のひとりとなります。皇帝ウァレリアヌスのときにキリスト教徒の迫害がありましたが、このとき教皇は殉教いたします。こちらは二五八年のことですが、いまわたしはトレドの宗教会議が五八九年に開催されたと申し上げました。少しおかしくはありませんか？　五八九年に生きていた人物が二五八年に殉教するからです。多くの研究者はシクストゥス二世とトレドの宗教会議の結びつきを否定します。多分、それは正しいかもしれません。

シクストゥス二世の殉教後わずかな期間をおいて――一説によれば「数日後」ですが――、ラウレンティウスもまた殉教いたします。

『黄金伝説』が大きな紙幅を割くのは彼の殉教ですが、同時に彼が貧しい者たちに進んで喜捨したことも伝えます。『黄金伝説』によると、殉教するときシクストゥス二世は教会財産すべてをラウレンティウスに委ねますが、彼はそれを短時日のうちに貧しい者たちに与えてしまいます。その教会財産が前の皇帝からのものであったとされて、それが原因で彼は尋問されます。尋問の後につづくラウレンティウスの受難物語も『黄金伝説』で語られておりますが、そこでの記述は誇張のオンパレードです。それは彼の殉教を英雄的な行為と見なしたからです。そこでは彼の殉教を讃美する後の時代のアウグスティヌスやその他の教会の物書きたちの言葉が数度引かれております。たとえば、アウグスティヌスの言葉として、「神の民をそだてるのに、殉教より有効な手段はない。能弁は、たしかに訓戒に役だち、助言の足台であろう。しかし、実例は、弁舌より強力である。身をもって範を垂れることは、言葉で教えるよりもずっとまさっている」が紹介されております。

みなさん方はここで表明されている「殉教万歳」の思想をいかがお考えになられるでしょうか？　まだまだ凄い言葉をアウグスティヌスは口にしているのですが、わたしははっきり申し上げますが、アウグスティヌスに見られるような神の民を育てるための殉教という思想を唾棄いたします。なお先ほど、ラウレンティウスの殉教の時期をシクストゥス二世の殉教後の短時日のうちであったと申し上げましたが、その殉教の時期を確定するのは困難なようです。ウォラギネ自身は、どの皇帝のもとで彼が殉教したかを確定しようとして、さまざまな著作家の意見を紹介しております。

『黄金伝説』が触れていない言い伝え

ここで『黄金伝説』は触れていないラウレンティウスにまつわる言い伝えをひとつご紹介いたします。福音書によれば、イエスとその十二弟子は最後の晩餐——わたしの言葉では「最後の晩餐」ではなくて「最後の食事」——をもち、そのとき彼らは杯をまわして葡萄酒を飲んだそうです。福音書の描写は後の時代の教会が持つことになった聖餐の儀式を反映するものであることは見え見えで、逆に言えば、実際に最後の食事のときそこで何が起こったのかは分からないとするのが正解だと思われますが、それはともかく、聖遺物商が顧客である司祭たちに盃を見せながら、「これは最後の晩餐で使用された盃です」と言えば、その骨董的価値はウナギ登りになります。これは容易に想像される事柄だと思われますが、その盃が、どういう経緯かは分かりませんが、ラウレンティウスの手に委ねられ、それが次に彼の両親のもとに送られ、ついでアラゴンのペナと呼ばれる町の修道院に寄贈され、後にそれは現在スペインのバレンシアのカトリック教会の特別な礼拝堂に安置されているというのです。本当にイエスが最後の食事のときに使用した盃だったのでしょうか？　耳をすませば聖遺物商の高笑いが聞こえてくるだけに、不安になります。

ではその不安は横においといて絵画の紹介にうつります。

ヴァチカンに足を運べば、彼の生涯の六つの場面を描いたフラ・アンジェリコ作の連作画を見ることができます（図5-19）。ヴァチカンまでは行けないという方はウェブ（ウェブ・ギャラリー・オブ・アート）の「主題」の所に St. Laurentius とか St. Lawrence と入力してエンター・キーをポーンと押してみてください。聖ラウレンティウス関係の画像がずらずらずらと現われます。その冒頭近くに置かれているのがフラ・アンジェリコの連作画です。

最初はラウレンティウスがローマの長官ヴァレリアヌスの前で、貧しい者たちに施してしまった教会財産について釈明している場面です（図5-20）。ラウレンティウスが描かれるとき、彼はつねに助祭の服装です。これは覚えておいてもよいかもしれません。彼の足もとに目をやってください。そこには「さそり鞭」と呼ばれる鎖のついた拷問具が置かれております。ヴァレリアヌスが指先でその鞭を指し示していることにご注意ください。『黄金伝説』によれば、ヴァレリアヌスは拷問具をラウレンティウスの前に並べて「さあ、こいつがいやなら、神々の前に香を供えるのだ」と言って彼を脅しますが、これは『黄金伝説』が語るその場面を忠実に再現しております。

次は貧しい者に施しをするラウレンティウスを描いております（図5-21）。教会財産を使ってでも貧しい者に施しをする彼の姿は感動ものですが、その絵がよりにもよって全世界の富の集積場の感がするヴァチカン宮殿の広間に飾られているのも皮肉な話です。歴代の教皇の大半がこの絵の前を素通りし何も学ぶことがなかったのは確実です。次もラウレンティウスが施しをする場面を描いたもので、オーストリアの画家ミヒャエル・パッヒャー(一四三五―九八)の作品です(図5-22)。

ラウレンティウスの受難物語

『黄金伝説』は、ラウレンティウスの受難物語に終始します。もっとも有名な拷問場面は彼が皇帝の前に引き出されたときのものです。神々に香を捧げるよう強要《きょうよう》されますが、ラウレンティウスはそれを拒否いたします。烈火のごとくに怒った皇帝は従卒に向かって「鉄の寝台をもってまいれ。誇り高いラウレンティウス殿が今夜そこでお休みになるのだ」と命じます。従卒たちはラウレンティウスを「火格子の上に寝かせ、下から石炭を焚いた。そして、鉄の熊手で彼の体を火格子に押しつけた」そうですが、この場面が好んで描かれるのです。殉教の絵画を研究していて分かったことはただひとつ、資料に見られる言い伝えなどが凄惨な場面を語れば語るほど、その場面が絵にされるということです。わたしたち人間は本来的に凄惨な場面を渇望しているのであり、それを知っている絵描きたちはその渇望に応えてくれているのです。教会もまたビジネスですから、その手の絵を最大限に利用いたします。もちろんそちらの目的は殉教聖人をひとりでも多くだして、それを売りにすることなのです。

余裕をかますラウレンティウス

最初にお見せする拷問場面はアントニオ・カンピ（一五二三―八七）が描いたものです（図5-23）。次はイタリアの画家ペレグリーノ・ティバルディ（一五二七―九六）が描いたものです（図5-24）。

この二つの拷問場面をご覧になって、お気づきになる点がおありでしょうか？　ティバルディの絵ではとくにそうなのですが、火格子の上に置かれたラウレンティウスの表情が余裕綽々なのです。苦痛にゆがんではいないのです。こんなことってあり得るのでしょうか？　あり得るらしいのです。『黄金伝説』によれば、鉄格子の上に寝かされたラウレンティウスは皇帝に向かって、「お気の毒ですが、この石炭は、わたしにはひんやりとしてよい気持ちです」とか、しばらくするとまた「はれやかな顔つきで」皇帝に向かって「どうですか。片面は、もうよく焼けていますよ。今度はもう一面を焼いて、それからお召しあがりください」と憎まれ口をたたいているからです。

アニョーロ・ブロンズィーノ（一五〇三―七二）やジャン＝バティスト・シャンパーニュ（一六三一―八一）らが描く彼の殉教場面も『黄金伝説』に忠実です。わたしはかつてNHKの人間大学のテレビ・プログラムに出演してラベンナからラウレンティウスの最期を描いたモザイク画について少しばかり語ったことがあります。そのとき火格子の焼き網を指して「これはバーベキュー用の焼き網です」としたり顔に語り、口がいつものように滑ったのに気づき、あわてて「いやそうではなくて」と方向転換を図ったのですが、『黄金伝説』を読んでいれば、何もあわてる必要はなく、「『黄金伝説』によれば、これは人間バーベキュー用の焼き網です」と言えたわけで、今回そのときのことを思い起こすとともに、残念な気持ちになりました。

図 5-19

図 5-20

図 5-21

図 5-22

図 5-23

図 5-24

†ウィンケンティウス

(1) **語られている場所**――『黄金伝説1』の第二五話
(2) **祝日**――一月二二日
(3) **守護聖人**――不明
(4) **聖遺物の保管場所**――不明
(5) **資料として言及・引用する聖書箇所**――なし
(6) **その他の資料**――アウグスティヌスの著作、プルデンティウスの詩行
(7) **ウィンケンティウスを描いた画家たち**――ハイメ・ウゲート(一四五五―六〇年作の油彩「聖ウィンケンティウスの殉教」**図5-25**はバルセロナのカタルーニャ美術館)、スペインの未詳の画家(一五世紀の油彩「聖ウィンケンティウスの殉教」**図5-26**はプラド美術館)、ウィンケンティウスの殉教の場面を描いたゴブラン織(一六世紀前半)はベルリン歴史博物館)、ホセ・ヴェルガラ(一七九〇年頃作の油彩「聖ウィンケンティウスの殉教」はバレンシア大聖堂)

スペインの司祭ウィンケンティウス

今回の講義の最後にご紹介するのはローマ皇帝ディオクレティアヌス（在位二八四―三〇五）の迫害のとき殉教したスペインの助祭ウィンケンティウスです。ウィンケンティウスはラテン語読みで、英語読みではヴィンセントです。

ウォラギネの『黄金伝説』はこの人物の殉教場面を詳述しますが、その生涯についてはわずかしか語りません。彼はスペインの北東部のアラゴン地方のサラゴサの町に生まれました。そのため何人かいる同名の聖人ウィンケンティウスと区別するために「サラゴサの聖ウィンケンティウス」と呼ばれることもあります。ちょうどあのエウセビオスを同名の、同時代の他のエウセビオスを区別するために、「カイサリアのエウセビオス」と呼ぶのと同じです。彼はサラゴサの司教ウァレリウスに仕える助祭でした。彼は司教よりも説教がうまかったので、早い時期から説教を任されたそうです。ではその間、司教は何をしていたかになります。惰眠を貪っていたのでしょうか、それとも教会のための金策に走り回っていたのでしょうか？　『黄金伝説』によると、そうではなくて、彼は「祈りと神の黙想とに専念していた」そうです。司教は祈りと黙想、助祭は説教。見事な役割分担です。

ウィンケンティウス、尋問される

ある日のことです。

二人は、州総督の命令でバレンシアに連れて行かれ、その信ずるキリスト教についてあれこれと尋問されます。そのときのウィンケンティウスは言葉が不遜であるという理由で拷問台にかけられます。ここから彼の受難がはじまりますが、彼にとってそれは受難ではなくて喜びのはじめであったらしく、わたしたちはここで常人の理解の及ばない世界に入り込むことになります。拷問台に乗せられた彼は「これは、わたしがずっと望んできたところです」とか、「おお、わたしは、ほんとうにしあわせです。あなたがかんかんに怒れば怒るほど、わたしのほうは、ますます大きな喜びを味わうことができるのですから」と挑発的な言葉を口にいたします。ラウレンティウスの場合と同じです。若い殉教聖人はしばしば拷問を回避するのではなく、進んでそれに向かいます。年老いた殉教聖人は言葉で挑発することはいたしません。「どうせお迎えも近いのだから」と自分に言い聞かせて、従容《しようよう》としたポーズを取りながら殉教の死を迎えます。

尋問から拷問へ

『黄金伝説』によれば、ウィンケンティウスの挑発により、拷問は凄惨なものへと変えられていきます。彼は拷問に手心を加えてもらってはならぬとさらに挑発し、最後は拷問台からおろされて火あぶりの台の所に連れて行かれます。すると、彼は「みずから火格子のうえにのぼると、わが身を焼きあぶらせ、灼熱した鉄の針や釘に身を刺された。血が火に流れ落ち、傷口のうえにさらに新しい傷ができた。刑吏たちは、火に塩を投げこんだ。塩は、はじけて、彼の傷のなかで燃えたった。灼熱した釘は、ほどなく彼の手足だけではなく、内臓にまでとどいた。身体の各部から内臓がはみだし、だらりと垂れさがった」。

不可解なアウグスティヌスの殉教讃美の言葉

まだまだ凄惨な拷問場面の記述はつづくのですが、物語によれば、その遺体は海に投棄されます。しかしその遺体は、それを捨てに行った船よりも先に岸辺に漂着したそうです。そしてウィンケンティウスは、「その後ある貴族の寡婦と数人の信者たちに自分の遺体のありかを教えた」そうで、「人びとは、彼の聖遺体を手あつく埋葬した」と言うのですが、遺体となったウィンケンティウスが自分の遺体のありかを教えるとはどういうことなのでしょうか？　不可解なことだらけですが、さらに不可解なのはそこでも引かれているアウグスティヌスの言葉です。ウォラギネによると、彼はある著作の中でこう書いているというのです。「聖ウィンケンティウスは、その言葉と信仰告白によって拷問にうち勝った。彼は、どんな苦難にも負けなかった。生きているときは火に勝ち、死んでからは水に勝った」「彼は、きたえられるために苦しめられ、教えられるために叩かれ、堅固になるために突かれ、浄化されるために焼かれた」と。再度みなさん方にお伺いしますが、こうした殉教讃美の言葉というよりは殉教を煽る言葉をいかがお考えになられるでしょうか？

ユダヤ教で殉教が許されるのは

ユダヤ教の歴史とキリスト教の歴史を比較して気づかされるのは、ユダヤ教においては殉教が許されるのは神の名を唱えることを強要されたときであり、そのため殉教のことを「おん名の聖化」と呼ぶのですが、それは滅多にはありません。古くは旧約聖書の偽典文書の『マカベア第四書』に認められるくらいで、十字軍時代もキリスト教徒によって追い詰められたユダヤ教徒が神の名を口にするのを拒んで殉教した例が知られておりますが、キリスト教の歴史は殉教の粗製濫造の歴史であり、殉教を讃美したり煽ったりする文書が次から次に書かれ、またそれにもとづく絵画なども描かれたのですから、美術館めぐりや聖堂めぐりをしていても、「やれやれ」という疲れた気持ちにさせられます。

アンデレ十字に架けられて

ではその絵画をお見せしましょう。

最初は、スペインのカタルーニャ派の重要な画家と言われるハイメ・ウゲート（一四四八頃―一四九二頃）が描いた「聖ウィンケンティウスの殉教」と題する作品です（図5-25）。

彼はすでにわたしたちが学んだ「アンデレ（アンドレア）十字」に架けられております。使徒のアンデレの両手足は釘打ちされるのではなくて縄で縛りつけられておりましたが、ここでのウィンケンティウスも同じです。彼の両サイドには彼の胸肉を削ぎ落とす男が控えております。右上にはキリストとすでに彼のもとに行っている殉教者たちが描かれております。キリストは上から見下ろすだけで、助けには降りて来ない、無力な人のようです。

次は作者不詳の一五世紀の作品ですが（図5-26）、ここでは死に至るまでのウィンケンティウスが四コマで描かれております。四コマ漫画ではありませんよ、多分。上段の右から左に、下段の右から左に見るのが正しい見かたであると思われます。上段の右側はウィンケンティウスが受けた火あぶりの拷問の場面を描いておりますが、ここでの描写は『黄金伝説』に忠実です。上段の左側はアンデレ十字に架けられた上で肉を削ぎ落とされようとしているウィンケンティウスが描かれております。下段の右側の一コマは彼の遺体が大きな石臼を付けられて船から落とされようとしている場面と、その遺体が船よりも早く岸辺に漂着した場面を描いたもので、これまた『黄金伝説』に忠実です。下段の左側も、『黄金伝説』を丁寧に読めば、そこでの記述に忠実なものであることが分かります。それによれば、彼の遺体のところには一羽の鳥が飛んできて、彼に群がろうとした他の鳥や狼などをその鳴き声で撃退したそうですが、これはその場面なのです。

次は一六世紀の作品であるとされておりますが、その作者は不詳です（図5-27）。助祭ウィンケンティウスは右手に殉教の勝利をあらわす棕櫚の葉を持ち、その左手はアンデレ十字の上に置かれております。彼は異教の王を踏みつけております。この野蛮としか思われない行為は、異教にたいするキリスト教の勝利を象徴するものとなります。わたしはすでに『名画でたどる聖人たち』（青土社刊）の中で「異教にたいする聖トマスの勝利」を描いた図版で、異教徒を踏みつけるトマスの尊大な態度を問題にしましたが、キリスト教にとって異教は敬意を払うべき相手ではなくて、神の栄光のためには粉砕し、踏みつけて息の根をとめねばならぬ相手なのです。歴史的に見てキリスト教はオッカナイ宗教なのです。

大きな石臼

次のウィンケンティウスは、アンデレ十字に腕をかけております（図5-28）。彼の首からは太い縄紐が垂れていて、それは大きな石臼に結び付けられております。アンデレ十字と石臼が彼のアトリビュートになっておりますが、この石臼をつらつらと眺めておりますと、ウフィツィ美術館で見ることのできるアルブレヒト・アルトドルファー（一四八〇－一五三八）が描いた「聖フロリアヌスの殉教」（図5-29）や「ボルセーナの聖女クリスティナ」（シュレーグル修道院）、「小ヤコブとクリスティナ」（ミュンヘンのアルテ・ピナコテーク絵画館）の絵などに描かれた殉教者の首に巻きつけられた紐の先にある石臼が目に浮か

図 5-25

図 5-26

図 5-27

図 5-28

図 5-29

図 5-30

んできます。石臼は葡萄酒づくりに使用されるものだけに、そして葡萄酒はキリストの流した血を象徴するものなので、石臼が描かれるのには何か意味がありそうです。

同じころに描かれた、たとえば、フンガイの「聖クレメンスの殉教」(ヨーク美術館)では船の上から突き落とされるクレメンス一世の首に巻きついているのは鉄製の錨であって石臼でありませんが(図5-30)、川や海底に沈める場合に圧倒的なのは石臼なのです。いつか「殉教における石臼の多目的利用に関する一考察」とでも題した論文を書きたいと願っております、大真面目で。

ウィンケンティウスが十字架に架けられた話や、その十字架がアンデレ十字であった話は『黄金伝説』に見られませんので、この二つの絵は別の伝承や言い伝えによるものと思われます。この人物はスペインだけで崇敬されたのではなくフランスやドイツでも崇敬されたことが知られておりますから、言い伝えはそちらでつくられたものかもしれません。

第6回講義　その他の聖人・聖女たち

殉教したウルスラと一万一千の娘たち
ゲオルギウス
アウグスティヌス
クリストフォロス
ヌルシアのベネディクトゥス
カエキリア（チェチーリア）
カテリナ（カタリナ）
グレゴリウス

わたしは例年ですと、この時期涼しいオックスフォードで最低一か月を過ごすようにしておりますが、この講義の年は暑い夏を東京で頑張りました。前回の講義の最後に申し上げたように、わたしはこの後九月から長期間ケンブリッジでギリシア語訳聖書の研究と日本語訳の仕事に専念することになりました。

わたしは性分として寄り道をするのが好き、そのため全くの門外漢ですが美術を少しばかり学んできました。この間それでもギリシア語訳聖書の日本語への翻訳はストップさせたことはありません。自分の本来の研究がヘレニズム・ローマ時代の文献資料にありますので、ギリシア語訳聖書の翻訳を片時も忘れたことはありません。そして自分が退職して少しばかり時間ができ自分の人生の持ち時間が刻一刻と短くなっていくのを自覚しますと、ギリシア語訳聖書の研究と翻訳の仕事を加速させねばならないと思っております。

わたしは日本の心ある多くのひとが、ギリシア語訳聖書の日本語訳を読むことで、古代世界における翻訳とは何か、信頼できるヘブライ語テクストなど存在しなかったこと等々について少しばかり新しい知見をもち、正典宗教と言われるユダヤ教やキリスト教が、実は、揺るぎないテクストの上に立つ宗教でないことを知ってほしいのです。幸いケンブリッジ大学が「そういうことならば、ケンブリッジで」と懐の深いところを見せてわたしを招待してくれましたので、今回の講義が終わったら三日後にイギリスに向かう予定です。

話は少しばかり遡りますが、二か月程前にオックスフォード大学のマーティン・グッドマン教授からヨセフスの受容史についてのセミナーを大学の郊外のヤントン村にあるユダヤ教研究センターで行うから発表するようにと招かれました。このセミナーは二〇一三年に二回（一月と七月）、二〇一四年に二回（同じく一月と七月）行うものです。わたしはヨセフス学者の大半がヨセフスのテクスト研究や解釈に向かい、受容史研究に立ち至らないのを残念に思い、グッドマン教授やオリエント研究所のテサ・レイジャク教授にこの種の会議を開催するようにと訴え続けてきましたが、それがようやく実を結んだのです。最初の年は大学の予算がつかなかったのですが、プロジェクト自体の評価は非常に高かったので、次の年には予算がつくぞ、つかなければおかしいぞと期待しておりました。期待通りに予算がつきました。ブラボーです。

では、何を発表しようかです。

わたしは何年か前にアメリカで開催された聖書文学協会の学術大会で、『黄金伝説』の作者はヨセフスを本当に読んだのか？」と題してペーパーを読みましたが、今回はその主題をもっと掘り下げて話をするかもしれません。もしこちらの準備が整わなければ、英語圏においてもっとも大きな影響を与えてきたケンブリッジ大学の数学の教授ウィリアム・

ウィストンが一七三七年に出版した英訳とそこに見られる彼の反ユダヤ主義について語るかもしれません。

ヨセフスの受容史では語りたいことが山ほどありますが、この機会に、というよりは向こう二、三年のうちに受容史に関するいろいろな考えをまとめてみようと思っております。ちなみに、ヨセフスの著作である『ユダヤ戦記』と『ユダヤ古代誌』の拙訳はちくま学芸文庫に入っておりますので、まだお手元にお持ちでない方はご購入されることをお勧めいたします。

ウォラギネはヨセフスの著作を手元に置かずして、エウセビオスの『教会史』からの孫引きでヨセフスについて云々しております。お手元にヨセフスがあれば、そのことがすぐに分かるはずです。それから『教会史』の拙訳ですが、こちらは講談社学術文庫に入っておりますので、厚かましいお願いですが、そちらもひとつよろしくお願いいたします。

†殉教したウルスラと一万一千の娘たち

(1) **語られている場所**――『黄金伝説4』の第一五一話
(2) **祝日**――一〇月二一日
(3) **守護聖人**――ケルン市、若い娘たち、聖ウルスラ修道院
(4) **聖遺物の保管場所**――ケルンの聖ウルスラ教会の黄金の部屋
(5) **資料として言及・引用する聖書箇所**――なし
(6) **その他の資料**――なし
(7) **殉教したウルスラと一万一千の娘たちを描いた画家たち**――作者不詳(一四一一年頃作のテンペラ画「ケルンの町の前での聖女ウルスラの殉教」**図6-6**はケルンのヴァルラフ・リヒャルツ美術館)、作者不詳(一四四〇年代作の油彩の小品「ウルスラ」**図6-7**のサイクル画はケルンのヴァルラフ・リヒャルツ美術館)、作者不詳(一四七五―八二年作の油彩「聖女ウルスラと、教会とシナゴーグ」**図6-9**はブリュージュのグルーニング美術館)、ハンス・メムリンク(一四八九年制作の「聖女ウルスラの聖遺物箱」**図6-2**、**3**、**4**はブリュージュのメムリンク美術館)ヴィットーレ・カルパッチオ(一四九一年作のテンペラ画

「聖女ウルスラの生涯」図6-5、6-10のサイクル画はヴェネツィアのアカデミア美術館／一四九二年頃作のテンペラ画「巡礼団、教皇に拝謁する」はヴェネツィアのアカデミア美術館／一四九五年作のテンペラ画「聖女ウルスラの夢」はヴェネツィアのアカデミア美術館とフィレンツェのウフィツィ美術館）、作者不詳（一四九二―一四九五年作の油彩「聖女ウルスラと一万一千の処女の殉教」はロンドンのヴィクトリア・アンド・アルバート美術館）、作者不詳（一四八〇―一五〇〇年作の油彩「聖女ウルスラの生涯」図6-8はブリュージュのグルーニング美術館）、作者不詳（一四九二―九六年作の油彩「祭壇の前の聖女ウルスラと両親」はケルンのヴァルラフ・リヒャルツ美術館）、作者不詳（一四九〇年代の油彩「ローマへの巡礼の出発を父王に告げる聖女ウルスラ」図6-1はルーブル美術館）、カラヴァッジオ（一六一〇年に描いた油彩「聖女ウルスラの殉教」はナポリのイタリア商業銀行）

一万一千の娘たちの身の上に何が

『黄金伝説』をはじめて手にしたのは、その平凡社ライブラリー版邦訳が出版された直後の今から五年以上も前のことですが、この主題はそのときのことを思い起こさせます。神田の本屋で本書のぱらぱら読みをしているとき、はなはだ刺激的な表題に出くわしたからです。「一万一千もの処女の娘たちの身の上に……」「こんなにも多くの娘たちが男を知らずに殉教してしまったのか……」「ウルスラか……」というわけで、この話を立ち読みでしたが一気に読んだのを懐かしく思い起こします。今回は最終の講義ということもあって、その訳注をも含めて、腰を据えてじっくりと読みました。小さな物語に尾ひれや背びれがついていくと、小魚であったにすぎなかったものが堂々たる大魚になります。それを教えてくれるのがこの第一五一話です。

ウルスラの実在を疑う学者は結構おります。わたしたちは「疑い深いトマス」にならなくとも、そこで語られる彼女を中心とする殉教物語の核心部分にはほんのわずかな真実しかないことだけは承知しておくべきでしょう。そこでの真実ないしは真実っぽいものは、昔ブリタニアにウルスラと呼ばれる女性がいた、彼女はあるとき少数の仲間の者と一緒にローマに巡礼に出かけたが、その帰途ケルンで町を包囲していたフン族の者に襲撃され、その犠牲になった、といったものです。これ以上でもなければ、これ以下でもないのですが、これに尾ひれや背びれがつけばどうなるか、です。

ウルスラはまず、ブリタニアの敬虔なキリスト教徒の王の娘とされます。殉教女性に必要なのは門地の高さと処女であることです。これは『黄金伝説』で一貫している文学的パターンです。敬虔な王の娘となれば、男を知らずに育った娘のイメージが生まれます。そのため、彼女は「品行ただしく、聡明で、みめかたちも美しかった」となります。ここでイングランド王を登場させます。王は彼女の評判を聞いて、ひとり息子の嫁に迎え入れようとします。息子も彼女との結婚を熱望しますが、彼女は気乗り薄のため、異教からの改宗と洗礼を結婚の条件とします。王の息子は彼女の突きつけた二つの条件を受け入れます。ここまではいわば尾ひれですが、ここから先の背びれがすごいものです。彼女は結婚前に一〇人の乙女と一緒にローマへの巡礼の旅をしたいと願い出て、一〇人の乙女と自分自身にそれぞれ一〇〇〇人の侍女をつけてくれるよう要求するのです。「一万一千の童貞聖女……」の意味が飲み込めてまいります。

ウルスラは同行する一万の女性をわずか一日でキリスト教に改宗させます。彼女たち一行は船でケルンの町に到着すると、み使いがウルスラに現われて、ローマの巡礼が終わったら必ずこの町に戻り、殉教の栄えを受けると告げられます。殉教の予告があらかじめ告げられれば、それを回避しようと画策するものですが、殉教は神の栄光のためですから、従容と受け入れなければならぬものとなります。そして彼女と一万か一万一千の処女が殉教するのです。あとは図像をお見せしながら紹介します。

ウルスラの生涯を描く連作画

紹介は出来事の順を追います。最初の絵はウルスラの生涯の一九の物語場面を描くサイクル画のひとつです。ウルスラがローマへの巡礼の旅に出るにあたって執り行われた儀式のような場面です（図6-1）。左の二人は国王夫妻であり、ウルスラは左から三番目の女性です。『黄金伝説』は出発前の儀式については触れておりませんが、画家は当然このような場面があっておかしくないと想像してそれを描いているのです。ウルスラの頭にはややと光輪が描かれております。彼女の右隣に立つ人物は、赤い服装とその帽子から判断すれば、枢機卿です。なお物語によれば、ウルスラの一行には大勢の司教が同行したそうです。

次はブリタニアを出発してケルンの町に到着した一行です（図6-2）。一行は港の城門から町に入ろうとしております。図像を拡大しますと、右上の建造物には二つの大きな窓が描かれ、右側の部屋にはひとりの女性がベッドの上に、左側の部屋にはみ使いが認められます。

ウルスラの聖遺骨箱に描かれたその生涯の場面

ハンス・メムリンクはウルスラの生涯の場面を彼女の聖遺物箱に描きましたが（図6-3）、お見せした絵（図6-2）はこの7×33×91センチの聖遺物箱からのものです。次も同じ作者のもので、バーゼルに到着したときの一行です（図6-4）。大勢の処女で満杯の二艘の船を描くことで一万の処女たちの船旅としております。中央でお付きの者に手を取られながら下船しようとしているのがウルスラです。物語によれば、バーゼルからローマまでの一行の旅路は徒歩だったそうです。一万の娘たちの行進は、昔であればローマの正規の二軍団に匹敵するものですから、さぞや壮観なものであったと想像しなければなりませんが、彼女たちの食糧補給はどのようにしてなされたのでしょうか？　軍団であれば、通過する町々で略奪を働けばそれですむのですが、巡礼団ですから、そのようなことは断じてできません。それだけに心配になるわけです。

ローマで歓迎されるウルスラとその一行

こちらはウルスラに魅せられてその生涯の九つの場面を描いたヴィットーレ・カルパッチオの作品で、ローマでのウルスラを語るときによく取り上げられるものです（図6-5）。『黄金伝説』によれば、ウルスラとその一行は、ローマで、教皇キュリアクスの歓迎を受けます。教皇はブリタニアの生まれだったそうですから、同郷のよしみで彼女を歓迎したのかもしれません。三重冠をかぶった教皇の前ではウルスラがひざまずいております。彼女の横でひざまずいているのは彼女の婚約者であるアエテレウスです。物語では彼はこの場面には登場しませんが、ある時点で一行に加わったとされますから、カルパッチオは婚約者をウルスラの横に描くことで、この場面を劇的なものに仕立てております。ちなみに、『黄金伝説』の訳者の注によると、キュリアクスの名で呼ばれる教皇はおらず、一一六〇年ころにケルン市のベネディクト会の修道士たちによって創作された架空の人物だそうです。この絵の中には赤い帽子をかぶった枢機卿や白いとんがり帽をかぶった司教たちが大勢描かれております。背景の要塞のような建物はサンタンジェロ城です。

ローマからケルンへ

ここから先が大変です。彼女たち一行がローマからケルンに戻るからです。すでにケルンで殉教することが告げられておりましたが、一行がケルンに戻るとそこはフン族によって包囲されております。フン族の男たちは一行を見ると、「羊の群れにとびかかる狼のようにあばれまわり、一行を手あたりしだいに殺した」そうですが、フン族の王はウルスラの美しさに魅せられ、彼女を妻に迎え入れたいと申し出るのですが、それは断られてしまいます。王は侮辱されたと思い、彼女を一本の矢で射殺《いころ》します。

こちらは作者不詳のテンペラ画「ケルンの町の前での聖女ウルスラの殉教」と題する作品です（図6-6）。画面の中央には自分たちを待ち受ける運命を知らないウルスラの一行を乗せた船が港に入ってきます。その右側にはケルンの港町に到着した二艘の船が描かれております。ウルスラたちが上陸します。そしてフン族の男たちによる虐殺です。港の海中には魚が泳いでおります。どの魚もペアです。魚がキリスト教を象徴するものであることはご存知のことかと思われますが、ここでの二匹のペアの魚は、ウルスラとキリスト教に改宗した彼女の婚約者を表しているようです。

ウルスラの生涯を描いた連作画

次はハンス・メムリンクがインスピレーションを受けたとされるウルスラの生涯を描いた連作画からです（図6-7）。一四四〇年代に制作されたものですが、その作者は不明です。上段の絵では到着した舟を一頭の馬が長いロープで引いておりますが、運河の上を馬で引かれる船ではあるまいしと、わたしはこの場面を説明できないでおります。下段の絵はフン族の攻撃を受けている一行を示しております。画面の右には上陸したウルスラが至近距離から矢で射殺されようとしております。

次も作者不詳の作品ですが（図6-8）、非常に明快です。奥の一艘の船には教皇冠をかぶった男と彼を後ろから支える枢機卿が描かれておりますが、『黄金伝説』によると、教皇のキュリアクスは一行が殉教の冠を受けることを主のお告げで知ると、教皇位を退き、一行に同行したのです。ですから、ここに教皇が描かれていても不自然ではないのです。中央の船のウルスラには矢が至近距離から射込《いこ》まれております。右下の岸壁では司教やその他の者の首がはねられております。ユディトの絵や、洗礼者ヨハネの絵から知られるように、この時代の画家たちは首をはねる場面を何のためらいもなく描きます。

この絵のサイクル画をお見せいたします（図6-9）。この絵は下段の右から二番目に見られるものです。上段の左右にも絵が見られます。反ユダヤ主義の絵画に関心を示す者にとってはこの連作画は見逃すことができぬものです。上段の右側にはシナゴーグを表す女性が描かれております。彼女は目隠しをされております。彼女は十戒が描かれた石板を手にしております。それとは対照的に、上段の左側に描かれた女性は聖杯を手にし、勝ち誇ったポーズを取っております。シナゴーグにたいする教会の勝利が描かれているわけですが、なぜこの二つの絵がこのウルスラの殉教の場面を描いたサイクル画の上に必要なのか、わたしはそれが説明できなくて困っております。

ウルスラのアポテオーシス

最後はまたカルパッチオの「聖女ウルスラのアポテオーシス」と題する作品です（図6-10）。アポテオーシスとは本来ローマ史で使用されるテクニカル・タームで、皇帝が死後元老院の推挙で神になる事態を指します。ウェスパシアヌスを除くすべての皇帝が死後神になることを待ち望みましたが、そこからこの言葉の意味を読み解けば、殉教したウルスラは神のもとに旅立ち、神に等しい者とされたようです。天界にはすでに神の子を産み、それゆえにテオトコスと呼ばれた聖母マリアがおりますから、天界に昇天しても、二人の間でトラブルは起きないのでしょうか？　いずれにしても、この絵では神が両手を広げて、身光に覆われたウルスラが天界に昇ってくるのを歓迎しております。よく分からない、醜悪な絵かと思われます。

図 6-1

図 6-2

図 6-3

図 6-4

図 6-5

図 6-6

図 6-7

図 6-8

図 6-9

図 6-10

†ゲオルギウス

(1) **語られている場所**——『黄金伝説2』の第五六話
(2) **祝日**——四月二三日
(3) **守護聖人**——十字軍戦士とドイツ騎士団、リチャード一世獅子心王
(4) **聖遺物の保管場所**——イスラエルのリュッダ（ディオスポリス）
(5) **資料として言及・引用する聖書箇所**——なし
(6) **その他の資料**——ベーダの『殉教録』、アンブロシウスの著作の序文、トゥールのグレゴリウスの著作、『アンティオケイア史』
(7) **ゲオルギウスを描いた画家たち**——ベルナルド・マルトレロ（一四三〇—三五年作のテンペラ画「ドラゴンを仕留める聖ゲオルギウス」はシカゴのアート・インスティテュート）、パオロ・ウッチェロ（一四五六年頃作の油彩「聖ゲオルギウスとドラゴン」はロンドンのナショナル・ギャラリー）、制作者不詳（一四六〇年頃作の「聖ゲオルギウス祭壇画」はケルンのヴァルラフ・リヒャルツ美術館）、アンドレア・マンテーニャ（一四六〇年頃作のテンペラ画「聖ゲオルギウス」はヴェネツィアのアカデミア美術館）、ジョヴァンニ・ベ

リーニ（一四七一―七四年作の「ペサロ祭壇画」の聖ゲオルギウスはペサロ市民美術館）、カルロ・クリヴェリ（一四七二年作のテンペラ画「聖ゲオルギウス」はニューヨークのメトロポリタン・ミュージアム）、ヴィットーレ・カルパッチオ（一五〇二年作のテンペラ画「聖ゲオルギウスとドラゴン」**図6-11、6-12**はスクオーラ・ディ・サンジョルジョ・デリ・スキアヴォーニ／「聖ゲオルギウスの勝利」は同じ美術館）、作者不詳（一五〇〇―一〇年作の油彩「聖ゲオルギウス伝説の諸場面」はブリュージュのグルーニンゲ美術館）、アルブレヒト・デューラー（一五〇五年作の彫刻画「乗馬姿の聖ゲオルギウス」**図6-13**はニューヨークのメトロポリタン・ミュージアム）、ラファエロ・サンツィオ（一五〇三―〇五年作の油彩「ドラゴンを仕留める聖ゲオルギウス」**本書カバー装画**はルーブル美術館／一五〇五―〇六年作の油彩「聖ゲオルギウスとドラゴン」はワシントンのナショナル・ギャラリー）、ミシェル・コロンブ（一五〇八年作の大理石作品「聖ゲオルギウスとドラゴン」はルーブル美術館）、アルブレヒト・アルトドルファー（一五一〇年作の「森の中の聖ゲオルギウス」はミュンヘンのアルテ・ピナコテーク）、ソドマ二世（一五一八年頃作の「聖ゲオルギウスとドラゴン」はワシントンのナショナル・ギャラリー）、ゲオルグ・レンベルガー（一五二〇年作の油彩「王女を救いだす聖ゲオルギウス」はフィレンツェのウフィツィ美術館）、コレッジオ（一五三〇―三二年作の油彩「聖母マリアと聖ゲオルギウス」はドレスデン国立絵画館）、ティントレット（一五四三年頃作の油彩「聖ゲオルギウス」はエルミタージュ美術館／一五五五―五八年作の油彩「聖ゲオルギウスとドラゴン」はロンドンのナショナル・ギャラリー）、ミヒエル・ヴァン・コクシイ（一五八〇年代作のパネル画「聖ゲオルギウスの拷問」はベルギーのメヘレンの聖ランボルド聖堂）、ルーベンス（一六〇六―一〇年作の油彩「ドラゴンを仕留める聖ゲオルギウス」はプラド美術館）、エーギット・クヴィリン・アザム（一七二一年作の「聖ゲオルギウスとドラゴン」はヴェルテンブルクのベネディクト修道院）

ヨーロッパの国々やイギリスの美術館や聖堂などを見て回っているとき、よく目に飛び込んでくるのが聖ゲオルギウスがドラゴンを仕留めている絵や彫像です。聖ゲオルギウスはイングランドでは守護聖人です。ギリシアでもそうです。その国名がこの人物に由来するグルジアもそうです。あるときイギリスで親しくなったグルジアからの研究生と、聖ゲオルギウスとユニオン・ジャックとグルジアの国旗を話題にしたことがあります。彼女の父親は警察の署長でしたが、父親のオフィスにはゲオルギウスのイコンがいくつも飾られているそうです。

ゲオルギウスについては、他の聖人と同様に、分からないことだらけです。ドラゴン退治を生業としていた人物ではなく、カッパドキア出身のローマ軍の兵士であったようです。ディオクレティアヌス帝のキリスト教迫害で三〇三年頃に殉教したとされます。ゲオルギウスについて分かるのはこれくらいしかなく、これではディオクレティアヌス帝のときの殉教者のひとりにすぎなくなります。後になって彼の生涯についてさまざまなことが語られるようになるのは、彼の生き方に他の者たちのそれとは違う何かがあったからかもしれませんが、その「何か」が何であったのかは分かりません。今回、時間の許すかぎり、ばかばかしい作業だとは思いつつも、ゲオルギウスについて随分と調べたのですが、何の手がかりも見出すことができませんでした。

『黄金伝説』で主題的に語られるのはゲオルギウスのドラゴン退治です。リビアのある町の湖に毒をもったドラゴンが潜んでいたそうです。その湖は「海のように大きな湖」だとされておりますから、そこに潜むドラゴンはとてつもなく巨大なものだったと想像されます。市民たちは毎日二頭の羊をこのドラゴンに与えていたというのです。羊を与えないと町の城壁の所に現われ、その毒気で空気が汚染され、多くの市民が死んだというのです。一日二頭の羊ですが、羊が足りなくなると、羊一頭と人間がひとり与えられることになります。そこで誰を毎日ドラゴンの餌として与えるかですが、くじです。くじは民主主義です。くじは公平です。ところがそのくじが王女にあたってしまうのです。王もこの公平な手続きを踏みにじることなどできません。さあ、そこで……となるわけです。

『黄金伝説』でもうひとつ主題的に語られるのはゲオルギウスの殉教です。彼はディオクレティアヌスとマクシミアヌス両皇帝の迫害時に、多くの者がその大がかりな拷問のため信仰を捨てるのを見て心を痛めます。そのため彼は騎士の甲冑を脱ぎ捨ててキリストに仕える身となります。彼は異教の神々を否定します。そしてそのため、彼自身が迫害の対象とされるのです。

『黄金伝説』が語る迫害の場面は壮絶ですが、その場面が壮絶で悲惨であればあるほど、ゲオルギウスはそれだけ殉教聖人として覚えられていきます。このあたりのことを殉教物語の語り手は十分心得ており、悲惨な場面はより悲惨に、凄惨な場面はより凄惨に描くことに腐心するわけですが、この表現手法は、実は、二〇〇〇年以上昔のユダヤ教側の殉教文学の書『第四マカベア書』からキリスト教徒が受け継いだ文学的相続遺産なのです。

最初にお見せするのはヴィットーレ・カルパッチオが描いた「聖ゲオルギウスとドラゴン」です(図6-11)。カルパッチオの絵が続いてしまいますが、そこはご勘弁願います。

この絵は『黄金伝説』に非常に忠実です。

すでに触れたように、『黄金伝説』によると、ドラゴンが棲息するのは「海のように大きな湖」でしたが、この絵の背景は帆船を二艘描くことでそれが物語に忠実であることを示しております。画面の右側に描かれている女性はくじで人身御供にされることになった王女です。物語の中では王女の名前は与えられておりませんが、この『黄金伝説』が別の言い伝えを生み出していたら、彼女にもイレーネとかアガタのような名前が与えられていたと想像されます。具体的な固有名詞を与えるということは物語に「史実性」、すなわち

「本当らしさ」を与えるために必要な手続きなのです。ゲオルギウスが騎乗する馬の両脚の間には人身御供となった者の手足を切断された肉体が描かれております。これも物語どおりです。

次はゲオルギウスの長槍が成敗したドラゴンです（図6-12）。図6-11と同じ絵の左側に位置する部分を見やすく拡大しました。見事それはドラゴンの頭を貫通しております。このドラゴンの下にも人身御供とされた者たちが描かれておりますが、この絵はヨハネの黙示録にヒントを得て復活の場面を描いたヤン・プロボストらの絵を想起させるものとなっておりますが、どうでしょう。もうしばらく見続けていると画面の頭だけを地上に出している人物にももっと肉がついて立ちあがってきそうです。

次はアルブレヒト・デューラー（一四七一―一五二八）が描く聖ゲオルギウスです（図6-13）。馬の下にドラゴンが描かれており、そのためこの騎士が黙示録に登場する騎士ではなくて聖ゲオルギウスであることが分かります。旗に描かれた十字も識別の指標になります。

次は拷問場面です。

『黄金伝説』は四つの拷問場面を語ります。その四つすべてを描いた作者不詳の作品をご紹介します（図6-14）。物語によると、拷問台上のゲオルギウスは「全身の各部分をつぎつぎと釘で引き裂か」れたそうです。上段の右です。ここで描かれているのは拷問台ではなくて、吊るしですが、この場面は『黄金伝説』の記述に対応するものです。

上段の左は釜ゆでされているゲオルギウスです。釜ではなくて教会の洗礼槽に見えるのはご愛敬ですが、そこに投げ込まれたゲオルギウスは余裕をかましております。それもそのはず、『黄金伝説』によれば、ゲオルギウスは「煮えたぎる鉛をみたした釜に入れ」られても、十字を切って釜に入ったためでしょうが、「まるで湯かげんのいい風呂にでもつかっているような様子であった」そうです。下段の右です。車輪に縛り付けられ車輪ごと回転させられそうになります。わたしの知る限り、この拷問法はヘレニズム・ローマ時代にすでに活用されていたものです。物語によれば、ゲオルギウスが縛り付けられた車輪には「いたるところに両刃《もろは》の剣が植えつけてあった。ところが、車輪は、すぐさまくだけて、ゲオルギウスは、かすり傷ひとつ負わなかった」というのです。

画面の中央の上から車輪を目がけて神の聖霊（とおぼしきもの）が降り注ぎ、そのダイナマイト級の霊力が車輪をばらばらにします。下段の左は毒を盛られた葡萄酒を飲むゲオルギウスです。物語によれば、ゲオルギウスが十字を切ってから飲み干すと、毒はまったく効かなかったそうです。

図 6-11

図 6-12

図 6-13

図 6-14

†アウグスティヌス（三五四―四三〇）

(1) **語られている場所**――『黄金伝説3』の第一一八話
(2) **祝日**――八月二八日
(3) **守護聖人**――醸造業者、印刷業者、神学者、多くの都市
(4) **聖遺物の保管場所**――パヴィアのアウグスティノ会修院聖堂
(5) **資料として言及・引用する聖書箇所**――ローマ人への手紙、イザヤ書、詩篇
(6) **その他の資料**――アウグスティヌスの『告白』、シンプリキアヌスの著作、哲学者コルネリウスの著作、『アイネイス』、アウグスティヌスの『神の国』、ヒエロニュムスの書簡、グレゴリウスの記録簿、アンブロシウスの著作、プロスペルの『観想的生活について』、ベルナルドゥスの著作、アウグスティヌスの『ソリロキア』
(7) **アウグスティヌスを描いた画家たち**――ピエトロ・ディ・ジョヴァンニ・ダンブロジオ（一四三五―四〇年作のテンペラ画「聖アウグスティヌス」はアルテンブルクのリンデナウ美術館）、ベノッツォ・ゴッツォリ（一四六四―六五年作のフレスコ画「聖アウグスティヌスの生涯」**図6-21**はサンタゴスティーノ聖堂）、ピエロ・デラ・フランチェスカ（一四六

〇年頃作のテンペラ画「聖アウグスティヌスの多翼祭壇画」はニューヨークのフリック・コレクション／一四六五年作の「聖アウグスティヌスの多翼祭壇画」はリスボン国立美術館)、ハイメ・ウゲート(一四六六―七五年作のテンペラ画「聖アウグスティヌスの叙任式」図6-15はバルセロナのカタルニャ美術館)、ヨース・ファン・ワッセンホーフェ(一四七四年頃作の油彩「聖アウグスティヌス」はルーブル美術館)、サンドロ・ボッティチェリ(一四八〇年作のフレスコ画「聖アウグスティヌス」図6-17はフィレンツェのオグニサンティ教会／「書斎の聖アウグスティヌス」はフィレンツェのウフィツィ美術館)、ミヒャエル・パッヒャー(一四八三年頃作の板絵「教会教父の祭壇画」図6-20はミュンヘンのアルテ・ピナコテーク)、カルロ・クリヴェリ(一四九〇年頃作のテンペラ画「聖ヒエロニュムスと聖アウグスティヌス」はヴェネツィアのアカデミア美術館)、ヴィットーレ・カルパッチオ(一五〇二年作のテンペラ画「聖アウグスティヌスの幻想」はヴェネツィアのスクオーラ・ディ・サン・ジョルジョ・デリ・スキアヴォーニ聖堂)、ルーベンス(一六三九年作の油彩「聖アウグスティヌス」はプラハの国立美術館)、フィリップ・ド・シャンパーニュ(一六四五―五〇年作の油彩「聖アウグスティヌス」図6-16はロサンジェルスのカウンティ・ミュージアム・オブ・アート)、クラウディオ・コエリョ(一六六四年作の油彩「聖アウグスティヌスの勝利」はプラド美術館)

日本だけでなくヨーロッパの各国にも大勢のアウグスティヌス研究者がおります。その人たちの間では、教会教父の研究と言えば、これはもうアウグスティヌス研究となるのですが、わたしにとって不思議なのはこの人たちの多くがアウグスティヌスに至るまでの他の教会の物書きたちの文書を熱心に学ぼうとしないことです。もうひとつわたしに理解できないことは、ユダヤ人はキリスト登場の証人として「彼らを殺してはならない。彼らを生かしておいてやるのだ」とするアウグスティヌスのユダヤ人理解は後の時代の反ユダヤ主義に大きな影響を与えたことは明白なのですが、それについて本格的に学び、アウグスティヌスを徹底的に批判してみる研究者がほとんどいないことです、日本にも海外にも。大きな影響を与えた以上、研究の対象にしなければ嘘ですが、しないのです。不思議です。研究に偏りがあってはなりません。この「あーら不思議」現象はルターについても言えます。彼のユダヤ人嫌いは、ある時期以降、徹底していたように見えます。そのことはどんなルター研究者にも明らかなことのように見えますが、日本のルター研究者が「ルターと反ユダヤ主義」について研究する人は皆無に近い状態です。日本のルター研究者が、ルターの反ユダヤ主義についての議論をし、ルターを徹底的に批判したという話は聞いたことがありません。歴代のローマ教皇の反ユダヤ主義もひどいもんです。こちらの研究もあまりありません。

ウォラギネですか？

『黄金伝説』を読む限り、彼は露骨な反ユダヤ主義者ではないような印象を読む者に与えますが、すでに見て来たように、彼の反ユダヤ主義的思考は随所に見られます。彼はキリスト教徒の奇跡を見てユダヤ人が改宗した話があれば、それを好んで取り上げますし、彼自身も創作いたします。

余計なことを申し上げましたが、これだけは最初に言っておきたかったことです。アウグスティヌスはローマ帝国領であった北アフリカのヌミディア州の小さな町タガステに生まれます。誕生年は三五四年です。母のモニカはキリスト教徒で父のパトリキウスは異教徒です。彼はタガステの町で初等教育を受けますが、長ずるにおよんでカルタゴで修辞学を学びます。それればかりか彼は女性についても学び、ひとりの女性と同棲し、男子アデオダトゥスを儲けます。わたしは人様の告白録を読む趣味は持ち合わせないのでアウグスティヌスの『告白』を読んだことはありませんが、彼はその中で一五年に及んだ同棲生活を回想して、当時は肉欲に支配されて荒れ狂っていたと述べているそうです。「いいじゃないの、それでも」とそっと呟いてあげたいものです。彼は三七三年から九年間マニ教を信奉していたそうですが、同時にキケロの著作やその他の書物を読んでいたようです。「若いときには何でも幅広く学ばねば」ということはわたしが学生諸君に繰り返し言ってきたことです。

さて、アウグスティヌスは三八三年にローマに行き、翌年ミラノで修辞学の教師となります。修辞学とは弁論術のことです。相手をいかにして説得するかです。いかにして打ち負かすかです。人間大切なのは口八丁、手八丁であることを教えてくれる学問です。彼はここですでに取り上げているアンブロシウスの説教の影響を受け、また母モニカのやいのやいのの執拗なすすめの影響もあってでしょう、三八七年に息子のアデオダトゥスと一緒に洗礼を受けます。彼は受洗前の三八六年にパウロがローマ人への手紙の第一三章にある言葉「主イエス・キリストをまとえ。肉欲をみたすことに心を向けてはならない」を読んで回心したというのです。「主イエス・キリストをまとう」とはどういうことなのでしょうか? イエス・キリストは肉をまとってこの世に登場したと言われますが、ここでは確か同じギリシア語が使用されております。

アウグスティヌスの母は三八七年に亡くなります。そこで翌年彼はタガステに戻り、息子や仲間の者と一緒に、修道院的生活を開始いたします。こちらは後の一三世紀にできた聖アウグスティノ修道会の基礎となるものです。彼は三九一年に、請われてヒッポの司祭に、後には司教になります。このヒッポは当時カルタゴにつぐアフリカの第二の都市でした。彼は他のアウグスティヌスと区別して「ヒッポのアウグスティヌス」と呼ばれることがありますが、それは彼がこの町で三五年の長きにわたって司教をつとめたからです。彼は四三〇年、ヴァンダル族の包囲の中で没します。彼の残した著作は『告白』や、『神の国』、『聖三位一体論』、聖書関係の注解を含めた膨大なものですが、幸いなことに教文館から、『アウグスティヌス著作集』が出ておりますので、ご案内いたします。

ド派手な祭服姿と燃えるハート

では画像です。最初にお見せするのはハイメ・ウゲートが描いた、アウグスティヌスが司教に叙任される場面です（図6-15）。金襴緞子《きんらんどんす》のド派手な祭服姿ですが、完徳の人アウグスティヌスは「富を蔑み、名誉を退けた」のではなかったかと想像すると、このような図像はカトリックの金満体質・金ピカ体質を見事に表しているとは言え、アウグスティヌスには「ちょっとどうか」となります。

次にお見せするのはフランドルの画家フィリップ・ド・シャンパーニュ（一六〇二―七四）が描いた「聖アウグスティヌス」です（図6-16）。この画像のアウグスティヌスは左手に何かを持っておりますが、さて何でしょう？　アウグスティヌスの「神への燃える愛」を象徴する彼の「燃えるハート」です。そのハートは左上の「真理」と描かれた燃え盛る太陽のようなものから飛んできたものです。なおハートが描かれた作品としては、シエナの市立絵画館にグィドッチオ・コッツァレッリが描いた「キリストにハートを捧げる聖女カテリナ」の作品があります。こちらは聖女カテリナが幻視を見て、自分のハートをキリストに差し出すと、キリストが自分のハートを差し出したとする絵です。馬鹿馬鹿しい限りのキワモノ的な絵ですが、それだけに一見の価値のあるものです。アウグスティヌスの足下には何冊かの本が描かれております。本もまたお勉強家のアウグスティヌスを示すアトリビュートのひとつです。彼は司教服をまとっておりますが、どこにも司教冠は見あたりません。

次はサンドロ・ボッティチェリ（一四四四―一五一〇）が描いたフレスコ画の「聖アウグスティヌス」です（図6-17）。これはアウグスティヌス学者が好きな絵ではないでしょうか？ こちらでは司教冠も描かれております。ある解説によりますと、ここでのアウグスティヌスは聖ヒエロニュムスの死の幻を見ているそうです。

次にお見せする絵は『黄金伝説』からは読み取れないもので、他の伝承にもとづくものです。海辺のアウグスティヌスです（図版6-18、19）。どちらも孫のような子供を相手にしております。『黄金伝説』の日本語訳者はその注の中で「海辺でひとりの童子に出会う場面がよく描かれる」理由を説明します。少し長いですが引用いたします。「『聖三位一体論』を書いていたころ、彼が思索にふけりながら海辺を歩いていると、少年がスプーン（または貝がら）で海の水をくんでは砂浜の穴に注ぎ入れている。なにをしているのだね、とたずねると、少年は、『おじさんがしているのとおなじことをしているんだ。おじさんは、神の究めがたさを思想の力で汲みつくそうとしていますね。それとおなじで、ぼくも、海の水を汲みつくそうとしているんです』と答えた」そうですが、これはその場面を描いたものなのです。それにしても人の心の思いを見破るませた子供もいたものです。

この絵の背景が分かると、四人の教会の物書きたちを描いたオーストリアの画家ミヒャエル・パッヒャーの絵もすぐに分かるはずです（図6-20）。一番左の絵は聖ヒエロニュムスを描いたものです。すでに学んだように、ライオンが描かれ枢機卿の帽子と枢機卿の着

図 6-15

図 6-17

図 6-16

図 6-18

図 6-19

図 6-20

用する赤いマントが描かれていますから、聖ヒエロニュムスであることが自動的に分かります。問題はその隣の絵です。海辺は描かれておりませんが、ここで描かれている少年は海辺で遊んでいた少年なのです。この人物の右手の親指と、人差し指、それに中指がある仕草をしております。この三本の指は、彼が著した『聖三位一体論』を表しているのだぞうです。ちなみにその隣は聖大グレゴリウスで皇帝トラヤヌス帝を煉獄から救い出そうとしております。右端の絵は聖アンブロシウスです。

アウグスティヌスの生涯を描いたものはサンタゴスティーノ聖堂で見ることができるこの絵です（図6-21）。この壁画についてはすでに『名画でたどる聖人たち』（青土社刊）で取り上げたので、ここでは取り上げません。

図6-21

†クリストフォロス

(1) 語られている場所――『黄金伝説3』の第九五話
(2) 祝日――七月二五日、東方教会では五月九日
(3) 守護聖人――?
(4) 聖遺物の保管場所――なし
(5) 資料として言及・引用する聖書箇所――なし
(6) その他の資料――いくつかの聖伝、アンブロシウスの著作の「序文」
(7) クリストフォロスを描いた画家たち――ヤン・ファン・エイク(一四二七―三〇年作の油彩「聖なる巡礼」(ゲントの祭壇画)はゲントの聖バヴォ聖堂)、ディーリック・バウツ(一四七〇年頃作の油彩「聖クリストフォロス」はミュンヘンのアルテ・ピナコテーク)、ピントゥリッキオ(一四七一年頃作の油彩「十字架刑と聖ヒエロニュムスと聖クリストフォロス」図6-24はローマのボルゲーゼ美術館)、コスメ・トゥーラ(一四八四年頃作のパネル画「聖クリストフォロス」はベルリンの国立美術館)、フランチェスコ・ディ・ジョルジオ(一四九四年頃作の彩色木彫「聖クリストフォロス」はルーブル美術館)、ハンス・バルドゥン

グ＝グリーン（一五二五年頃作の木版「聖クリストフォロス」はニュルンベルクの国立美術館）、ヒエロニュムス・ボッシュ（一四九〇年以降の油彩「幼子イエスを背負う聖クリストフォロス」図6-23はロッテルダムのボイマンス・ファン・ベーニゲン美術館）、アルブレヒト・デューラー（一五一一年作の木版画「聖クリストフォロス」図6-22はロンドンの大英博物館／一五二一年作の銅版画「左の方を向く聖クリストフォロス」と「右の方を向く聖クリストフォロス」はニューヨークのメトロポリタン・ミュージアム）、ヴェッチェリオ・ティツィアーノ（一五二四年作のフレスコ画「聖クリストフォロス」はヴェネツィアのパラッツォ・ドゥカーレ）、ロレンツォ・ロット（一五三一年作の油彩「聖クリストフォロス」はベルリンの国立美術館／一五三五年頃作の油彩「聖クリストフォロス、聖ロヒ、聖セバスティアヌス」はロレートのサントゥアリオ・デッラ・サンタカーサ）、オラツィオ・ジェンティレスキ（一六〇五―一〇年作の油彩「聖クリストフォロスのいる風景」はベルリンの国立美術館）、作者不詳（一六八五年作の板絵「犬頭人身の聖クリストフォロス」図6-25はアテネのビザンティン美術館）

その実在が疑われるクリストフォロス

クリストフォロスと呼ばれる聖人をご存知でしょうか？　カトリックの教会でも東方のギリシア正教でもまたアルメニア教会でも非常に崇敬された、しかしその実在が疑われる人物のひとりです。これまでにもその実在が確証できない聖人は何人もおりましたから、いちいち驚いてはおられませんが、こちらはペストが流行したヨーロッパで盛んに崇敬された人物だそうです。『黄金伝説』の訳者の注によれば、「朝彼の画像を拝めば、一日じゅう生命を守ってもらえる」と信じられたそうで、「そのために教会の内や外、市門や塔、建物の入口など人目につきやすい場所をえらんで彼の画像（それもできるだけ大きな）がかかげられた」というのです。危難の際にはキリストさまの名前を唱えたり、「主よ、神よ」と言って十字のひとつでも切っていればよかろうかと思われるのですが、この聖人の画像を拝むというのです。このあたりはわたし（たち）が理解することのできないあちらのキリスト教のメンタリティではなかろうかと思いますが、さらに分からないのはカトリックには危急のさいにその人の名を呼んで助けを求めることができる聖人が一四人もいることです。すでに学んだニコラウスもそうでしたが、カトリックではそうした聖人を束ねて「一四救難聖人」と呼んでおりますが、こんなに救難聖人が多くては混乱しないのでしょうか？　だれを呼ぶか決めかねているうちに命を落としたりして。

紹介が遅れました。『黄金伝説』によれば、この人物はパレスチナのカナン出身の巨大な体軀《たいく》の持ち主で、身の丈は一二キュピト（五メートル四〇センチ）ありました。ここで「カナン」という地名とその「身の丈」を聞けば、誰もがペリシテびとの巨人ゴリアテのことを思い起こすはずですが、ゴリアラの身の丈は六キュビト半ですから、ゴリアテも見上げねばならぬ特段の巨人です、多分人類史始まって以来の巨人です。

ある日のことです。

彼はこの世で最強の者に巡り会おうと悪魔を探しに出かけます。彼は悪魔に巡り会い、この悪魔を主人として仕えようとするのですが、この悪魔は街道に十字架が立っていたりするとそれを避けて通るのです。それを見て男はキリストこそこの世で最強の人物であることを知り、次に彼はキリストについて教えてくれる人物を探していると、ひとりの隠修士に巡り会います。隠修士は彼に川の渡しになり、人が深みにはまって落命しないようにすることがキリストに仕える方法だと教えます。身の丈がはじめて活用されるわけですが、あるときひとりの子を肩に乗せて対岸にまで連れて行くのですが、なんとその子がキリストだったというのです。そこで彼は「キリストを（対岸に）運んだ者」の意で、「クリストフォロス」と呼ばれるようになります。ミケランジェロらが描く「三途の川の渡し守り」とはひと味もふた味も異なるものとなり、聖人にまで格上げされ、崇敬や信仰の対象となるのです。

最初の絵はデューラーの木版画です（図6-22）。彼はこの場面を木版画ばかりか銅版画でもいくつも制作しておりますが、お見せしているこの木版画はことのほか『黄金伝説』に忠実です。それはこの巨人にキリストの道を説いたばかりか職業相談にものってやった隠修士が画面の右端に描かれているからです。こちらはヒエロニムス・ボッシュ（一四五〇頃―一五一六）の描くものです（図6-23）。この巨人は川を渡るときに魚までゲットしております。川を遡上する鮭なのでしょうか、それともマスなのでしょうか？　この絵でも右下の川縁に隠修士が描かれております。

こちらはピントゥリッキオ（一四五四―一五一三）作の油彩「十字架刑と聖ヒエロニュムスと聖クリストフォロス」と題する作品です（図6-24）。この絵では幼子キリストを肩に乗せて川を渡る巨人が画面の右側に描かれておりますが、『黄金伝説』によると、川を渡り切ると、巨人は幼子キリストから、「これからむこう岸にもどったら、あなたの杖を小屋のそばの地面に植えなさい」と言われてその通りにすると、翌日「杖は、棕櫚の木のように葉をしげらせ、実をつけていた」そうですが、ここでの画家ピントゥリッキオは物語に忠実です。十字架はゴルゴタから川べりにお引っ越しです。画面の左では荒れ野の中で修行するヒエロニュムスが認められます。この人物がヒエロニュムスであることは枢機卿がかぶる赤い帽子が彼の足もとに置かれているからです。彼は情欲に打ち勝とうと、石か何かで胸を打っております。彼の後ろには荒れ野での彼の寝泊まりの場所となった洞窟と修道院に紛れ込んだライオンが描かれております。荒れ野と豊かな水の流れる川。この組み合わせには笑ってしまいますが、この川はクリストフォロスのために必要なものです。

最後に「犬頭人身の聖クリストフォロス」を紹介します。

これは東方教会でつくられた一七世紀のイコンです（図6-25）。東方教会の言い伝えによると、リプロブス（リプレブス）とはアフリカの人食い人種の種族に属する犬の頭をもつ巨人だそうですが、そのあたりの誤解からこの種の絵がイコンに描かれたり、『キーファン詩篇』（一三九七）や『ニュルンベルク年代記』（一四九三）などの挿絵に登場するようになります。ウェブで検索してみてください。結構な数のものを拾えます。なお言い忘れるところでしたが、ここでの「犬頭人身像は幼子キリストを運んではいないではないか」と指摘されそうですが、彼は幼子キリストをあらわす十字架を手にしております。

図 6-22

図 6-23

図 6-24

図 6-25

†ヌルシアのベネディクトゥス（四八〇頃―五四三）

(1) 語られている場所――『黄金伝説1』の第四八話
(2) 祝日――三月二一日
(3) 守護聖人――ベネディクト会修道士、ヨーロッパ、教師や子供たち
(4) 聖遺物の保管場所――アルモンテ・カシーノ修道院ほか
(5) 資料として言及・引用する聖書箇所――なし
(6) その他の資料――なし
(7) ベネディクトゥスを描いた画家たち――スピネロ・アレティーノ（一三八三―八四年作のテンペラ画「聖ベネディクトゥス」はエルミタージュ美術館／一三八七年作のフレスコ画の連作「聖ベネディクトゥスにまつわる伝説からの諸場面」はフィレンツェのサン・ミニアト・アル・モンテ）、フラ・アンジェリコ（一四四一―四二年作のフレスコ画「キリストの磔刑と聖人たち」の中の聖ベネディクトゥスはフィレンツェのサン・マルコ修道院）、ピエロ・デラ・フランチェスカ（一四四五―六二年作の油彩とテンペラ画「ミゼリコルディアの多翼祭壇画」の中の聖ベネディクトゥスはイタリアのサンセポルクロの市立美術館）、作

者不詳（一四八〇年頃作の油彩「聖ベネディクトゥスの奇跡」はワシントンのナショナル・ギャラリー）、ルカ・シニョレリ（一四九九－一五〇二年作のフレスコ画「聖ベネディクトゥスの生涯」はアバッジアのモンテオリヴェート・マッジョーレ修道院）、ピエトロ・ペルジーノ（一四九五－九八年作のテンペラ画「聖ベネディクトゥス」はヴァチカン美術館）、ソドマⅡ（一五〇五－〇八年作のフレスコ画の連作「聖ベネディクトゥスの生涯」図6-26～29はアバッジアのモンテオリヴェート・マッジョーレ修道院）

修道院をつくったベネディクトゥス

ウォラギネは東方の修道院制度の創始者である聖バシレイオス（ラテン語表記ではバシレイウス）を『黄金伝説1』の第二六話で、西方の修道院制度の創始者である聖ベネディクトゥスを第四八話で取り上げております。もちろん、両者にみる修道院制度の始まりやその会則の違いなどに興味をもたれる方は平凡社版の『中世思想原典集成5』をひもとかねばなりませんし、もう少しお手軽に理解したいのであれば『西洋中世史料集』（東京大学出版会）のぱらぱらめくりをしなければなりません。もちろん、『黄金伝説』の第四八話と第二六話も楽しく読まねばなりませんが、ここでは紙幅の関係上、第二六話のバシレイオスは割愛し、第四八話のベネディクトゥスだけを取り上げます。こちらの方が奇跡話が満載だからです。それに彼はヨーロッパの守護聖人です。彼はユーロ圏の現在と未来を今も心配して見守っているにちがいありません。

ベネディクトゥスは四八〇年頃、イタリア中部のヌルシアと呼ばれる土地の名家に生まれました。ローマの東三〇キロにあるスビアコと呼ばれる土地付近の洞窟で隠修士としての苦行僧の生活を送っておりましたが、後になっては自分の周りに集まってきた者たちと一緒に、ローマとナポリの間にあるモンテ・カシーノに修道院をつくりました。この修道院のつくり方は非常に荒っぽいものです。彼らはその地に住む異教徒たちを改宗させると、彼らのアポロン神殿を破壊し、その上に修道院を建てたそうです。『黄金伝説』には異教徒たちを「改宗させた」とありますが、歴史の真実は「異教徒たちを殺戮・成敗する」ではなかったかと想像します。そしてその後にはじめて、彼らのアポロン神殿の破壊がつづくのです。この荒っぽい「殺戮と破壊」は、旧約聖書のヨシュア記のカナンを平定したヨシュアの一行の記事に淵源するものだと考えておいてください。

ベネディクトゥスの修道会はそれまでエジプトを中心に広まった修道会とは異なるもので、よくヨーロッパ的な修道院のはじまりと言われます。彼は修道士たちのために『戒律』をつくります。それは後のヨーロッパの修道院の会則に大きな影響を与えることになります。六三章の全文からなる戒律に目を通したければ、『中世思想原典集成5』を繙いてください。わたしは今回その戒律を全文読み通し、さらにはバシレイオスの戒律「修道士大規定」(『中世思想原典集成2』)を読みましたが、厳格さの点ではバシレイオスの規定の方が上である印象を受けました。

面白かったのは、いや感動したのはベネディクトゥスの戒律が私有物を罪と見なし、その罪を修道院から根絶やしにしなければならない、修道院の院長の許可なくしては、書籍も書板も刀筆も、要するに何も所有できないとしていることです。わたしのような年齢に達しますと、いかに書斎の書籍類を減らすかに頭を悩ましますが、逆に言えば、いかに書籍類を大量に買い込んできたか忸怩たる思いに悩まされております。わたしの書籍の中でヨセフス関係の古書はすべてオックスフォードと、その行き先が決まっておりますが、他はすべて廃棄処分にするつもりです。

たわいない奇跡物語のオンパレード

『黄金伝説』はベネディクトゥスの奇跡を非常に多く語ります。彼の世話をしている婆やが食卓から落として割れた食器の上で彼が祈りを捧げるとそれが元に戻ったといったレベルのたわいない奇跡物語ばかりですが、それでも暇つぶしに数えてみますと二五の奇跡物語が語られているのです。二五ですよ、二五。奇跡行者イエスも吃驚《びっくり》の奇跡の数です。画家たちはこれらの奇跡の場面のいくつかに飛びつきましたが、彼の生涯のいくつもの場面を連作画として描いた画家も何人かおります。そのひとりがソドマ（一四四七―一五九八）です。最初にお見せするのはベネディクトゥスが荒れ野の洞窟に住み修行している場面です

(図6-26)。「どこが荒れ野なのか」と言われれば、それまでですが、すでに指摘しているように、当時の画家たちが荒れ野を想像するのは非常に困難なことでした。『黄金伝説』によると、近くの修道院の修道士ロマヌスが毎日パンを運んできます。彼はそれを籠に入れて降ろしますが、彼はそのさいロープに結びつけた鈴をならします。悪魔はロマヌスの親切心に嫉妬し石を投げて鈴を割ったそうです。左上に石を投げようとしている悪魔が描かれております。

『黄金伝説』によると、ベネディクトゥスに敵意をいだく祭司がおりました。彼は毒を盛ったパンをベネディクトゥスに食べさせようとして失敗すると、「一糸まとわぬ七人の娘たちを修道院の庭に送りこんで」彼の弟子たちを誘惑しようとしたそうです。こんな誘惑でしたら一度でも二度でも、いや何度でもあってみたいものですが、これはその場面を描いたもので(図6-27)、左側の上の建物から心配そうに下の様子を窺っているのがベネディクトゥスです。問題は右側の女性たちですが、だれひとりとして「一糸まとわぬ」姿ではありません。ある解説書によると、「一糸まとわぬ」スッポンポンと着衣の間の無限の差異に気づいたヴァザーリは、こんなふうに想像したのです。最初ソドマは『黄金伝説』に忠実に七人の裸の女たちを描いたが、この絵を見せられた修道会の院長は、こんなスキャンダラスな絵は何ごとだと、怒り狂ったそうです。そこでソドマは裸の女たちに服を着せたというのです。裸の女性の秘所を見えなくするためにお節介な者が布きれなどを描き加えることはよくあることだけに、ヴァザーリの意見は傾聴に値するものですが、もしそうであったならば、右側の女性たちの構図は一から描き直しのものであったと想像しなければなりません。ここでの構図は着衣を前提にしているからです。

十二の修道院を建てたベネディクトゥス

『黄金伝説』によると、ベネディクトゥスは自分もとに集まってくる者たちのために十二の修道院を建てたそうですが、これは工事の進捗状況を見てまわるベネディクトゥスです（図6-28）。修道士たちが労働力の一部を修道院の畑を耕すのではなくて、新しい修道院の建築の方に回しております。次は修道院の食事風景です（図6-29）。食卓風景を拡大して見ますと、パンと葡萄酒と水と、調理した二品のものだけです。ベネディクトゥスの『戒律』第三九章によると、原則として調理したものは二品ですが、労働が厳しかった場合は、院長の裁量で「さらに何かを加えることができ」たそうです。配膳する修道士見習いの前には別のプレートに盛られた温野菜か何かが見られます。今日は三品です。午前中も午後も一生懸命に働いたようですが、どの修道士たちも欠食児童のようで顔色は冴えません、気の毒に。右上の壁に設置された小さな突き出しバルコニーにはひとりの修道士が詩篇を朗読しております。その朗読箇所がどこであるのか、わたしは忘れてしまいました。ベネディクトゥスの後ろの壁には絵が二点ばかり掲げられております。上は十字架に架け

図 6-27

図 6-26

図 6-29

図 6-28

図 6-30

られたイエス・キリストですが、さすがに修道院です。絵はシンプルな構図のもので好感のもてるものです。その下は高台につくられた修道院から見下ろした風景なのでしょうが、復活後のキリストがエマウスで二、三の者と質素な食事をしている場面の方がよかったのではないかと思われます。

腐敗・堕落は食事から

次の一点は、確か、はるか後の時代のクリュニーの修道院の食事風景です（図6-30）。立派な食堂です。堂々たる食堂です。沈黙の場所である食堂に修道士たちのおしゃべりや高笑いが響きわたります。修道士たち全員の血色がよいのには驚かされますが、それもそのはず食卓に並べられたものがベネディクトゥスの修道院のものとまるで違うからです。中世修道院の堕落・衰退・崩壊は豪勢な食事にはじまったというのがわたしの持論です。

†カエキリア（チェチーリア）

(1) **語られている場所**――『黄金伝説4』の第一六三話
(2) **祝日**――一一月二二日
(3) **守護聖人**――教会音楽の奏者
(4) **聖遺物の保管場所**――なし
(5) **資料として言及・引用する聖書箇所**――なし
(6) **その他の資料**――なし
(7) **カエキリアを描いた画家たち**――作者不詳（一三〇四年頃のテンペラ画「聖女カエキリアの祭壇画」はフィレンツェのウフィッツィ美術館）、作者不詳（一五〇〇―〇五年作の板絵「聖女アグネス、聖バルトロメオ、聖女カエキリア」はミュンヘンのアルテ・ピナコテーク）、ロレンツォ・コスタ（一五〇四―〇六年作のフレスコ画「聖女カエキリアとウァレリアヌスの伝説」**図6-32**、**33**はボローニャのサン・ジャコモ・マッジョーレ教会）、フランチェスコ・フランチア（一五〇四―〇六年作のフレスコ画「ローマの長官の前で証をする聖女カエキリア」**図6-34**と「貧しい人たちに教会財産をわけあたえる聖女カエキリア」**図6-35**

はボローニャのサン・ジャコモ・マッジョーレ教会)、ラファエロ・サンツィオ(一五一四年作の油彩「聖女カエキリア」図6-36はボローニャの国立美術館)、グイド・レーニ(一六〇六年作の油彩「聖女カエキラ」はパサデナのノートン・サイモン美術館)、アルテミシア・ジェンティレスキ(一六一六年頃作の油彩「リュートを弾く聖女カエキリア」はローマのスパダ美術館)、ベルナルド・ストロッツィ(一六二〇―二五年作の油彩「聖女カエキリア」はアメリカのカンサス市のネルソン゠アトキンス美術館)、ニコラ・プーサン(一六三五年頃作の油彩「聖女カエキリア」はプラド美術館)、ルーベンス(一六三九―四〇年作の油彩「聖女カエキリア」はベルリン国立美術館)、カルロ・サラチェーニ(一六一〇年頃作の油彩「聖女カエキリアとみ使い」はローマの国立美術館/一六一〇年頃作の油彩「聖女カエキリアの殉教」はロサンジェルスのカウンティ美術館)、カルロ・ドルチ(一六七一年作の油彩「オルガンを演奏する聖女カエキリア」はドレスデン国立絵画館)

カエキリアは実在の人物?

聖女カエキリア(イタリア語読みすればチェチーリア)は『黄金伝説』の訳者がその註で指摘するように、ヨーロッパでよく知られた童貞殉教聖女ですが、「実在の人物であるかどうかは、かなり疑わしいとされている」そうです。ヤレヤレ、またですかとなりますが、わたしに言わせれば、カトリック世界はこの「ヤレヤレ」の上に成り立っているものなのです。いちいちヤレヤレとため息をついてはならないのです。

ウォラギネによると、カエキリアは「ローマの高貴な家柄に生まれ、幼いころからキリスト教の教育を受けた。いつも福音書を肌身はなさずかくしもっていて、……どうか乙女の純潔をいつまでもお守りくださいと祈願していた」そうです。ここには殉教文学のパターンがあります。冒頭に見られる「高貴の家柄の生まれ」と「処女」であることがひとつのポイントです。卑賤な生まれの娘はその処女性を保証し得ないとされていたからです。高貴の生まれの娘はそうではないのです。

婚約者に打ち明けた好きな人とは

カエキリアは若い青年のウァレリアヌスと婚約をさせられますが、床入りの日に彼女は婚約者に向かって、自分には好きな人がいると告白します。「ええっ」の告白ですが、それが誰だと青年が問い詰めると、彼女は「天から降りてこられたみ使い」であると打ち明け、このみ使いが彼女の体を守護しているというのです。ここからその実在が疑わしいカエキリアの物語がはじまるのです。

サン・ジャコモ・マッジョーレ教会の小礼拝堂の光景

図版をお見せいたします。最初にみなさん方にお見せしたいのはサン・ジャコモ・マッジョーレ教会の小礼拝堂の壁を飾るロレンツォ・コスタ（一四六〇頃—一五三五）やフランチェスコ・フランチア（一四五〇—一五一七）らの作品群です（図6-31）。礼拝堂の南の壁には六番から一〇番までの五つの場面が描かれ、北側の壁には一番から五番までの五つの場面が描かれております。

いくつかの場面を追います。最初は一番のカエキリアが青年のヴァレリアヌスと婚約させられる場面です（図6-32）。ヴァレリアヌスは上目遣いでカエキリアに目をやっておりますが、彼女は青年と視線を合わせておりません。右上の高台に建っているのは異教の神殿だと思われます。次は二番目です（図6-33）。『黄金伝説』によると、青年ヴァレリアヌスはカエキリアのもとめに応じて、アッピア街道の近くに住むウルバヌスと呼ばれる老人——実は教皇のウルバヌス一世——に会いに出かけ、その場所に潜んでいた老人を見つけて話しかけたそうです。なぜ教皇ともあろう者がその場所に身を隠していたのか、その説明はありませんが——先に進んでから見るように、この教皇はすでにローマ郊外のカタコンベに埋葬されております！——、画面の中央の右側の椅子に腰をおろしているのがウルバヌスです。三重冠をかぶっているところから、彼が教皇であることはすぐに分かります。カエキリアは教皇の前でぬかずいて何か教皇に訴えております。青年は左すみで裸になっておりますが、その理由は次の絵から分かるのですが、彼は洗礼を受けるのです。教皇とカエキリアの間に白い服を着たひとりの老人が立っております。『黄金伝説』によると、二人が話をしていると、突然、「雪のように白い衣をまとったひとりの老人があらわれた。手には、金文字で書かれた一冊の書物をもっていた」そうで、この老人が青年に向かって「唯一なる神、唯一なる信仰、唯一なる洗礼。唯一なる神にして万人の父」を信じるかと問うのですが、その場面なのです。この作者はロレンツォ・コスタです。

次はローマの長官アルマキウスに呼び出され、彼の前で証をするカエキリアを描いたフランチェスコ・フランチア(一四五〇―一五一七)の作品です(図6-34)。『黄金伝説』によると、彼女は殉教する前に「財産をことごとく貧しい人たちにわけあたえ」たそうですが、次の絵はその場面を描いたものです(図6-35)。教皇のウルバヌスもカタコンベからお出ましですが、この教皇は何か喜捨したことはあるのでしょうか? 少しばかり調べてみましたが、その痕跡はなさそうです。この絵もロレンツォ・コスタの制作です。

カエキリアがオルガンや、ハープ、リュート、ヴァイオリンなどを奏している場面が非常に多く描かれております。芸大出身だったのかと間違えそうですが、彼女が楽器を手にしている場面をラファエロ・サンツィオ(一四八三―一五二〇)が描いております(図6-36)。

なぜカエキリアと楽器なのでしょうか?

そのヒントは『黄金伝説』にあります。『黄金伝説』によると、カエキリアは婚礼の日に花嫁の衣装をまとい、「楽器のしらべが鳴りひびいているあいだ、……こころをひたすと主に向かって賛歌をうたい、『わたくしが破滅してしまわないように、このこころとからだをいつまでも無垢のままお守りください』と祈った」そうです。そこから「カエキリアと楽器」となるのです。楽器が彼女のアトリビュートとなるのは一五世紀以降ですが、美術史家の中森義宗先生によると、彼女は「楽器をもちながら、演奏を忘れて天の奏楽に耳をすますように表現されることが多い」そうです。この絵はそれを描いたものです。

図 6-31

図 6-32

図 6-33

図 6-34

図 6-35

図 6-36

†カテリナ（カタリナ）

(1) **語られている場所**——『黄金伝説4』の第一六六話
(2) **祝日**——現在は暦から外される
(3) **守護聖人**——教育、哲学、雄弁術、科学
(4) **聖遺物の保管場所**——ケルンや、ニュルンベルク
(5) **資料として言及・引用する聖書箇所**——詩篇
(6) **その他の資料**——聖伝、シビュラの託宣、ボエティウスの著作
(7) **カテリナを描いた画家たち**——作者不詳（一三九〇年代作のフレスコ画「聖女カテリナと哲学者たち」はイタリアのピアセン〔ピアチェンツァ〕美術館）、マゾリーノ・ダ・パニカーレ（一四二八—三〇年作のフレスコ画「カテリナとアレクサンドリアの哲学者たち」図6-37はローマのサン・クレメンテ教会）、フラ・アンジェリコ（一四三四—三五年作のテンペラ画「聖母の戴冠」に登場する聖女カテリナはルーブル美術館）、アンブロジオ・ベルゴニョーネ（一四九五年作のフレスコ画「アレクサンドリアの聖女カテリナ」はミラノのブレラ美術館）、ハンス・バルドゥング＝グリーン（一五〇七年作の三連祭壇画「三人の王」

の閉じたパネルに描かれた聖女カテリナはベルリンの国立美術館」)、フラ・バルトロメオ(一五一二年作のパネル画「聖女カテリナの神秘なる結婚」はフィレンツェのピッティ美術館)ルーカス・クラーナハ(一五一五年作の油彩「打ち首にされる聖女カテリナ」はプラハのアーチビショップ・パレス)、ロレンツォ・ロット(一五〇五—〇八年作の油彩「聖女カテリナの神秘な結婚」はミュンヘンのアルテ・ピナコテーク絵画館/一五二二年作の油彩「アレクサンドリアの聖女カテリナ」はワシントンのナショナル・ギャラリー)、コレッジオ(一五二六—二七年作の板絵「聖女カテリナの神秘なる結婚」はルーブル美術館)、ガウデンツィオ・フェラーリ(制作年不明の油彩「アレクサンドリアの聖女カテリナの殉教」**図6-38**はミラノのブレラ美術館)、ミケランジェロ・ブオナローティ(一五三七—四一年作のフレスコ画「最後の審判」の中の聖女カテリナ**図6-40**はヴァチカンのシスティーナ礼拝堂)、ルドヴィコ・カラッチ(一五九三年頃作の油彩「夢を見るアレクサンドリアの聖女カテリナ」はワシントンのナショナル・ギャラリー)、カラヴァッジオ(一五九八年作の油彩「アレクサンドリアの聖女カテリナ」**図6-39**はマドリードのティッセン=ボルネミサ美術館)、アルテミシア・ジェンティレスキ(一六二〇年頃作の油彩「アレクサンドリアの聖女カテリナ」はフィレンツェのウフィツィ美術館)

カテリナも得体の知れぬ聖女です。彼女の生涯は伝説だとして一九六九年にカトリック教会の暦から外されてしまいました。他にも外して暦の整理整頓が必要かと思われる聖人・聖女がごろごろしておりますが、キリスト教美術を学ぶときには得体などはどうでもよく、外すことなどできない人物は大勢おります。数多く描かれていれば、それがその人物の影響力を知る尺度になりますから、取り上げないわけにはいかないのです。カテリナもそのひとりです。彼女は中世のカトリック世界では、人気抜群の聖女だったのです。その証拠にウェブを検索すれば、圧倒される数の画像が次からつぎに出てまいります。

『黄金伝説』によれば、カテリナはコストスと呼ばれる王の娘で、非常に高い教育を受けた娘ですが、この王がどこの国の王なのかは記されておりません。あるとき皇帝マクシミアヌス（ディオクレティアヌスとの共同皇帝の時代は二八六－三〇五）がアレクサンドリアでキリスト教徒を迫害いたします。カテリナは迫害の現場に赴き、皇帝の前で偶像に向かって香を焚くことがいかに無意味なことであるかを訴えます。カテリナの雄弁と聡明さ、そして美しさは皇帝を圧倒します。

彼女の雄弁に敗れた皇帝は国中の博士五〇人を召集して彼女と対決させますが、博士たちは彼女に打ち負かされてキリスト教に改宗してしまいます。さらに皇帝が国外に出かけて留守をしていた折りには、皇妃もキリスト教に改宗してしまいます。帰国した皇帝はかんかんです。皇帝は釘を打ち付けた車輪のついた刑車にカテリナを縛りつけて八つ裂きにしようと目論みますが、そのとき彼女の祈りに応じて主のみ使いが現れ、刑車を木っ端みじんに破壊し、飛び散った破片で四〇〇〇人の異教徒が死にます。刑車でダメだと分かるとカテリナは打ち首にされます。彼女の遺体は天使によってシナイ山へ運ばれ、そこに葬られますが、後になってそこにカテリナ（カタリナ）修道院が建てられたというのです。

わたしは今回このカテリナ物語を読み直して、二つの場面を思い起こしました。ひとつはモーセがエジプトのファラオと対決する場面です。もうひとつは二、三年前に見た映画です。それはアレクサンドリアの哲学者にして数学者、そして天文学者でもある女性ヒュパティアが異教徒たちを成敗しようとする修道士たちに迫害される映画『アゴラ』です。この映画はキリスト教修道士たちのファナティシズムを描いております。ヒュパティアとカテリナの向かう方向は違うのですが、このカテリナ物語の背後にたたずんでいるのはヒュパティアではないかと思えたのです。この映画についてはすでに『名画でたどる聖人たち』（青土社刊）の中で語っておりますので、ここでは触れません。

ローマのサン・クレメンテ教会に足を踏み入れれば、マゾリーノ・ダ・パニカーレ（一三八三―一四四〇）が制作したカテリナの生涯の連作壁画を見ることができますが、最初にお見せするのはそこからの一枚「カテリナとアレクサンドリアの哲学者たち」です（図6-37）。左右に座っているのは修道士ではなくて、エジプトの博士たちです。彼らは彼女のふっかける議論に圧倒されて落ち着きを失っております。

次はフェラーリ(一四七五頃―一五四六)が描いた「アレクサンドリアの聖女カテリナの殉教」と題する作品です(図6-38)。『黄金伝説』に非常に忠実な作品です。ウォラギネによると、鋭く尖った釘を打ち込んだ四つの車輪がつくられ、その中に彼女が挟まれ、一方の二つの車輪が上から下に、もう一方の二つの車輪が下から上に動いて、彼女の体が八つ裂きにされる仕掛けになっていたそうですが、そこでの描写を絵にするとこうなるのです。左上にはこの刑車を木っ端みじんに破壊するみ使いが認められます。刑車の破壊された車輪はカテリナを描くときのアトリビュートとなります。カラヴァッジオ(一五七一―一六一〇)の「アレクサンドリアの聖女カテリナ」をご覧に入れます(図6-39)。彼はカテリナを非常に気品のある女性として描き、彼女が王女であることが示されております。彼女の右下には棕櫚の束が見られますが、これは彼女の殉教を示唆します。画像の左側には一部が破壊された拷問用の車輪が見られます。これがこの女性がカテリナであることを示すアトリビュートとなります。ミケランジェロ(一四七五―一五六四)の「最後の審判」にもカテリナが描かれております(図6-40)。ここでのカテリナは筋骨隆々のボディビルか何かをしている女性で、それまでの美しいカテリナ像を見事ぶち壊すものとなっておりますが、この女性が手にしているのが破壊された車輪、しかもその外側に鋭い歯がついているところから、彼女がカテリナであることが分かります。なお、シナイ山の聖カテリナ修道院については拙著『乗っ取られた聖書』(京都大学学術出版会)を繙いてください。

図 6-37

図 6-38

図 6-39

図 6-40

†グレゴリウス（五四〇頃―六〇四）

(1) **語られている場所**――『黄金伝説1』の第四六話
(2) **祝日**――三月一二日
(3) **守護聖人**――学者、教師、音楽家、学生
(4) **聖遺物の保管場所**――ローマのサン・ペトロ大聖堂
(5) **資料として言及・引用する聖書箇所**――マタイ福音書
(6) **その他の資料**――アウグスティヌスの『秩序論』、パウルス（ランゴバルド人の歴史家）の著作、グレゴリウスの『対話』、グレゴリウスの手紙、「リュモン」と呼ばれる書物、司教エウゲニウスの伝記
(7) **グレゴリウスを描いた画家たち**――ジョット・ディ・ボンドーネ（一三〇〇年作のフレスコ画「聖フランシスの生涯」の中の「聖グレゴリウスの夢」はアッシジのサン・フランチェスコの上位教会）、ランブール兄弟（一四一六年作の時禱書の中の「聖グレゴリウス」図6-44は、シャンティイのコンテ美術館）、フラ・フィリッポ・リッピ（一四三七年作のテンペラ画の三連祭壇画の中の聖グレゴリウスはニューヨークのメトロポリタン美術館）、ビ

ッチ・ディ・ロレンツォ（一四四七年頃作のフレスコ画「大教皇聖グレゴリウス」はアレッツォのサン・フランチェスコ）、ミヒャエル・パッヒャー（一四八三年頃作の板絵の祭壇画「教会の四大教父」図6-42の中の聖グレゴリウスはミュンヘンのアルテ・ピナコテーク）、トマス・ブルクマイアー（一四九六年作の油彩「聖グレゴリウスのミサ」図6-43はドイツ歴史美術館）、アドリアーン・イーゼンブラント（制作年不明の油彩「大教皇聖グレゴリウスのミサ」はロサンジェルスのポール・ゲッティ美術館）、ティツィアーノ・ヴェチェリオ（制作年不明の油彩「大教皇聖グレゴリウス」はヴェネツィアのサンタ・マリア・デッラ・サルーテ聖堂）、グエルチーノ（一六二六年頃作の油彩「聖イグナティウスと聖ザビエルと描かれた大教皇聖グレゴリウス」はロンドンのナショナル・ギャラリー）、ゴヤ・イ・ルシエンティス（一七九七年作の油彩「聖グレゴリウス」図6-41はマドリードのロマン主義美術館）、セバスティアーノ・リッチ（制作年不明の油彩「大教皇聖グレゴリウスの祭壇」はパドゥアのサンタ・ユスティナ聖堂）

グレゴリウスは最後のラテン教父

最後の講義の最後に取り上げるのは、「最後のラテン教父」と呼ばれるラテン教会の四大教父（他の三人はアウグスティヌス、アンブロシウス、ヒエロニュムス）の一人グレゴリウスです。彼の名は、みなさん方の多くには「グレゴリオ聖歌」で知られているかもしれません。彼は「大教皇」と呼ばれる第六四代の教皇でもありました。その在位期間は五九〇年から亡くなる六〇四年までです。

グレゴリウスはローマの貴族であった父ゴルディアヌスと母シルウィアとの子です。親族からはすでに二人の教皇を輩出しておりますから、彼は銀のスプーンを口にくわえて生まれてきたと言えます。名門の家庭の教育は古典です。彼もしっかりとそちらの素養を身につけます。

五七〇年、彼はローマ市の長官になります。『黄金伝説』によると、父から引き継いだ遺産で七つの修道院を建てます。ローマにひとつ、シチリアに六つです。ペラギウス二世が教皇に選出されると、彼はローマの地区助祭に選ばれ、また教皇の特使としてコンスタンティノポリスに派遣されたりします。ペラギウスが五九〇年に亡くなると、彼は教皇に選出され、カトリック教会のさまざまな改革を行い、またキリスト教の神学に関わるさまざまな著作を生み出します。そのひとつ『対話』はウォラギネが頻繁に言及するものです。幸いなことにベネディクトゥスの生涯と奇跡を扱った『対話（第二巻）』は平凡社の『中世思想原典集成5　後期ラテン教父』に収録されておりますから、グレゴリウスやベネディクトゥスに関心のある方は、ひもとかれることをお勧めいたします。

金襴緞子の正装姿

では図像です。大教皇と評された人物ですから、教皇冠をかぶり、教皇衣をまとったグレゴリウスはいくつも描かれておりますが、お見せするのはそのひとつ、ゴヤ・イ・ルシエンティス（一七四六―一八二八）が描いたものです（図6-41）。この絵ではグレゴリウスを示すアトリビュートは認められませんから、「本当にグレゴリウスかよ」と言われそうですが、本当にそうなんです。

次はミヒャエル・パッヒャーが描いた祭壇画「教会の四大教父」と題する作品の中の聖グレゴリウスです（図6-42）。右に描かれた人物がグレゴリウスです。グレゴリウスが救いの手を差し伸べている相手はローマ皇帝のトラヤヌス（五三―一一七）ですが、この皇帝はすでに数世紀前に亡くなっておりますから、この絵を見る者は奇妙な気持ちにさせられます。そのときはおもむろに『黄金伝説』をお開きください。そこにこう書かれております。「さて、トラヤヌスが死んでから長い歳月がたったが、聖グレゴリウスは、ある日トラヤヌス広場を歩きながら、この昔の皇帝の慈愛と正義を思いだしていた。そして、聖ペテロ教会に入ると、皇帝の邪教信仰を悲しんではげしく泣いた。すると、天から声があった。『あなたの祈りは、聞きとどけられました。わたしはトラヤヌスに永遠の責苦を赦免しました』」。これで納得がいきます。

次はグレゴリウスがキリストの臨在を信じない者たちにそれを分からせようと祈っている場面です。何とキリストが十字架から降りてきて、その胸から流れ落ちる血をグレゴリ

図 6-41

図 6-42

図 6-43

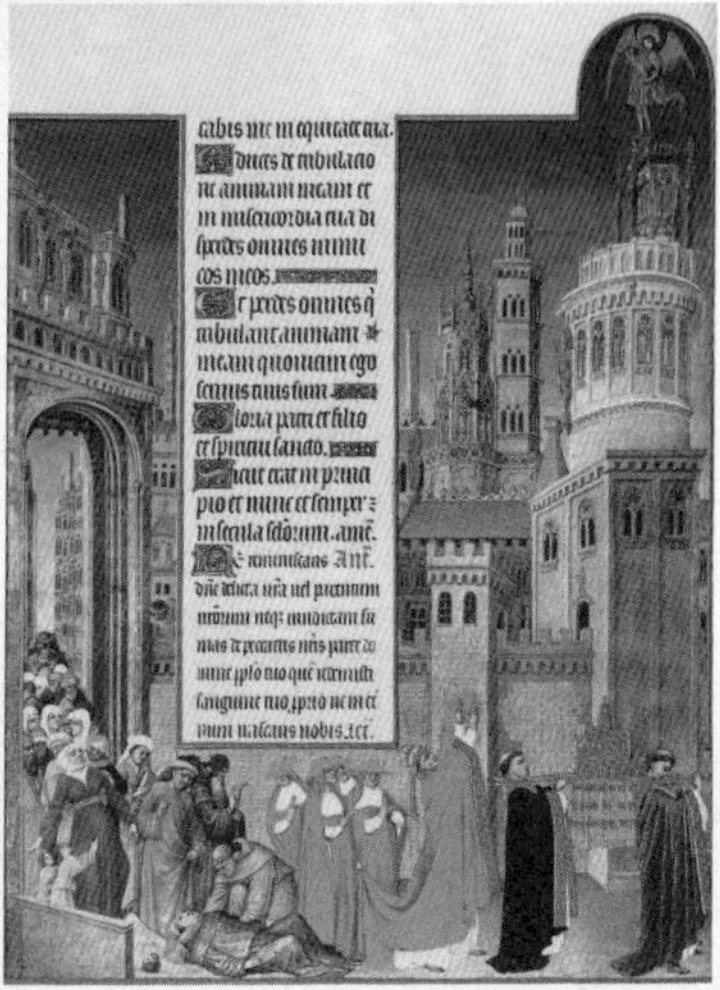

図 6-44

ウスがかざす聖杯の中に入れているのです。この場面を描いたのはフランドルの画家アドリアーン・イーゼンブラント（一五五一没）です（図6-43）。絵全体が漫画チックですが、祭壇上のキリストも漫画チックです。風刺画として鑑賞することもできるでしょう。ブリュッセルのベルギー王立美術館で見ることのできるロベール・カンパン作の「聖グレゴリウスのミサ」では、十字架の上から降りてきたキリストが祭壇の上で裸踊りをしておりますす。それを見る修道女は直視することができず、眉をしかめております。多分、この画家の頭の中には妻の前で裸踊りをしたダビデが念頭にあったと思われます。ここで眉をしかめている修道女はさしあたりダビデの妻に相当するかもしれません。最後の最後はランブール兄弟が制作した時禱書の挿絵で、ローマでの疫病の終息を願って町の中を練り歩く行列を先導する聖グレゴリウスを描いております（図6-44）。練り歩いている最中でも修道士たちが倒れていきます。この場面は『黄金伝説』からです。

以上で、わたしの講義、準備不足の多々あるものでしたが、これでもって終わらせていただきます。「満員御礼」の垂れ幕こそみられなかったものの教室はつねに満席、知的好奇心にあふれるみなさん方に精一杯語りかけることができたのを大きな喜びといたします。

あとがきに代えて

キリスト教美術の専門家と称する人が紹介してくれる画像で面白いと思われるものはあまりないが、ウェブ上のさまざまなサイトで画像を検索しはじめると、仰天ものの画像にぶつかることしばしばである。わたしはそのたびごとに腰を抜かし、そのためわたしの腰はもうがたがたである。

たとえば天地創造の画像である。

だれもが天地を創造し男と女の第一号をつくったのは神であると想像し、それを疑うことはしないであろう、少なくとも聖書的に見るかぎりは。ところが、その神が教皇冠をかぶり、教皇の祭服を身にまとった人物であったりする。教皇が天地を創造し、教皇がアダムを土くれからつくり、教皇がアダムのあばら骨からエバをつくるのである。もちろん、この手の画像の登場からキリスト教世界における聖書的神の無力化を読み取ることは可能であるが、それ以上に、教皇権を皇帝権よりも上位に置く中世キリスト教世界の権力構造の登場を読み取るべきであろう。教皇が皇帝を飛び越えて神に近い存在となり、やがてはそれを越える存在となれば、この種の画像が生まれてくるのは自然の趨勢なのかもしれない。そのような画像の出現を教会側が「異端的」として退けることは一度としてなく、むしろ後押しをする。実際、一六世紀のローマ（スペインではなくて！）にもうけられた異端審問所は過去の事例を裁くことができたが、そのような画像を裁いて一喝したなどという話を知らない、少なくとも管見によれば。

福音書によれば、イエスは生後八日目に割礼を施されたそうである。神の子が特定民族の慣習である割礼を受けるというのも考えてみればおかしな話であるが、もしイエスが割礼を受けたとするならば、それを施したのは、他のだれでもなく、ユダヤ教の祭司であると想像される。これは自然すぎるほど自然な、ナチュラルな想像である。しかし、教皇冠をかぶった人物がイエスに割礼を施している画像はいくつも登場する。しかもその場合、背景に描かれるのはエルサレムの神殿ではなくてヴァチカンのサンピエトロ大聖堂の内部であったりする。どちらも吃驚ものである。

福音書の記述によれば、イエスの母は五人の息子と少なくとも二人の娘を儲けた子沢山の母親である。もし彼女がこの子たちを立派に育て上げたとすれば、彼女は子育てについてそれなりの見識をもつ、働き者の肝っ玉おっ母さんであったであろう。しかし、カトリック教会にとってはそんな歴史的な、といって大袈裟であれば、そんな個人史的な側面などはどうでもよいらしく、死守すべきは彼女が終生「処女」であったとする教義である。七人の子を生んでなお生物学的に「処女」であり得るのか。神の子の母が「処女」でなければならない必然性はどこにもなく、「起こり得ないことが起こるのが奇跡である」とする申し立ては鼻元思案《はなもとじあん》の詭弁もいいところであるが、「処女マリア」と題する画像は数千ではきかないであろう。「マリア＝処女」説くらいわたしたちの理解を超絶する仰天ものの神学的申し立てはほかにはない。

カトリック信仰によれば、イエスの母マリアはその死後昇天したそうである。彼女が亡くなると、全世界に散らばって宣教活動をしていた十二弟子は雲に乗せられて一瞬のうちにエルサレムに集められ、天界にいた孝行息子のイエスも地上に降りて来ていろいろと手配をする。これだけでも仰天ものの話であるが、そのマリアが死後三日目に蘇って天に向かうとき、彼女は地上で自分を見上げている「疑い深いトマス」のために、天空から自分の腰ひもを彼のもとに投げ落とし、自分が天界に向かっていることを彼に教えてやったそうである。これもまた仰天ものの話であるが、さらにわたしたちを驚かすのは、彼女が天界のしかるべき場所に辿り着くと、ひと足先にそこに戻っていた息子のイエスから「天の女王」として戴冠されたというのである。戴冠をするのがキリストでなくて神の場合もある。その神が教皇冠をかぶるローマ教皇であったりする。天界はいかようにも融通のきく場所であるらしいが、これは新鮮な驚きの種となる。

仰天ものの画像はまだまだある。

たとえば神の画像である。

出エジプト記第二〇章に見られる十戒は、神の似姿をつくるのを禁じているが、十戒は、「汝殺すなかれ」の一項と同様に、足蹴にされるために存在するらしく、キリスト教徒はきわめて早い時期から神を描きはじめ、十戒の戒めなどないも同然のものとした。もちろん、それを後方から支援したのは、四世紀のニカイアの公会議で登場した「神と神の子と聖霊は同質である」と申し立てる奇っ怪な「三位一体」の神学議論であるが、おかげでわたしたちは画像に登場する何百という醜悪な神の似姿を次から次に見せつけられる羽目になる。しかし、西欧のキリスト教世界の人たちがこの手の神の似姿を見ても、それを醜悪なものと感じ取ることはない。美醜の感覚はわたしたち日本人のそれとは根本的に違うようである。

こうして見てくると、西欧のキリスト教美術は仰天もの、ビックリもの、噴飯ものの画像が多い、いや多すぎるほど多いと評しても誤りではないが、不思議なことに、この事実を指摘してくれる専門家はあまりいない。この事実を指摘してくれれば、わたしたちのキリスト教美術の鑑賞法や鑑賞作法(マナー)も随分と変わると思われるのだが……。

仰天画像の大半はヤコブス・デ・ウォラギネの『黄金伝説』の登場以降のものであるから、その登場と無関係であるはずがない。説教修道士のウォラギネはことのほか荒唐無稽な奇跡物語を好み、ほとんど無数と言っていいほどの奇跡物語や聖遺物崇拝の話を聖人伝の中に組み込んだからである。わたしは本書で山ほどある事例の中からかなりの数のものを取り上げ、その内容に具体的に立ち入った。ただしわたしは大真面目に議論することはしなかった。もちろんそれはわたしにそうする能力が欠如していたからであるが、またすべてが真面目な議論に値するとは思われなかったからである。とは言えわたしは本書を手に取ってくださるであろう不特定多数の読者を挑発しようとして議論を展開させた箇所もいくつかある。

本書は東京のさるカルチャー教室で二〇一二年の四月からはじまった原則月一回の講義にもとづくものである。受講生の大半はキリスト教美術に詳しい方たちであり、そのため手抜きをする楽しみははじめからなく、画像の収集と『黄金伝説』の物語との照合に多くの時間を割かねばならなかった。これは結構骨のおれる作業であったが、その作業過程でわたしは、キリスト教は一体いかなる宗教なのかと今一度自分に問いかける羽目になった。この問いかけへのわたしの当面の結論は、「キリスト教はムリだらけの宗教である」という漠としたものである。そのムリがどこからはじまったのか。受講生の中にはわたしの言葉からそれをかぎ取られた賢明な方がたも多数おられたが、また反発を覚えた方も若干ながらおられたようである。

わたしは本書がカルチャー教室の向こうにいる知的好奇心が旺盛で、何でも疑ってかかろうとするイエスの弟子トマスのような人たちにも広く読まれることを願っている。その中にはキリスト教に本来的な関心を寄せる人たちもいるに違いなく、またそれ以上にキリスト教に首をひねる人たちもいるに違いないが、わたしはその人たちが本書にどのような反応を示してくれるか興味津々である。わたしはまた、本書を携えてヨーロッパの美術館巡りや聖堂巡りをする方がたが多数現れ出ることを願ってやまない。何年か前のある夏の日、わたしはヴァチカンのサンピエトロ大聖堂近くの投宿先のホテルのロビーで、わたしが著した『美術で読み解く 聖母マリアとキリスト教伝説』(ちくま学芸文庫)を読みふけっているうら若い美しい女性に遭遇したことがある。わたしは後日、彼女が東京のさる出版社の編集者であることを教えられたが、旅先でのこのような出会いの瞬間は、たとえすぐに消え去るうたかたのようなものであっても、至福の一瞬となる。本書もまたそのような偶然と至福のひとときをわたしに与えてくれることを、厚かましいこととは知りつつも、ひそかに願っている。

最後に「ちくま学芸文庫」のみなさんに御礼の言葉をひとことこと。

カルチャー教室での講義計画は、かなり早い時期に、ちくま学芸文庫の町田さおり編集長の知るところとなり、その出版準備が進められ、そのためフォーマットがつくられ、おかげでわたしはその存在を念頭に置いて講義の準備を進めればよかった。フォーマットの存在は時間の浪費をふせぐひとつの有効な手立てであることを今回の作業で教えられた。本書の編集には編集局の天野裕子さんが全面的に協力された。彼女はわたしが先に著した『美術で読み解く 旧約聖書の真実』ほかのシリーズものを担当された編集者である。

よき編集長とよき編集者に恵まれる……。物書きにとってこれほど幸せなことはない。お二人の名前を最後に挙げて、感謝の意としたい。

秦　剛平

二〇一二年一二月

本書はちくま学芸文庫のために書き下ろしたものである。

なぜ、植物図鑑か　中平卓馬

映像に情緒性・人間性は不要だ。図鑑のような客観的視線を獲得せよ！　日本写真の'60～'70年代を牽引した著者の幻の評論集。（八角聡仁）

監督　小津安二郎　蓮實重彦

我々は小津の映画に何を見るのか。そしてそのイメージはフィルム的感性をどのように刺激するのか。小津作品の真の魅力の動因に迫る画期的著作。

映像の詩学　蓮實重彦

フォード、ブニュエル、フェリーニ、ゴダール、ペッキンパー……。たぐい稀な感性が読んだスリリングなフィルム体験。著者初の海外映画作家論。

美術で読み解く　新約聖書の真実　秦剛平

西洋名画からキリスト教を読む楽しい3冊シリーズ。新約聖書篇は、受胎告知や最後の晩餐などのエピソードが満載。カラー口絵付オリジナル。

美術で読み解く　旧約聖書の真実　秦剛平

名画から聖書を読む「旧約聖書」篇。天地創造、アダムとエバ、洪水物語。人類創始から族長・王達の物語を美術はどのように描いてきたのか。

美術で読み解く　聖母マリアとキリスト教伝説　秦剛平

キリスト教美術の多くは捏造された物語に基づいていた！　マリア信仰の成立、反ユダヤ主義の台頭など、西洋名画に隠された衝撃の歴史を読む。

イコノロジー研究（上）　E・パノフスキー　浅野徹ほか訳

芸術作品を読み解き、その背後の意味と歴史的意識を探求する図像解釈学。人文諸学に汎用されるこの方法論の出発点となった記念碑的名著。

イコノロジー研究（下）　E・パノフスキー　浅野徹ほか訳

上巻の、図像解釈学の基礎論的「序論」と「盲目のクピド」等各論に続き、下巻は新プラトン主義と芸術作品の相関に係る論考に詳細な索引を収録。

〈象徴《シンボル》形式〉としての遠近法　エルヴィン・パノフスキー　木田元監訳　川戸れい子／上村清雄訳

透視図法は視覚とは必ずしも一致しない。それはいわばシンボル的な形式なのだ――。世界表象のシステムから解き明かされる、人間の精神史。

見るということ　ジョン・バージャー　飯沢耕太郎監修　笠原美智子訳
写真の登場で、人間は膨大なイメージに取り囲まれ、歴史や経験との対峙を余儀なくされた。見るという行為そのものに肉迫した革新的美術論集。

イメージ　ジョン・バージャー　伊藤俊治訳
イメージが氾濫する現代、「ものを見る」とはどういう意味をもつか。美術史上の名画と広告とを等価に扱い、見ること自体の再検討を迫る名著。

新編 脳の中の美術館　布施英利
「見る」に徹する視覚と共感覚に訴える視覚。ヒトの二つの視知覚形式から美術作品を考察する、芸術論へのまったく新しい視座。（中村桂子）

秘密の動物誌　フォンクベルタ／フォルミゲーラ　荒俣宏監修　管啓次郎訳
光る象、多足蛇、水面直立魚――謎の失踪を遂げた動物学者によって発見された「新種の動物」とは。世界を騒然とさせた驚愕の書。（茂木健一郎）

ブーレーズ作曲家論選　ピエール・ブーレーズ　笠羽映子編訳
現代音楽の巨匠ブーレーズ。彼がバッハ、マーラー、ケージなど古今の名作曲家を個別に考察した音楽論14篇を集めたオリジナル編集。

ワーグナーとニーチェ　フィッシャー＝ディースカウ　荒井秀直訳
響き合い、互いの創作を高めあい、別れゆくふたりの鬼才。不世出のバリトン歌手が、若き日のニーチェを音楽の面から捉えなおした名著。（茂木健一郎）

図説 写真小史　ヴァルター・ベンヤミン　久保哲司編訳
写真の可能性と限界を考察し初期写真から同時代の作品まで通観した傑作エッセイ「写真小史」と、関連の写真図版・評論を編集。（金子隆一）

山水思想　松岡正剛
日本の水墨画の道程を中国山水から近代日本画まで丹念に追い、そこから「負の山水」という独自の方法を見出した画期的な日本文化論。（内藤廣）

美術の解剖学講義　森村泰昌
「美術＝難解」という発言に対し、道理と分別、夢と愛を持った講義でお答えしましょう。異色芸術家による6篇のレクチャー。（深井晃子）

ちくま学芸文庫

美術《びじゅつ》で読《よ》み解《と》く 聖人伝説《せいじんでんせつ》

二〇一三年二月十日 第一刷発行

著 者 秦 剛平（はた・ごうへい）
発行者 熊沢敏之
発行所 株式会社 筑摩書房
東京都台東区蔵前二―五―三 〒一一一―八七五五
振替〇〇一六〇―八―四一二三
装幀者 安野光雅
印刷所 株式会社加藤文明社
製本所 株式会社積信堂

乱丁・落丁本の場合は、左記宛に御送付下さい。
送料小社負担でお取り替えいたします。
ご注文・お問い合わせも左記へお願いします。
筑摩書房サービスセンター
埼玉県さいたま市北区櫛引町二―六〇四 〒三三一―八五〇七
電話番号 〇四八―六五一―〇〇五三

ISBN978-4-480-09516-9 C0116